소셜 네트워크의 세계와 빅데이터 활용

사람(人) 사이(間)를 보는 힘

소셜 네트워크의 세계와 빅데이터 활용

사람(人) 사이(間)를 보는 힘

2013년 5월 15일 초판 발행

지은이 • 홍순만
발행인 • 유제구
발행처 • 파워북
주 소 • 서울시 마포구 독막로 291-5 대동빌딩 4층
전 화 • 02)730-1412
팩 스 • 02)730-1410
등 록 • 1997. 1. 1 제 300-1997-13

ISBN 978-89-8160-214-7 (13320)

정가 15,000원

잘못된 책은 바꿔드립니다.

소셜 네트워크의 세계와 빅데이터 활용

사람(人) 사이(間)를 보는 힘

홍순만 저

SOCIAL NETWORK

파워북

들어가는 말

소셜 네트워크 서비스(SNS)가 여전히 위력적이다. 2010년 말에 주커버그의 페이스북 관련된 영화가 개봉된 후 일반인들에게 빠르게 보급된 소셜 네트워크 서비스가 빅데이터(Big Data)란 IT 화두와 상승효과를 얻은 결과이기도 하다.

소셜 네트워크 서비스의 하나인 트위터가 중동 여러 나라의 전제 권력을 무너뜨린 핵심 도구로 작용하고, 한국의 선거에도 많은 영향력을 끼쳐 나가자, 당시 사람들은 새로운 문명의 이기가 등장했다고 흥분했다. 그래서인지 페이스북, 트위터가 곧 '소셜 네트워크 서비스(SNS)'란 인식이 광범위하게 퍼져 나갔다. 그러나 엄밀히 말하면 페이스북, 트위터는 '소셜 네트워크'란 이름으로 제공되는 여러 서비스 중 하나에 불과하다. SNS는 문자 그대로 '소셜 네트워크 기법'에 의거한 서비스이기 때문이다.

그렇다면 소셜 네트워크 기법이란 무엇일까? 얼핏 보기에 메신저와 같은 간편 이메일 시스템 같아 보이는데 왜 혁명적 영향을 미치고 있는 것일까? SNS가 혁명적이라면, 한 걸음 더 나아가 소셜 네트워크 기법으로 제공할 수 있는 서비스에는 어떠한 것이 있으며, 그들 서비스도 SNS만큼이나 기존의 IT 환경에 혁명적 변화를 초래할 것인가? 만약 그렇다면 과연 그 변화는 기존의 IT 응용분야를 얼마나 바꾸고, 그래서 사회를 얼마만큼 변화시킬 것인가 궁금하지 않을 수 없다.

SNS가 사람들의 호기심을 끌던 중, 2011년 말경 IT 분야에 빅데이터라는 새로운 용어가 회자되기 시작했다. 애플의 스마트폰 출시와 맞물린 용어이다. 아마도 스마트폰이 생산해 내는 막대한 비정형 데이터(메세지)와 어마어마하게 쌓이는 Interaction log 데이터를 염두에 두고 만든 용어로 보인다. 그동안 "대용량 데이터 처리"란 용어가 있었지만, 이는 주로 DB(데이터베이스)와 DW(데이터웨어하우스) 틀에 맞게 쌓이는 데이터의 처리 방법을 일컫는 말이었기에, 비정형 데이터 처리에 부적합한 것이 사실이었다. 그래서 기존의 "대용량 데이터 처리"에 더하여, 모바일 컴퓨팅이 산출하는 "막대한 비정형 데이터"가 추가된 IT 데이터 환경을 일컫는 말로 빅데이터란 용어가 사용되기 시작했다.

빅데이터 환경은 데이터를 효율적으로 분류 저장하는 방법에 있어 IT 종사자들에게 큰 숙제를 안겨 주고 있다. 기존의 방법으로는 막대한 자원이 소요되기 때문이다. 설혹 막대한 비용과 시간을 들여 데이터를 분류 · 저장하는 시스템을 추가로 구축한다 하더라도, 이들을 효과적으로 분석하지 못하면 데이터 분류 · 저장의 의미가 치명적으로 퇴색된다. 빅데이터 분석 방법을 두고 IT 종사자들의 고민이 깊어 가는 이유이기도 하다.

"소셜 네트워크"는 세계적인 IT 분석 회사인 가트너에서 2012년 초에 "모바일", "클라우드", "정보보안"과 더불어 앞으로 10여 년 이상 IT 세계를 재구성(Reshape)할 4대 핵심 분야로 선정된 바 있다. 그만큼 IT 지평선을 새로 구축을 중요한 요소로 본 것이다. 하지만 아직까지 국내에서는 소셜 네트워크를 트위터, 페이스북과 같은 소통 서비스로만 인식되고 있기에, 소셜 네트워크가 앞으로 기업 IT 구조(Enterprise Architecture)에 접목되어 전개할 신천지를 제대로 파악하지 못하고 있는 실정이다.

모바일 컴퓨팅으로 촉발된 빅데이터 환경은 소셜 네트워크와 불가분 관계를 형성한다. 개인과 개인 간의 소통 모습이 인간사회의 서로 얽힌 구조를 겉으로 표현하고 있기 때문이다. 물론 소셜 네트워크를 어떻게 정의하느냐에 따라 다소 차이날 수 있겠지만, 소셜 네트워크의 본질을 모른다면, SNS든 빅데이터든, 비정형 데이터의 파일 분산처리시스템인 Hadoop 등과 같은 기술이 펼쳐 나갈 새로운 IT 응용 분야를 그려가기 쉽지 않을 것이다.

이 책은 기업들이 소셜 네트워크 기법을 활용할 분야를 파악하고, 빅데이터 분석 솔루션을 기업 IT 구조로 수렴하는 데 도움 주고자 마련되었다. 소셜 네트워크 기법은 사회과학적 소양과 IT 노하우가 결합되어야만 구현 가능하다. 이런 측면에서 이 분야에 10년 넘게 산학협동을 통해 경험을 축적해 왔던 (주)사이람의 각종 사례를 이 책에 수록하였다. 사이람은 지난 2012년 2월 서울대학교 사회발전연구소와 공동으로 SNCC(소셜 네트워크 컴퓨팅센터)를 설립한 바 있고, 그동안 전 세계 50여 개국 130여 개 대학 및 연구소에 소셜 네트워크 분석 솔루션인 NetMiner를 공급해 왔으며, 사회학 교재에도 그 활용법이 소개될 정도로 명성을 쌓아온 회사이다.

이 책의 내용이 기술 변화에 대한 독자들의 통찰력을 높이고, 더 나아가 기업들이 IT의 새로운 사조를 선도적으로 구현하여 세계적 경쟁력을 앞서 갖추는 데 조금이라도 도움이 되었으면 하는 바람이다.

ONTENTS

ONTENTS

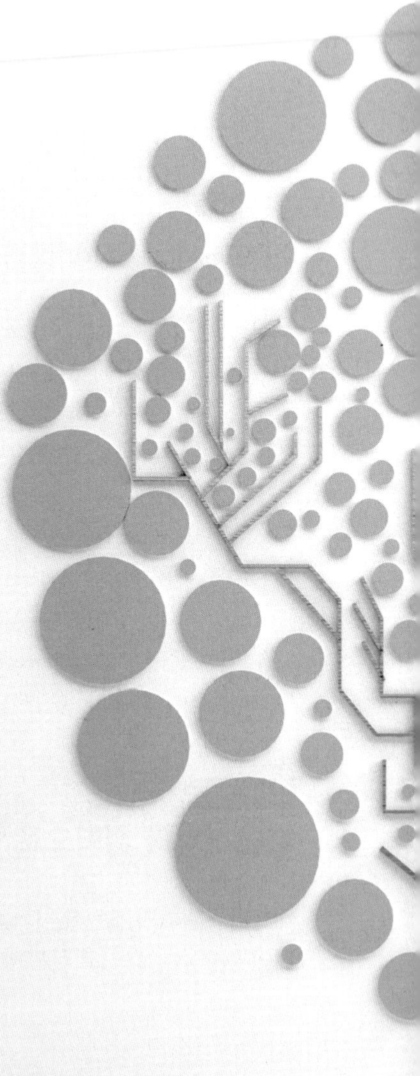

Chapter 1

소셜 네트워크의 세계를 조각하다

SOCIAL NETWORK

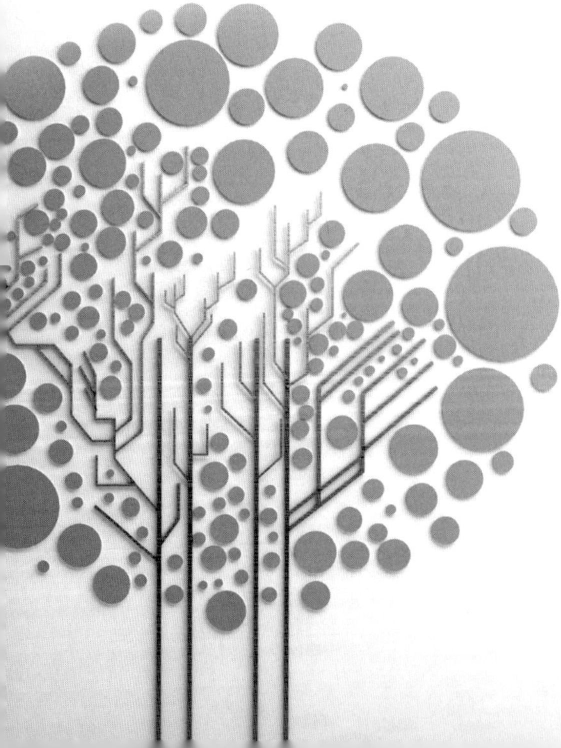

Chapter 1

소셜 네트워크의 세계를 조감하다

'소셜 네트워크'를 한국어로 직역하면 사회망이다. 사회망이란 도로망, 철도망, 통신망과 같이 인간이 모여 살기 때문에 생겨나는 사회적 하부구조를 포괄적으로 의미하기 때문에, 현재 언급되고 있는 '소셜 네트워크'의 의미 범위를 능가한다. 때문에 김용학 연세대 사회학 교수는 소셜 네트워크를 '사회 연결망'이라고 번역하기도 한다.

사회망하에서 사람들은 살아간다. 개개인은 스스로를 이성적 존재로 여기며 독립적으로 살아간다고 생각할지 모르지만, 우리가 공기의 존재를 인식하지 못하듯이, 우리는 사회적 하부구조의 틀에서 살아간다. 그런데 여기에 또 다른 사회구조가 있다. 다른 사람과의 관계구조이다.

관계구조의 시작점은 개인이지만, 개인들은 가족, 가문, 지역공동체, 국가공동체로 관계 범위를 확대해 간다. 그리고 상호 연결된다. 혈연, 지연, 학연, 종교연은 대표적인 연결 관계를 나타낸다. 여기에 나이, 성별, 인종 등 다양한 요소가 개입되어 연결 관계가 한층 다양해지면서 사회적 관계구조는 더욱 복잡하게 형성되어 간다. 이렇게 연결된 인간관계구조를 따로 번역할 필요 없이 그냥 '소셜 네트워크'라 하자.

지금까지 소셜 네트워킹 서비스(SNS)가 소셜 네트워크에 관한 전부인 양 이해되어 왔다. 물론 아니다. SNS는 사람들을 사회적으로 연결시켜 주는(Networking) 서비스로, 소셜 네트워크를 기반으로 발현될 수 있는 여러 서비스의 일부분일 뿐이다. 이 장에서는 소셜 네트워크와 자연계 네트워크를 폭넓게 일람하면서 소셜 네트워크에 대한 우리의 이해 범위를 확장해 보고, 그것이 삶의 관계구조와 어떤 관련이 있는지 살펴보자.

SNS(소셜 네트워킹 서비스)와 Social Network(사회망)

2010년 말부터 북아프리카와 중동에서 주목할 만한 사회현상이 나타났다. 튀니지의 재스민 혁명으로 시작된 반독재 민주화 시위가 이집트와 예멘 그리고 리비아를 거쳐 중동의 민주화로 이어진 것이다. 2013년 현재 시리아에서 내전이 진행 중이다.

북아프리카와 중동의 민주화 시위는 2008년 초 뉴욕 월가의 금융공항 이후 전개된 세계경제 불황의 여파가 이들 나라에 도달해 촉발된 것이라고도 볼 수 있지만, 기본적으로 장기 독재정권에 대한 민중의 염증이 있었고, 그 불만들이 분출되는 데 있어 개개인이 지닌 모바일 소통 도구, 즉 휴대전화기와 트위터가 있었다는 데 의미가 있었다. 새로운 소통 도구였다.

전통적인 언론이 통제된 상황에서 어떤 계기적 사건이 트위터에 실리게 되었고, 이 정보는 통제되지 않은 상태에서 사람과 사람의 트위터를 거쳐 많은 시민에게 전파되었다. 이에 시위 규모가 증폭에 증폭을 거듭하면서 거대한 민주혁명으로 귀결된 것이다. 외신에서는 정치, 경제, 외교, 역사적 인과관계를 뭉텅 잘라버리고 그 공을 소셜 네트워크 기술로 돌렸다.

한국 사회는 북아프리카와 중동의 사회현상과 인터넷 소통기술의 진보를 목격했다. 그리고 SNS는 서울시 무료급식 찬반투표, 국회의원과 서울시장 보궐선거 등을 통해 그 위력이 크게 "부각"되었다. 그와 동시대에 사회적으로 신라호텔 한복 사건, 타진요 사건, 채선당 사건, 최진실 사건 등이 벌어졌고, 모두 사회적으로 큰 반향을 불러일으킴으로써 SNS에 대한 "하나의 인식"이 굳어지게 되었다. 그것은 인터넷 환경하에서 개인들이 사회적으로 소통하는 최첨단 서비스로서의 인식이다.

'최첨단'이란 단어는 묘한 어감을 풍긴다. 기존의 방법은 모두 낡은 것으로 치부하는 듯한 느낌을 주기 때문이다. 물론 이는 잘못된 느낌이다. 기존의 방법은 기존 영역에서 최첨단이기 때문이다. 어쨌든 "최첨단 소통 서비스"라는 새로운 범주가 등장함에 따라 기존의 Web 2.0 세대의 소통 서비스인 블로그, 게시판, 미니홈피 등도 점차 SNS 범주에 포함시키려 했다. 물론 잘못된 분류이다. 기존의 Web 2.0 세대의 콘텐츠 유통 서비스가 매스미디어의 성격(one to many)을 개인 미디어에 접목한 것이라면, SNS는 개개인이 직접적으로 연결되는 새로운 형태의 소통 구조를 형성했기 때문이다.

옛날과 비교한다면, Web 2.0 세대의 서비스가 마을 어귀에 커다란 "방(榜)"을 붙이고 그 아래에 토를 다는 행위를 가능케 한 서비스라면, SNS는 언문(諺文) 쪽지를 서로서로 교환할 수 있게 만든 서비스이다. 방(榜)은 통제가 가능하지만, 인문(諺文) 쪽지는 통제하기가 거의 불가능하다. 통제 유무는 소통의 주요한 요소이다. 그래서 SNS는 별도로 분류될 필요가 있다.

SNS가 별도로 분류되어야 할 더 중요한 이유가 있다. 메시지가 유통되는 기제(메커니즘)가 Web 2.0 세대의 소통 서비스와는 다르기 때문이다. SNS상의 메시지 유통 기제는 혈연, 지연, 학연, 종교연과 같은 연(緣)으로 얽혀 있는 인간사회의 구조와 밀접한 관계를 맺고 있다.

트위터나 페이스북에서 개개인들은 무작위로 연결된 것이 아니라, 최소한 상호 간의 공통분모를 이루는 연(緣)에 의해 이루어진다. 정치적 관점을 공유하거나, 공통된 관심사를 갖고 있는 것도 넓은 의미에서 상호 연결을 이루게 하는 연(緣)이다.

그 옛날 "같은 동네" 여인네들이 빨래터에서 "친근한" 방물장수 할매가 전해주는 소식을 유통시키던 향촌 구조나, 동창회에서 관심사를 주고받는 학연구조와 같이, SNS상에서 이루어지는 메시지 소통 기제 역시 연(緣)으로 얽힌 인간사회의 구조와 맥을 같이한다. 차이가 있다면 소통 수단이다. 과거에는 입과 입을 통해 소식이 전달된 반면, 지금은 인터넷(IP)과 유무선 통신망으로 엮어진 소셜 네트워크(사회망)상에서 트위터, 페이스북과 같은 도구를 통해 "실시간"으로 소식이 전달된다는 점이, 다르다면 다른 것이다.

인간사회구조가 유발하는 독특한 특성 역시 SNS에만 적용된다. "발 없는 말이 천 리를 간다"라는 속담을 인용해 보자. 실제로는 발 없는 말이 그냥 가는 것이 아니라 대부분 변형되어 천리를 갔다. 이는 당연하다. 소식은 전달되는 과정에서 전달자의 의지를 담게 된다. 때때로 전달자가 소속된 집단의 의지를 담을 때도 있다. 그래서 증폭되거나 과장되기 일쑤이다. SNS에서도 마찬가지다. 마음 맞는 사람끼리 메시지를 주고받는 과정에서 자신의 의견이 덧붙여져 "증폭"이 일어날 가능성이 높다. 과거와 다르다면, 대량의 참여자들에 의해 거의 실시간으로 "증폭"이 일어날 수 있다는 점이다. "연쇄유발효과"가 쉽게 일어날 수 있는 구조란 점이다.

위에서 기술한 바와 같이 SNS는 기존의 Web 2.0 세대와는 다르게, 소셜 네트워크(사회망)가 갖고 있는 독특한 관계구조적 특성들이 발현되는 서비스이다. 제4장에서 그 특성들을 살펴보겠지만, 소셜 네트워크(사회망)는 "증폭" 효과 이외에도 여러 가지 독특한 구조적 특성을 지니고 있다.

트위터에서의 메시지 소통구조 : 씨앗 글이 던져지면 이를 전파하는 사람들을 통해 다수에게 전달되는 구조이다. 역으로 다수들의 의견도 상향 피드백된다. 그 과정에서 메시지의 증폭이 일어날 수 있다. 증폭은 메시지 전달구조에 기인해 일어난다. SNS 분석에서 메시지 내용도 중요하지만, 메시지가 소통되는 구조는 더욱 중요하다.

출처: 사이람, SNS 분석 사례집

이런 측면에서 정리해 본다면, SNS는 소셜 네트워크(사회망)의 고유한 특성이 반영된, 개인 간의 직접적인 메시지 소통을 가능케 해주는(Networking 시키는) "소통 매개 서비스"로 정의하는 것이 좋을 듯하다.

지금까지 Web 2.0 세대 서비스와 대비하여 SNS가 갖고 있는 차별적 특성에 대해 간단히 살펴보았다. 그 차이를 이해했다면, SNS 분석에 그만의 독특한 분석영역이 있을 것이라고 눈치챘을 것이다. SNS상의 여론을 분석한다면서, 재래의 여론조사 하듯 분석하는 경우가 많다. 그러나 소셜 네트워크가 지닌 고유한 특성을 반영하지 못하는 분석방법이라면, 모두 부분적인 분석에 불과하다. 소셜 네트워크는 소셜 네트워크답게 분석해야 한다. SNS를 소셜 네트워크의 특성을 담아 분석한 사례에 대해서는 이 책 제2장에서 상술하겠지만, 미리 말하자면, 소셜 네트워크답게 분석해 내는 방법이 SNA(소셜 네트워크 분석)이다. 학계에서 오랫동안 연구해 왔던 분야이고, 근래에 IT 기술의 도움을 받아 부상하는 분야이다.

Web 2.0 세대 서비스와 SNS가 구별이 된다면, 이제 SNS와 소셜 네트워크와의 차이점에 대해 알아보자. 최초에 "소셜 네트워크"가 페이스북이나 트위터로 우리에게 다가왔기 때문에 소셜 네트워크와 SNS를 하나로 뭉뚱그려 이해할 수도 있다. 여러 번 강조했지만 SNS는 소셜 네트워크에서 발현될 수 있는 여러 서비스 중 하나이다. 대표적인 서비스이기는 하지만 그것이 소셜 네트워크 서비스의 전부가 아니다. SNS는 사람들을 사회적으로(Social) 연결시켜 주는(Networking) 기능으로 한정되며, 소셜 네트워크는 그보다 더 큰 의미를 지닌다.

그런데 여기서 문제되는 것은 "소셜 네트워크"와 소셜 네트워크를 한국어로 직역했을 때의 "사회망"이란 단어와의 의미상 혼돈이다. 사실 SNS가 등장하기 전까지 우리는 관행적으로 "사회망"이란 단어를 사용해 왔다. 사회안전망, 사회보호망 등과 같은 공공복지 서비스 구조를 의미하기도 하고, 더 나아가 인간생활과 밀접한 일체의 사회적 하부구조망까지 포괄하는 의미로 사용해 왔다.

Web 2.0 세대 서비스는 그 유형이 다르기에 별도로 하고, 위와 같은 언어 관행을 받아들인다면 SNS, 소셜 네트워크, 그리고 사회망은 각각의 어의(語意) 범위로 볼 때, '사회망'이 가장 큰 범주를 형성하고, 그 안에 '소셜 네트워크'가 있으며 '소셜 네트워크' 범주 안에 'SNS'가 있다고 볼 수 있다. 굳이 이렇게 범주화하는 것은 SNS와 소셜 네트워크 그리고 사회망을 관통하는 특성들이 유사하여 그들을 분석하는 방법에 공통성이 있다는 측면과, 필요에 따라 각 분야의 독특한 속성을 분리하여 분석할 필요가 있다는 공리적(功利的, Utility) 측면에서이다. 그래야만 '소셜 네트워크와 빅데이터 분석'을 체계적으로 접근해 들어갈 수 있기 때문이기도 하다. 어쨌거나 지금부터 가장 넓은 의미를 연상시키는 '사회망'부터 차례차례 들여다보도록 하자.

사회망의 종류

근대사회로 접어들며 인간생활과 밀접한 관련을 맺는 사회적 하부구조가 형성되었다. 교통망, 통신망, 수자원망, 에너지망 등이 그것으로, 모두 사회의 물리적 기반을 형성하는 관계구조(Structure)이다.

여기에 근대 사회를 작동하는 체계(System)로서의 망도 덧붙여진다. 교육망, 금융망, 지식망, 의료망, 행정망 등이 그것으로, 초-중-고-대로 이어지는 교육망, 읍면동-시군구-도(광역시)로 이어지는 행정망과 같은 체계를 띤다.

한 걸음 더 나아가, 사회생활 속에서 기능하는 기제(Mechanism)와 관련하여, 인위적으로 개념화된 망도 있다. 공급망(Supply chain), 부가가치망(Value

Added network), 소통망, 범죄망, 사회안전망, 군사방어망 등이 그것이다.

구조(Structure)이든 체계(System)이든 기제(Mechanism)이든, 이들 모두는 인간생활과 밀접한 관계를 맺고 있다는 점에서 사회망으로 분류될 수 있고, 그 망은 경우에 따라 형성되었다가 분리되고 재결합하는 동태성(Dynamics)을 지니고 있다.

이미 형성된 망은 어느 한 곳이 단절되거나 과부하가 걸리면 네트워크 전체에 영향을 미칠 수 있다는 측면에서 "연쇄유발" 효과를 일으키는 속성을 지니고 있다. 연쇄유발의 결과로 나타나는 사회적 손실은 "증폭"된다. 물론 그 반대로, 사회망이 확장될 때 사회적 이익도 증폭된다.

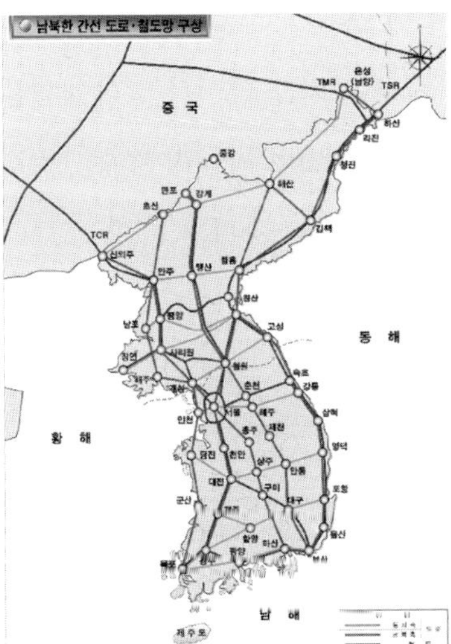

2008년 건설교통부가 발표한 〈국가 기간 교통망계획 수정계획〉의 별첨7 〈남북한 간선도로*철도망 구상〉 도표. 1999년 수립된 국가기간교통망계획을 2007년 2차 남북 정상회담 이후 여건 변화를 감안하여 수정한 계획이다.

추후 2장에서, 망이 갖고 있는 여러 현상에 대해 살펴보겠지만, 연쇄유발효과라는 공통된 특성을 지니고 있다는 측면에서 망들을 모두 광의의 소셜 네트워크 범주에 포함시킬 수 있다.

사회망의 가치와 동태적 속성

망은 상호 연결되어 있기에 그 가치를 발휘한다. 분절되면 아무런 소용도 없다. 교통망, 수자원망, 통신망을 연상하면 그 의미를 쉽게 알아차릴 수 있을 것이다.

또한 망은 커질수록 효익이 증가한다. 망의 물리적 규모에 따라 비례하여 커지는 것이 아니라, (기하)급수의 형태로 배가되는 것이다. 이는 가입자 수가 많을수록 경쟁우위에 서는 통신망이 대표적인 예이다. 망내 가입자 수가 많을수록 이미 투자된 통신망 자산에 대한 수익(Return on Asset)이 증가하는 선순환을 그린다.

하지만 더 큰 규모의 네트워크를 소유했다고 해서 항상 경쟁 우위를 누리는 것은 아니다. 망의 작동 효율 때문이다. 망은 구성인자들이 서로 연결됨으로써 기능하는데, 망이 커진다는 것은 더 많은 구성인자가 망의 연결 부위에 첨부된다는 것이고, 따라서 연결상의 복잡도도 커지기 때문에 관리비용이 증가하게 되어 비효율적이 되는 것이다. 어떤 경우에는 망 관리비용의 증가 속도가 망의 총 효익을 추월할 수도 있다. 그럴 경우 망은 견디지 못하고 붕괴된다. 거대 기업의 몰락이나 강대국의 흥망을 분석할 때 동원되는 복잡성 개념이기도 하다.

망의 규모가 커지면, 일부 구성인자들의 사소한 해프닝이 이웃과 상호작용을 거쳐 일파만파로 전파되어 위기 상황에까지 확대되는 리스크를 지니기도 한다. 나비효과(Butter Fly Effect)이다. "북경에서 나비가 날갯짓하면 뉴욕에 태풍이 분다"는 나비효과는, 날씨에 있어서 "초기 조건에 대한 민감성"을 표현하기 위해 고안된 기상학 용어이지만, 초기의 사소한 변화가 의외의 결과를 가져올 수 있다는 측면에서 연쇄유발(chain reaction)효과와도 연동된다.

망의 규모가 커진다고 하여 항상 연쇄유발의 위험성에 노출된다는 것

미국 C 항공사 국내선 노선도 – 망은 상호 연결되어 있기에 가치를 발휘한다
출처: airlineroutemaps.com

은 아니다. 그것은 망의 복잡도에 기인한다. 망이 복잡해지면 망을 세밀하게 통제하기 어렵게 된다. 새로운 관리방법론이 등장하지 않으면, 복잡한 망 내에 관리의 사각지대가 발생할 수밖에 없다. 그곳에서 나비가 날갯짓했을 때, 그 사소한 행동은 거대한 망을 타고 증폭되는, 연쇄유발효과를 나타낸다고 보는 것이 올바를 것이다.

또한 소셜 네트워크는 성장과 축소, 분절과 통합을 반복하는 동태적(dynamic) 모습을 띤다.

특정한 두 지점이 연결되어 상호 간의 효익이 증대될 때, 두 지점 주위로 새로운 점들이 연결에 연결을 더하면서 네트워크는 점차 성장해 간다. 그러다가 특정한 두 지점을 연결하는 선이 어떤 이유로 마비되었을 때, 단순이 두 지점이 절단되는 것이 아니라, 두 지점을 교두보 삼아 연결된 수많은 다른 지점 간의 연결도 동시에 단절된다. 네트워크의 또 다른 속성이다. 항공 노선에서 허브공항이 마비되었을 때를 연상하면 이해가 쉬울 것이다.

하지만 두 지점이 단절되었다 하더라도 영구히 단절되는 것은 아니다. 새로운 지점에서 새로운 연결선이 형성될 수 있어, 망은 복구되어 또 다른 통합적 모습을 띠고 작동할 수 있다.

이러한 측면에서 사회망은 성장과 통합, 분절과 축소, 재구성과 재성장이란, 대단히 동태적 모습을 띤다고 볼 수 있다.

비즈니스 세계에서의 소셜 네트워크

사회망이란 단어가 풍미하는 그대로를 비즈니스 세계에 적용해 보았을 때, 우리는 매우 다양한 분야에서 소셜 네트워크 개념을 적용할 수 있음을 발견하게 된다. 조직망, 지식망, 공급망, 부가가치망, 상품 연계망, 고객 관계망 그리고 인적 네트워크 등이 그것이다.

이들 비즈니스 망은 필요에 의해 구성되고 일단 구성되면 성장과 통합, 분설과 축소, 그리고 재구성과 재성장이란 과정을 반복한다는 측면에서, 사회망의 동태적 속성을 그대로 따라간다. 그리고 관리의 사각지대에서 발생한 해프닝이, 혹은 주목되지 않은 구석에서 발생한 동요가, 주변 요소들과 상호작용을 거쳐 비즈니스 전체에 막대한 영향을 줄 수 있다는 점에서, 나비효과와 연쇄유발효과의 적용 대상이 된다.

이들은 그동안 IT 분야에서 관계망이란 이름으로, RDB(Relational Database, 관계형 데이터베이스)를 기반으로 한 EDW(Enterprise Data Warehouse, 전사적 데이터웨어하우스) 또는 ERP(Enterprise Resource Planning, 전사적 자원 기획)에 의해 분석, 활용되어 왔었다.

비록 많은 분야에서 유익하게 활용되었지만 비지니스망을 분석하는 데 일정한 한계가 있었던 것이 사실이다. RDB를 기반으로 다양한 분석을 시도할 때 DB를 합치거나(Join) 연계하는(Association) 등 매우 복잡한 절차를 거쳐야 하고, 또한 그렇게 하기 위해 상당량의 전산 자원과 시간이 필요

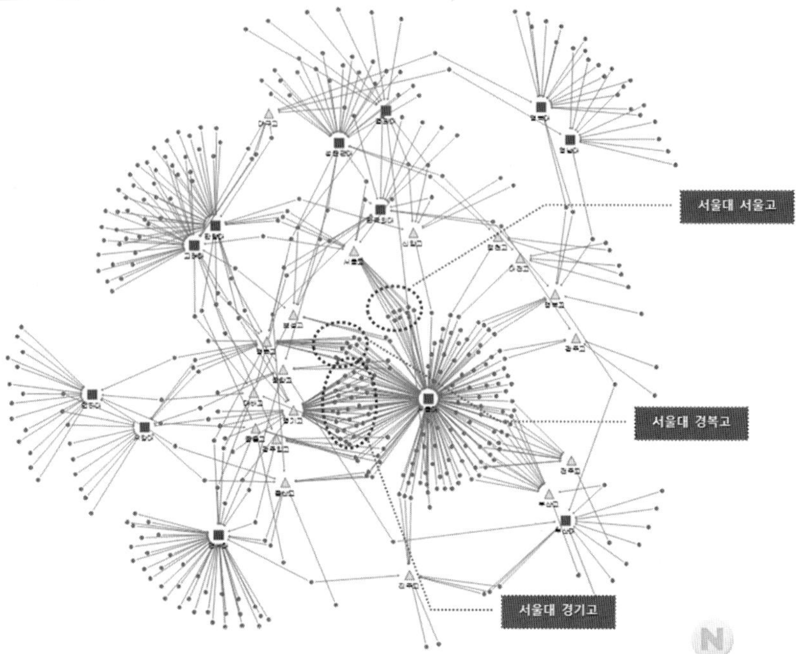

한국 IT 분야 주요 인사들의 학맥 – 대학교와 고등학교를 매개로 한 지도이다.
네모는 대학교, 세모는 고등학교 그리고 점은 사람들이다.

출처: 사이람, SNA 적용 사례집

하기 때문에, 때에 따라 분석이 불가능한 경우가 상당 부분 있었다.

그러나 소셜 네트워크 개념하에서는 사람과 사람, 상품과 상품, 정보와 정보 등, 개체 상호 간의 관계망(Network)을 기반으로 분석한다는 점에서 RDB와 근본적으로 차이가 난다. 그리고 그 분석 결과 면에서 RDB 기반의 분석에서는 찾아볼 수 없는 다양한 통찰력을 제공하게 된다.

자연계 네트워크와 네트워크 사이언스

"소셜 네트워크"가 인간이 모였다 흩어졌다를 반복하며 살기 때문에 발생하는 동태적 구조(Dynamic Structure)라면, 그것은 인간세계만의 고유한 속성일까? 그렇지 않다. 그것은 자연 현상이 빚어내는 네트워크 형태의 한 범주에 불과하다.

자연 현상이 빚은 네트워크를 "자연계 네트워크"라 부른다면, 잠시 이 네트워크의 모습을 들여다보도록 하자. 다시 한 번 강조하지만 구조의 동태성이란 측면과 구성인자들의 상호작용이란 측면에서 소셜 네트워크를 분석하는 방법과 공통점이 있는 분야이다.

생물학과 유전학 인간은 23개의 염기쌍(base pair)이 생명의 연속성을 유지한다. 자기 복제를 통해 새로운 세포를 만들거나, 감수분열을 통해 개체의 성질을 다음 세대로 유전시킨다. 유전되는 성질은 이들 염기쌍에 내재되어 있는 13,000여 개의 유전인자에 의해 결정된다. 유전인자는 DNA의 다발로 구성되어 있는데, 이들 DNA가 분리 · 재결합함으로써 다음 세대 개체의 성질을 형성한다. 다시 말해 개체의 현재 모습을 규정하는 것은 DNA이지만, 이들 DNA가 분리 · 재결합하는 과정에 외부로부터의 자극이 정도 이상으로 가해지면, 의외의 새결합이 일어나 다음 세대에 새로운 형질이 나타난다고 한다. 분리 · 재결합하는 과정의 동태성(Dynamics)에 의해 다음 세대 개체의 형질 변화가 일어나는 것이다. 유전의 비밀이 동태성에 숨겨져 있는 것이다.

바이러스 확산과 방역 바이러스는 인간과 비교하여 DNA 자기복제 속도가 대단히 빠르다. 인간이 세대와 세대를 거쳐 300여 만년 동안 진화한 기간을 바이러스는 불과 몇 달 사이에 그 과정을 거친다. 그래서 변이의 정도가 많다. 그리고 바이러스가 동물이나 사람을 숙주로 하여 기생하면서 자기증식을 하기 때문에 그 확산 과정은 숙주의 사회적 관계구조를 통해 이루어진다.

2004년에 전 세계로 번진 SARS는 최초에 조류로부터 인간에게 바이러스가 옮겨져 발생한 질병이지만, 그 확산은 여행객들의 이동 경로를 통해 이루어졌다. 2010년 한국에서 구제역을 유발한 돼지 인플루엔자 바이러스 역시, 확산 과정은 사람들의 이동과 밀접한 관련이 있다. 11월 29일 경북 안동에서 발생한 구제역이 불과 보름 만에 경기도 북부로 전염되었고, 이어서 충청남북도, 강원도 북부로 빠르게 번진 것도 모두 사람들의 이동과 관련이 있었기 때문이다.

뇌과학 뇌는 뉴런(신경세포와 신경섬유)과 신경전달물질을 근간으로 작동한다. 인간 뇌의 경우, 약 1,000억 개의 신경세포가 신경섬유돌기를 통해 약 1,000조 개의 시냅스로 연결되어 서로 전기화학적 신호를 주고받는 구조를 이루고 있다.

《시냅스와 자아(Synaptic self)》(조지프 르두 지음, 강봉균 옮김, 동녘 사이언스 펴냄, 2004년)에서 저자는 시냅스가 "뇌세포들 사이의 통신 채널"이라 하면서 자아를 시냅스와 시냅스에 의한 뇌의 작동방식으로 설명하고자 했다. 그런 측면에서 뇌는 일종의 통신망과도 같은 거대한 네트워크로 볼 수 있다.

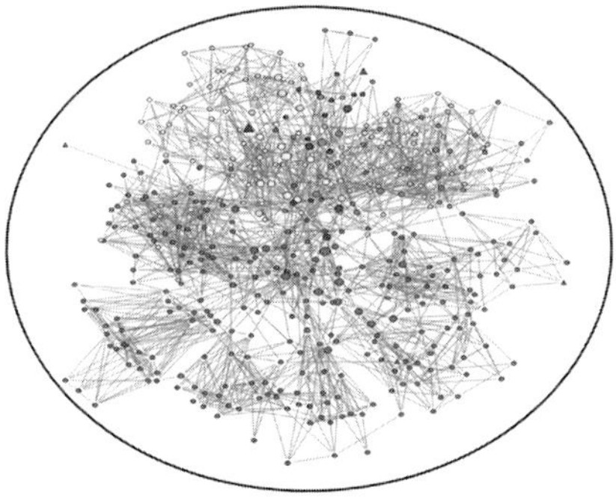

소셜 네트워크의 한 유형. 시냅스 연결로 이루어진 뇌의 구조 역시 궁극적으로 이와 유사한 형태로 모델화할 수 있을 것이다.

출처: 사이람, SNA 교육 자료집

뇌과학이 "여러 학문 분야를 복합적으로 적용해 뇌의 신비를 밝히고 이를 통해 인간이 갖는 물리적 · 정신적 기능성의 전반을 심층적으로 탐구하는 응용 학문"(네이버 지식백과 중 두산백과)이란 점에서, 뇌의 신경회로망 탐구작업에 네트워크 분석기법이 활용될 수 있는 여지가 상당히 있다 하겠다.

생태학 흔히 먹이사슬(Food Chain)을 제일 먼저 떠올리는 생태학은 "생물 상호 간의 관계 및 생물과 환경과의 관계를 연구하여 밝혀내는 학문"(네이버 지식백과 중 두산백과)으로 정의되어 있다. 먹이사슬보다 훨씬 광범위한 의미를 지닌 것으로, 생태학은 개체와 개체, 개체군과 개체군과의 역학관계 그리고 개체군과 자연환경과의 관계구조까지 들여다보아야 하는 학문인 것이다. 이런 생태학 측면에서 본다면, 개체의 존재(Ontology)는 자연생태계의 관계구조를 통해 파악된다.

좀 더 쉽게, 개체의 존재를 먹이사슬로 생각해 보자. 자연 환경 – 식물 – 초식동물 – 육식동물 – 잡식동물로 이어지는 먹이사슬은, 개체가 죽으면(시들면) 언제든지 자연환경으로 회귀된다는 측면에서 거대한 순환계를 이루고 있다. 서로 물고 물리는 동태적 네트워크의 한 유형이다. 여기에서 개체는 순환계와 영향을 주고받는 구성인자로서 기능하는 것이다.

네트워크 사이언스 이와 같은 자연 분야를 네트워크 관점으로 접근하는 학문이 〈네트워크 사이언스〉이다. 가장 단순화된 정의는 2005년 미국 NRC(National Research Council)가 규정한 것으로, "네트워크에 관해, 과학적 기법을 통해 형성된 구조화된 지식"이다.("Organized knowledge of networks based on their study using the scientific methods", P6 at "Network Science – Theory and application" by TED G. Lewis, Wiley 2009.)

이 정의를 통해 본다면 네트워크 사이언스는 자연과학 분야뿐만 아니라, 라우터(router)나 스위치(Switch)로 이루어진 컴퓨터 네트워크 토폴로지(Topology)는 물론, 사회학의 소셜 네트워크 분석, 경제학의 행동경제학 등에도 확장 · 적용되는 분야이다. 그래서 이들 분야는 학문적 원천을 서로 공유하고 있다. 같은 방법론이 적용된다는 뜻이다. 그 원천은 오일러의 그래프 이론이다.

네트워크 이론의 출발 – 오일러의 그래프 이론

네트워크 사이언스의 출발점은 쾨니히스베르크 다리로 유명한 오일러의 그래프 이론(Graph Theory)이다. 영어 Graph의 원 뜻은 도식화(圖式化)인데, 복잡한 자연의 모습을 점과 선으로 환원하여 간단명료하게 그림을 그려보는 것을 말한다. 우리가 수학에서 배운 막대그래프, 꺾은선그래프는 도식화된 형태의 하나이다.

오일러의 쾨니히스베르크 다리 문제는 '한 붓 그리기'로 유명하다. 아래 그림에서 보듯이, 독일 쾨니히스베르크에는 시를 관통하는 강에 두 개의 섬이 있는데, 그 섬과 강변은 7개의 다리에 의해 서로 연결되어 있다. 오

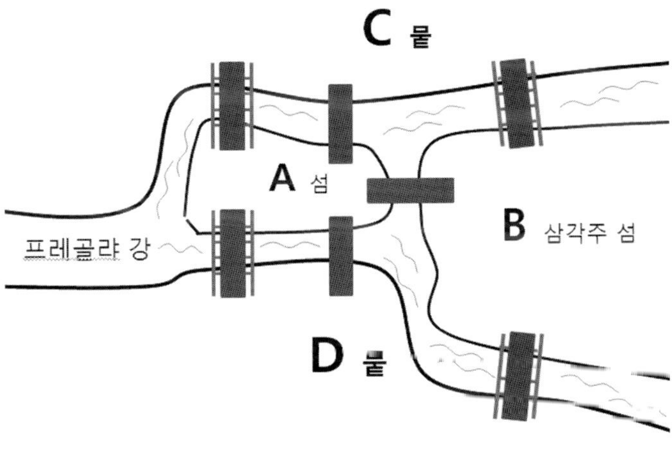

오일러의 그래프 이론에서 예시된 쾨니히스베르크의 다리. 섬 A, B가 강을 가로질러 연안 C, D와 다리로 연결되어 있다. 쾨니히스베르크는 한때 동프로이센의 수도였지만 지금은 러시아 영토로, 칼리닌그라드로 개명되었다.

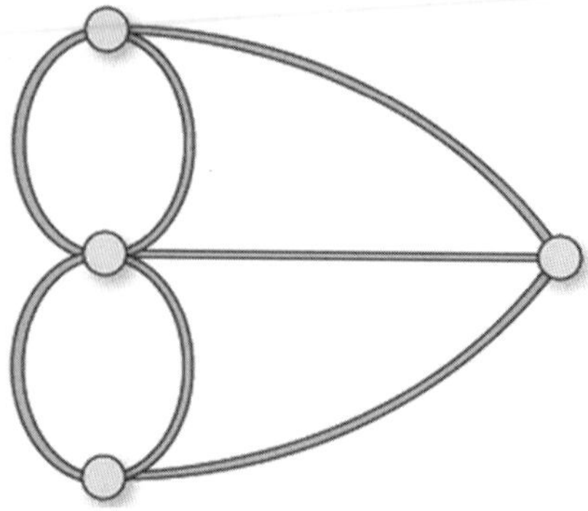

점과 선으로 도식화된 쾨니히스베르크의 모습. 점들은 각각 자신과 맺어진 3개, 5개, 3개, 3개의 선을 갖고 있다. 홀수 개의 선을 지닌 점이 3개나 되기 때문에, 한 붓 그리기가 불가능하다.

일러의 문제는, 두 번 이상 거치지 않고 한 번에 모든 다리를 지나는 선을 그을 수 있는지에 관한 문제이다.

오일러는 도식화 기법을 써서 쾨니히스베르크 다리의 공간을 단순화했으며, 홀수 개의 선을 가진 점이 2개가 넘는 그래프에서는 한 붓으로 모든 선을 통과하는 것이 불가능함을 수학적으로 입증했다.

18세기 오일러에 의해 시작된 이 그래프 이론(Graph Theory)은 공간의 형태를 점과 선으로 환원하여 자연의 현상과 본질을 파악하고 있기에, 〈네트워크 사이언스〉나 〈소셜 네트워크 분석〉의 학문적 원천이 되었다. 그런 측면에서 〈네트워크 사이언스〉나 〈소셜 네트워크 분석〉는 서로 친척 관계라 볼 수 있다.

소셜 네트워크의 출발점 – 노드(점)와 링크(연결선)

소셜 네트워크 이론은 네트워크 사이언스를 사회망에 적용한 것이다. 따라서 일정 부분 공통된 측면이 많다. 네트워크 사이언스가 오일러의 그래프 이론에서 출발했듯이, 소셜 네트워크 이론도 그 뿌리를 오일러의 그래프 이론에 둔다. 즉 사회망을 형성하는 구성체를 점으로 하고, 구성체와 구성체 사이의 관계를 선으로 도식화한 뒤, 그 이론을 수학적으로 전개해 나간다. 사람들 간의 사회적 관계인 경우, 사람을 점으로, 사람과 사람 사이의 관계를 선으로 도식화하는 것이다. 이때 점은 노드(Node)라 하며 연결선은 링크(Link)라고 한다.

사회망 분석 대상에 따라 노드는 사람 개개인을 의미할 수도 있고, 제품일 수도 있으며, 때에 따라 특정 지점을 의미할 수도 있다. 노드는 그래서 다양한 속성값(Attribute)을 갖는다. 예를 들어 노드가 사람이라면 노

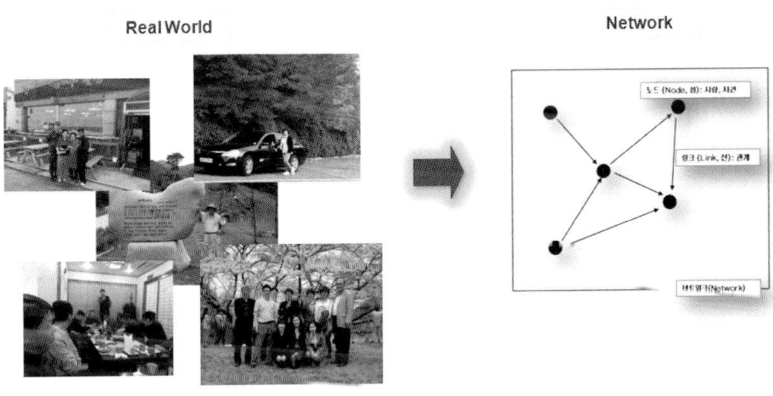

외현이 다양하고 복잡하다　　점과 선으로 도식화되다

드의 이름(Label)이 있을 것이고 속성값으로 나이, 성별, 취미, 주소 등 여러 가지가 있을 수 있다.

데이터베이스에 익숙한 독자라면, 노드는 RDB에서의 데이터 레코드에 해당하고, 노드의 속성값은 데이터 레코드를 구성하는 여러 개의 데이터 필드의 값임을 간파했을 것이다. 하지만 소셜 네트워크를 기존의 RDB와 차이 나게 만드는 것은 별도의 링크데이터가 존재한다는 점이다.

링크는 노드와 노드를 연결하는 선으로, 노드와는 전혀 별개의 속성값을 지닌다. 노드가 사람인 경우 링크는 사람과 사람 간의 관계, 즉 혈연, 지연, 혹은 애정 관계 등으로 볼 수 있는데, 링크의 속성값 역시 수치로 표시된다. 관계의 수치화는 어떤 사람이 어떤 사람에게 전화를 한 번 하는 관계냐 두 번 하는 관계냐, 메일을 몇 번 보낸 관계냐, 혹은 동향이면서 같은 회사 부서원이냐 등과 같은 경우를 따져 만들어 낼 수 있다.

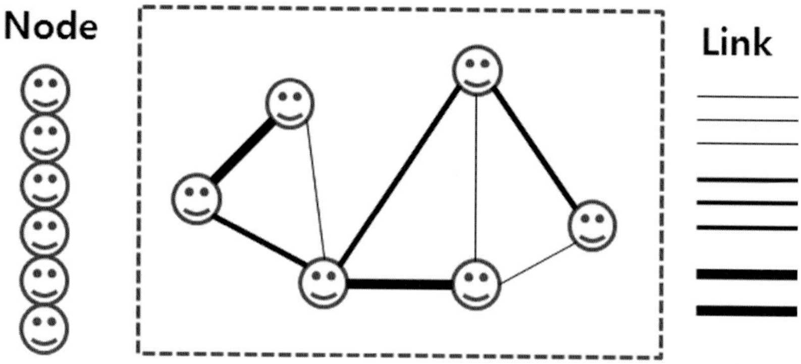

이 그림에서 노드분석은 총 6명을 분석하는 것인 반면, 링크분석은 총 8개의 관계선을 분석하는 것을 의미한다. 소셜 네트워크 분석은 링크분석을 통해 노드들의 관계구조를 알아내는 방법이다.

좀 더 일반적으로 말하면, 링크는 〈A노드에서 B노드로〉라는 방향값(Direction)을 지니거나, 아니면 〈A노드와 B노드〉라는 식의 연결관계만을 나타낼 수 있다. 또한 둘 사이의 연결강도(Weight) 그리고 연결유형(Attibute)도 있을 수 있다. 즉 A노드와 B노드는 1의 강도로 연결되어 있는데(Weight=1), C노드와 D노드는 2의 강도로 연결되어 있으며, 노드 간의 연결유형은 편지이다(Attribute=편지)는 식이다. 고등학교 자연계열 수학 혹은 〈기하와 벡터〉 항목를 배웠다면, Link의 값을 벡터의 값으로 이해해도 크게 다르지 않다.

집합이 아닌, 링크로 바라본 사람 사회

근대 이래의 전통적 관점은 개개별 사람(Node)의 특성에 관심을 갖고 그들의 집합으로 사회를 바라보았다. 그래서 통계적 기법이 발달하여 가우스의 정규분포 개념이 도입되었고, 평균과 표준편차와 같은 수학적 기법이 여기에 적용되었다. 더 나아가 모집단의 개념이 도입되어, 전체를 대변할 수 있는 표본집단을 추출하는 기법과 오차의 범위를 산정하는 수학적 방법론이 도입되어 전체 집단의 특성을 판단하고자 했다.

이 방법은 궁극적으로 집단을 형성하는 사람(Node)의 특성은 기본적으로 동일하며, 표본집단의 수가 클수록 오차는 줄어들고 더욱 정확하게 전체 집단의 특성을 파악해 나갈 수 있다는 믿음에 근거한 방법이다. 〈자유롭고 독립적인 이성적 개인〉들을 상정하고 그들의 집합(Node set)으로 사회적 현상을 분석한 것이다.

그 반면에 소셜 네트워크 관점은 사람과 사람 간에 형성된 연결관계, 즉 링크에 초점을 둔다. 〈매여 있고 의존적인 감성적 존재〉로서의 개인을 상정하고 그들이 맺고 있는 사회적 관계들(Link set)에 초점을 두고 사회적 현상을 분석하는 것이다. 굳이 비유하자면, 인간 집단을 단지 모래알과 같은 사람들이 모여 있는 것으로 보는 것이 아니라, 인간 개개인에게 끈이 달려 있고 그 끈이 다른 사람과 연결되어 있음으로 해서 집단이 형성된 것으로 보고, 그 끈의 집합을 분석하는 것이다.

따라서 이 분석방법은 근대 이래 전통적 방법론과 다르게 집단의 연결관계(Link)를 분석함으로써, 집단의 형성 구조가 어떠한지 그리고 그 구조 내에서 개인들이 어떻게 얽혀 있는지에 대한 특성을 밝혀내는 방법론이다.

사실 개인에 대한 의미 있는 정보는 그 사람이 갖고 있는 특성(Attribute), 즉 나이, 성별, 주소, 피부색, 종교 등도 중요하지만, 사회적으로 볼 때 그 사람이 맺고 있는 다른 사람과의 관계 속에서 형성된 역할 정보가 오히려 더 중요할 수 있다. 다시 말하면, 개개인이 소속된 인간집단 내에서 그 개인이 의사결정의 중심자냐 영향력자냐 매개자냐 추종자냐 등과 같이 사회적 존재로서의 역할 측면이 더 중요할 수 있다는 관점이다.

링크를 분석한다는 점에서, 소셜 네트워크 분석은 사람(人)을 분석하는 것이 아니라 사람 사이(人間)을 분석하는 방법이라고 정의하는 것이 더 적절할 것이다.

그래서 이 분석 방법은 기원전 6세기경 동양에서 공자가 주창하고 이후 맹자를 거쳐 여러 철학자가 발전시킨 사회적 관점과도 비교될 수 있다. 군신 간의 관계(君爲臣綱), 부자간의 관계(父爲子綱), 부부간의 관계(夫爲婦綱)와 같이 성리학의 뼈대를 이루는 3강(三綱)은 어쩌면 소셜 네트워크 구조의 고전적 관점이라 할 수도 있다.

비록 성리학적 관점이 봉건제 생활권하에서 형성되었다는 한계점을 지니고 있지만, 그 출발점인 공자의 논설이 불교와 만나 사람의 관계를 우주적 관점으로 확대하여 성(性)과 리(理)를 뼈대로 한 학문적 체계로까지 발전된 결과물임을 생각해 볼 때, 노드(人)와 링그(間)를 뼈대로 한 소셜 네트워크적 관점이 인문사회과학과 연결되는 것은 어쩌면 자연스런 발전 과정이라 할 수 있겠다.

링크데이터의 종류 – 직접 링크와 간접 링크

소셜 네트워크는 노드(Node)와 링크(Link)로 구성된다. 다시 말하면, 소셜 네트워크의 성격을 규정하는 요소가 노드와 링크라는 서로 상이한 두 개의 데이터 집단으로 이루어져 있다는 뜻이다.

그런데 링크되는 노드들의 유형이 다를 수도 있다. 사람과 사람이 직접

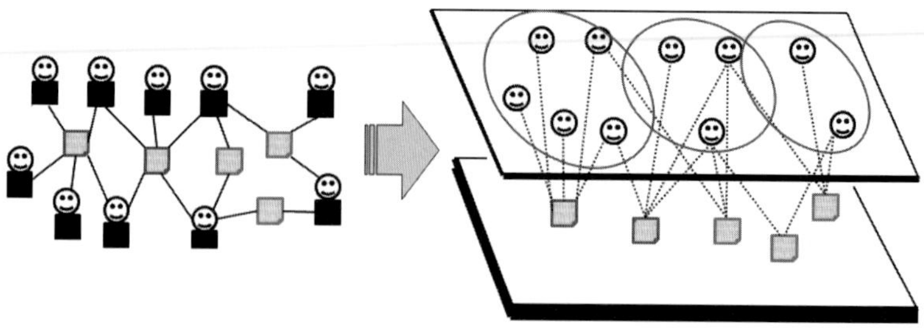

투–모드 네트워크 두 개의 원–모드 네트워크

링크되는 경우도 있지만, 특정 이벤트를 매개로 간접적으로 링크되는 경우도 있다.

소셜 네트워크가 사람들과 같이 동일 성격의 노드들로 구성되면, 이를 직접 링크에 의한 원–모드(1–mode) 혹은 동종(同種, Homogeneous) 네트워크라고 한다. 가장 기본적인 소셜 네트워크이다.

이에 반해 둘 이상 서로 다른 유형의 노드가 섞여 네트워크를 구성할 수도 있다. 예를 들어 '공동 연구 과제'를 매개로 하여 형성된 연구자들 간의 관계, 혹은 출신 학교를 매개로 한 사내 직원 관계가 그것이다. 이를 간접 링크에 의한 멀티모드(Multi–mode) 혹은 이종(異種, Heterogeneous) 네트워크라고 한다.

위 그림의 왼편은 〈연구자와 과제〉가 혼합된 네트워크를 보여주고 있다. 관련된 여러 과제를 두고 서로 다른 연구자들이 연결된 멀티–모드 네트워크이다. 노드는 〈연구자〉와 〈과제〉 두 개의 유형을 갖고 있고, 그들 사이의 링크는 과제를 매개로 하여 이루어져 있다. 융합학문 분야에서의 연구자 관계도를 연상하면 이해하기 쉬울 것이다.

이러한 멀티모드 네트워크는 원-모드 네트워크로 분해될 수 있다. 그림은 왼편의 〈연구자-과제〉 투-모드 네트워크가 오른편의 〈연구자-연구자〉와 〈과제-과제〉라는 두 개의 원-모드 네트워크로 분해되는 것을 보여준다. 이러한 분해는 앞으로 소셜 네트워크를 분석하는 데 종종 동원되는 기법이기에 미리 소개해 둔다.

고등학교 수학에서 행렬 항목을 배웠다면, 원-모드 네트워크의 노드들은 동종 매트릭스로, 투-모드 네트워크의 노드들은 이종 매트릭스로 표현될 수 있음을 알아차릴 수 있을 것이다. 이종 매트릭스는 방정식을 인수분해 할 때와 마찬가지로 여러 개의 동종 매트릭스로 분해할 수 있다.

지금까지 소셜 네트워크를 이해하기 위한 기초적인 사항들에 대해 알아보았다. 이를 바탕으로 다음 장에서는 인간과 인간이 링크되어 있기 때문에 발생하는 사회적 현상과 그 특성들을 살펴보기로 한다.

인간 집단이 모래알의 집합체처럼 단지 "독립된 인격체"의 집합으로만 인식된다면, 도저히 이해하기 곤란한 사회적 현상들이 많이 있다. 그러한 사회현상들에 어떠한 공통 특성이 있으며, 그 특성을 이해하기 위해 어떠한 이론이 제시되어 있는지 소개하도록 한다.

Chapter 2

소셜 네트워크이기에 발생하는 현상과 특징

SOCIAL NETWORK

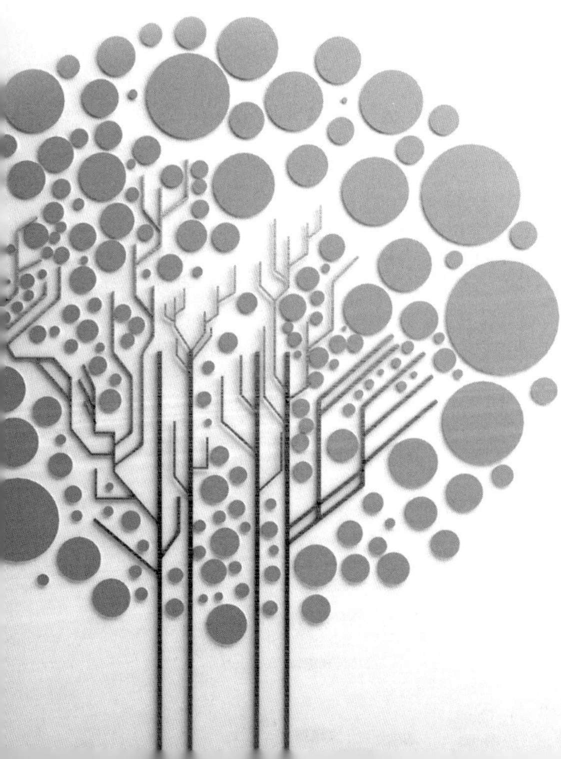

소셜 네트워크이기에 발생하는 현상과 특징

인간은 〈자유롭고 독립적인 이성적 존재〉일까? 아니면 〈매여 있고 의존적인 감성적 존재〉일까? 뜬금없는 질문으로 이 장을 시작하는 것은 우리 사회에서 종종 발생하는 "쏠림"과 "유유상종" 그리고 "일파만파"와 같은 현상이 소셜 네트워크의 세계와 어떻게 관련되는지를 설명하기 위함이다.

인간이 모두 〈자유롭고 독립적인 이성적 존재〉라면, 여기에서 제시되는 여러 가지 사회현상을 설명하기가 곤란해진다. 그렇다고 해서 인간이 〈자유롭지 못하고 종속적이며 비이성적 존재〉라는 뜻은 아니다.

그동안 이 장에 실린 사회현상을 이해하기 위해 여러 분야에서 다양한 주장과 이론들이 제시되어 왔다. 20세기 벽두의 양자 이론에서 시작되어, 카오스 이론, 퍼지 이론 등이 제시되었고, 사회현상을 두고 80:20의 법칙, 롱테일 법칙, 티핑포인트 등과 같은 설명이 있었다. 인지부조화와 같은 심리학적 시도도 있으며 이와 맥을 같이하는 복잡계 경제학, 행동 경제학 등 비주류 경제학도 있다. 소셜 네트워크 분석은 이 모든 현상의 기저에, 링크로 형성된 네트워크의 〈독특한 구조〉가 있음을 알고 이를 분석해 내는 방법이다.

이 장에서는 소셜 네트워크에 담겨 있는 관계구조를 소개하기에 앞서, 그동안 여러 유형의 사회현상을 설명하기 위해 소개된 주장들과 함께, 소셜 네트워크가 갖고 있는 독특한 특징들을 정리해 보도록 한다.

소셜 네트워크 현상의 특징

소셜 네트워크에서 발생하는 현상에는 공통된 특징이 있다. 앞 장에서 여러 가지 종류의 네트워크를 살펴보았는데, 그중 사람이 개입되어 형성된 네트워크를 주목한다면 공통된 특징을 발견할 수 있다. 그것은 노드들(사람들)이 독립적으로 존재하는 것이 아니라 링크로 연결되어 있기 때문에 발생한 것으로, "씨알과 쏠림", "유유상종", "일파만파" 라는 3가지로 요약할 수 있다.

특징1 – 씨알과 쏠림 (티핑 포인트, 80:20의 법칙)

모두들 감으로나마 알고 있는 내용으로부터 시작하자. 함께 음악을 하던 세시봉 친구들이 있다. 그들은 1970년대 초 명동에서 서로 의기투합하여 당시로서는 새롭게 들리는 음악을 선보였다. 이후 그들의 음악은 음악을 사랑하는 사람들을 통해 급속히 대학가로 번졌고, 2010년이 지난 오늘날 대한민국 대부분의 사람이 즐겨 기억하는 음악이 되었다. 1970년대 초 뿌려진 씨알이 발아하고 꽃을 피운 것이다. 세시봉은 새로운 음악의 씨알이었다.

사람들이 모여 사는 곳에서는 이와 같은 현상이 끊임없이 발생한다. 범위를 넓혀 종교의 전파 과정을 보자. 불교의 선종이 인도에서 중국으로 전파된 경로를 두고 "달마가 동쪽으로 간 이유는"이란 화두가 유명하다. 그가 인도에서 동쪽으로 가지 않았다면 아마도 선종은 중국을 거쳐 한국으로까지 전파되지도 못했을 것이다. 달마 대사는 씨알이었다. 그를 시작점으로 선종이 동아시아 문명권의 심장부로 퍼졌고 원시 신앙들은 새로운 종교의 영향권하에 포섭되어 갔다.

초창기의 기독교인들은 배교한 유대교 분파에 불과했다. 그들은 유대교와 로마 당국 양측에서 모진 박해를 받았다. 그런데 유대인이던 바울이 개종을 하여 지금의 터키를 경유하여 그리스로 전도 여행을 함으로써 세계 3대 종교의 하나인 기독교의 근간을 형성하게 된다. "바울이 서쪽으로 간 이유는?"이란 화두가 나올 만하다. 바울은 씨알이었다. 그를 시작점으로 기독교가 서구 문명의 심장부로 퍼졌고, 원시 신앙들은 기독교의 영향 권하에 포섭되어 갔다.

사람이 모여 산다는 측면에서 우리나라를 들여다보자. 서울은 남한 면적의 0.6%를 차지하고 있다. 그런데도 2011년 서울의 GDP는 4,092억$로, 대한민국 GDP 1조 1,638억$ 중 35%를 차지했다. 남한의 0.6%의 지역에서 35%의 생산물이 만들어진 것이다. 서울은 쏠림을 유발하는 씨알의 역할을 한다.

인구의 측면에서 들여다보아도 그러한 쏠림 현상은 나타난다. 2012년 3월말 행안부 자료에 의하면, 서울 인구는 1,025만 명, 부산 인구는 383만 명으로, 두 도시는 인구 면에서 남한 전체 인구 5,078만 명의 27%를 점유한다. 그러나 두 도시의 GDP를 합하면 8,164억$로 대한민국 GDP의 약 70%를 차지한다. 서울이 큰 씨알이라면, 부산은 그다음 씨알로, 두 도시는 각자의 기능에 걸맞게 쏠림을 유발한다.

왜 이렇게 쏠려 있을까? 행정 기능을 세종시로 이전하면 이러한 쏠림 현상이 완화될까? 아니면 행정기능을 분리하고서도 쏠림 현상은 여전할까? 이를 설명하기 위한 이론들이 있다. 하나는 80:20의 법칙으로 알려진 파레토 법칙이고, 다른 하나는 티핑 포인트이다.

티핑 포인트 [tipping point]

티핑 포인트는 토론토 대학에서 역사학을 전공했던 말콤 글래드웰

(Malcolm Gladwell)이 〈티핑 포인트〉란 책을 저술함으로써 유명해진 개념인데, 어떤 상품이나 아이디어 그리고 어떤 사회적 행동이 들불처럼 번지는 변화의 순간 혹은 그 지점을 지칭한다. 정태적인 균형을 깨고 한순간에 한 방향으로 기울어지는 극적인 순간을 두고 티핑 포인트란 표현을 쓰기도 한다.

영어 TIP은 "끝(정점)은 툭 쳐서 순간적으로 객체가 한쪽으로 쏠리게 만드는 행위"를 이르는 단어로, 남을 번쩍 각성시키는 조언 같은 행위, 남의 서비스에 감사의 표시로 금전을 주는 행위 등과 같은 실생활 분야로 의미가 확대되었다.

말콤 글래드웰은 모든 유행이나 전염에는 티핑 포인트가 존재하며 그 안에는 공통적으로 3가지 법칙이 작동한다고 한다. 첫 번째는 "소수의 법칙"으로 극소수의 사람들이 대부분의 일을 저지른다는 것이다. 소수가 저지른 일은 커넥터, 메이븐 그리고 세일즈맨 등 3가지 역할 수행자를 거치면서 커다란 일로 확대된다는 것이다. 두 번째는 "고착성"이다. 기억에 남을 작은 메시지가 엄청난 결과를 부를 수도 있다는 것. 노래에서 중독성 강한 후렴부가 대중에게 빠르게 전파되는 것과 같다. 세 번째는 "상황의 힘"으로 작은 변화가 큰 결과를 낳는다는 것이다. 기상학자 로렌츠가 주칭한 "나비효과"를 인간 사회에 적용한 것으로, 범죄 전염이론이 "깨진 창문", "무임승차" 현상을 예로 들면서 주변 상황과 맞아떨어지는 임계점-티핑 포인트를 관통할 때 발생하는 기하급수적 힘을 설명한다.

티핑 포인트를 거치면서 급격한 쏠림 현상(tipping effect)이 발생하게 되는데, 서로 엇비슷한 경쟁자들의 시장이 일정 시간이 지나면 갑자기 시장 점유율에 차이가 생기게 되고 그것을 기화로 시장에 독과점 기업이 출현하는 것과 같은 현상이다. 부익부 빈익빈으로 전이되는 변곡점에 티핑 포인트가 있는 것이다.

80:20의 법칙

80:20 법칙은 파레토(Vilfredo Pareto) 법칙이라고도 하지만, 파레토가 80:20 법칙을 명명한 것은 아니었다. 파레토는 1848년 스위스에서 태어나고 이탈리아에서 사회학과 통계학을 기반으로 활동했던 경제학자이다. 그는 대부분의 돈은 소수의 매우 부유한 사람들이 벌고, 대부분의 사람들은 아주 적은 돈을 번다는 소득 불균형 현상을 두고, 국민들의 소득분포는 멱함수 법칙에 따른다고 하였다. 이후 경제학자나 자연과학자들이 유사한 현상들을 속속 발견해 나가고 그 비율이 80:20에 근접하자 자연스럽게 80:20의 법칙과 파레토가 연결되어 표현된 것이다.

비즈니스 분야에서 나타나는 80:20의 법칙은 2000년 옥스퍼드대 출신 기업가이자 컨설턴트인 리처드 코치(Richard Koch)가 〈80/20 법칙〉이란 제목으로 낸 책이 세계적인 베스트셀러가 되면서 자연스럽게 퍼져 나가게 되었다. 이후 그에 의해 〈80/20 세계를 지배하는 자연법칙(The power Laws – The science of Success)〉 등 일련의 80:20 관련 책이 출간되었다.

8:2의 법칙은 A.L. 바라바시의 책 〈Linked (한국 제명 "링크")〉에서 사회현상과 연결되어 의미 있게 기술되고 있다. 〈링크〉는 〈The new science of network〉이란 부제가 달려 있는데, 21세기 신개념 과학인 복잡계 네트워크 이론의 창시자이자 세계적 권위자인 A.L. 바라바시가 2002년 지은 책이다. 저자는 이 책의 〈여섯 번째 링크 – 80/20 법칙〉에서 80:20 법칙의 적용 분야를 다음과 같이 기술하고 있다.

"80/20 법칙이라고 알려진 파레토의 법칙 내지 원리는 보다 최근에는 머피의 경영 법칙으로 발전했다. 이것은 기업 이윤의 80%는 종업원 중 20%로부터 나오며, 고객서비스 문제의 80%는 고객들 중 20%로부터 나오고, 의사결정의 80%는 회의시간 중 20%에서 나온다는 것 등이 그것이다. 이는 다른 넓은 영역에까지 변형되어 적용되었는데, 예를 들면 범죄의 80%는 범죄자 중 20%에 의해 저질러진다는 것 등이다."

저자는 80/20 법칙이 이 세상 모든 것에 적용될 수 있는 것이라고 추론하는 것은 과도한 해석이라 조심하면서도, "웹상의 링크 중 80%는 웹페이지 중 15%로 향한다. 인용의 80%는 38%의 과학자들에 대한 것이다. 할리우드에서 80%의 링크는 30%의 배우에게 연결된 것이다"라고 하면서 80/20 법칙에 구접한 아이템들을 예시로 들었다.

특징2 - 유유상종 (롱테일 법칙)

먼 친척보다 가까이 있는 이웃이 더 소중하다는 우리의 속담이 있다. 이웃사촌은 이를 함축적으로 드러낸 용어인데, 같은 생활 공간에서 함께 생활하며 맺어진 관계의 힘을 나타내는 단어이다.

고객 역시 끼리끼리 모인다. 서로의 소비 패턴이나 기호 그리고 가처분 소득의 유사성 때문에 발생하는 현상으로 보이는데, 이를 전제하여 기업들은 매우 분화된 마케팅 방법을 동원하고 있다. 유유상종을 가장 잘 뒷받침할 수 있는 법칙으로 롱테일 법칙이 있다.

롱테일 법칙 - 띠끌 모아 태산

롱테일 이론은 〈네이처〉지와 〈사이언스〉지에서 편집 일을 수행한 세계적인 저널리스트인 크리스 앤더슨(Chris Anderson)이 2004년 최초로 사용한 용어이다. 그가 조지워싱턴대학에서 물리학을 전공한 후, UC버클리대에서 양자역학과 과학저널리즘을 공부하고 로스알라모스국립연구소에서 연구원으로 근무했던 이력을 고려한다면, 그가 법칙 하나를 만든 것도 어색하지 않다.

그동안 기업들은 전체 20%에 해당하는 몇몇 주력 상품이 전체 매출액의 80%를 만들어낸다는 경험적 믿음에 기반하여 핵심 상품을 중심으로 마케팅 활동을 주력했다.

하지만 인터넷 혁명으로 인해 소비자들이 스스로 원하는 물건을 검색

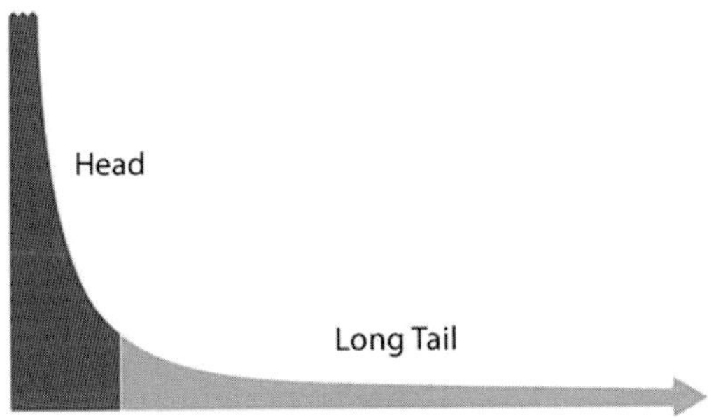

세로축: 판매액 가로축: (판매역순) 제품

할 수 있는 상황이 조성되었으니, 수요가 매우 낮을 것 같은 80%의 상품들도 충분히 발굴되어 회사의 이익에 기여할 수 있다는 생각에서 롱테일 개념이 제시되었다. 멱함수 분포에서 길게 꼬리를 드리우는 80%의 상품에도 충분히 주목할 필요가 있다는 마케팅 개념이다.

롱테일 법칙을 설명하면서 자주 등장하는 사례들은 아마존, 구글, 이베이 같은 모두 인터넷에 기반한 온라인 기업이다. 예를 들어 뜸하게 팔리는 서적들이나 매니아 계층만이 선호하는 음반이라도 온라인 공간에서의 효과적인 마케팅을 통해 각자 개별 틈새시장에서 일정량의 매출을 일으켰고, 그들의 전체 매출액이 주력 상품 매출액과 맞먹거나 능가했다는 것이다. 그리고 여기에 소규모 광고들이 연결되어 광고주와 온라인 회사와의 상호 윈-윈 상황이 전개되었다는 것이다. 이러한 롱테일 마케팅은 전통적인 파레토 법칙에 반대되는 새로운 비즈니스 모형이라 하여 그게 주목을 받았고, 호사가들에 의해 "비즈니스계의 황금률로 믿어왔던 80/20의 법칙을 뒤집는 반란"이라고도 했다.

하지만 황금알을 낳을 것 같은 롱테일 마케팅은 전통적인 마케팅과 마찬가지로 규모의 경제학이 적용된다는 점에서 일반 소기업들에게는 적당하지 않은 방법론임이 밝혀진다. 인터넷상에서 너도나도 온라인 기업을 창업하여 거대한 인터넷 기업 붐을 일으켰지만 결국 닷컴 버블이라는 재앙을 가져왔다. 문제는 롱테일 마케팅 역시 규모의 경제학이 적용되는 전문적 마케팅 기법의 하나였지, 온라인 기업을 개설하면 모든 사람에게 저절로 찾아가는 행운의 기법은 아니었다.

롱테일 법칙은 80:20 법칙과 마찬가지로 기본적으로 분포의 불균형성을 기반으로 만들어진 법칙이다. 파레토의 법칙이 생산자를 시작점으로 한 결과(매출)의 불균형성을 설명하고자 했다면, 롱테일 법칙은 매출액을 시작점으로 하여 그 원인을 추적하면서 도출된 이론이다.

"생산자-(생산품)-매출현상"이라는 3단계 인과관계에서, 파레토의 법칙은 생산자의 20%가 매출의 80%를 만들어내는 현상에 주목함으로써 매출을 유발하는 매개물로서의 생산품을 간과했다. 반면에 롱테일 법칙은 판매액을 기반으로 긴 꼬리 안에 주목받지 않은 생산품들이 있음을 주목하고, 이를 활성화할 때 나타날 결과를 제시했다.

파레토의 법칙이 결과적 현상의 분포 불균형에 대한 비율을 드러낸 것이라면, 롱테일 법칙은 분포의 불균형을 매개하는 생산품의 가용성을 드러낸 것이다. 결과적으로 파레토 법칙은 〈소품종 대량생산〉을 합리화하는 이론으로 활용되었고, 롱테일 법칙은 〈다품종 소량생산〉을 합리화하는 이론으로 활용되었다. 파레토의 법칙이 잘 나가는 상품의 유효성에 주목하고, 롱테일 법칙이 다품종의 유효성을 주목했다는 점에서, 이 두 개의 법칙은 서로 바로보는 위치가 달라서 서로 배치되게 보였을 뿐이다.

롱테일 법칙을 소비자 관점에서 다른 말로 표현해 보자. 긴 꼬리 내에 내재된 상품들은 그것을 선호하는 소비자의 손길을 기다린다. 긴 꼬리 내의 상품이 일정한 매출을 올리기 위해서는 그 제품을 찾는 소비자 역시 일정한 규모가 형성되어 있어야 한다. 〈다품종 소량생산〉이란 결국 제품별로 소비사 그룹이 다르게 형성된다는 이야기가 된다. 그런 소비자 그룹이 인터넷의 온라인 탐색기능을 이용해 구매행위로 이이지면서 여러 종류의 상품들이 개개별로 일정한 판매가 일어나 결과적으로 총매출 규모가 증가하는 것이다. 이는 우리의 실생활과의 모습과도 일치한다. 소비자가 "유유상종"하여 구매한 결과가 회사로서는 "띠끌 모아 태산"이 된 것이다.

그런데 유유상종에는 문제가 있다. 그것은 인터넷 온라인 쇼핑몰이 발달하면서, 단순한 키워드로 검색되어 드러나는 제품의 종류가 굉장히 많다는 것이다. 소비자가 검색하여 나오는 제품은 여러 URL이 링크되어 거의 무제한으로 소비자 눈앞에 등장한다. 단순히 키워드 검색만으로 소비자들은 자신이 선택해야 할 제품이 어떤 것인지 알기 힘들다는 것이다. 다시 말하면 롱테일 법칙의 전제, 즉 롱테일 내의 상품이 소비자에 의해 검색되어 선택된다는 전제가 무너지는 것이다.

그래서 온라인 쇼핑회사의 경쟁력은 바로 소비자가 제품을 쉽게 선택할 수 있도록 하는 제품 추천시스템을 어떻게 구성하느냐에 달려 있다. 모든 닷컴 회사가 성공한 것이 아니라 몇몇 회사만이 성공했다는 것은 결국 롱테일 법칙 그 자체가 중요한 것이 아니라, 그 법칙이 제대로 기능할 수 있도록 "제품 추천 시스템" 과 같은 기제를 적절하게 활용했느냐가 핵심 사안임을 알 수가 있다. 유유상종이 지배하는 소셜 네트워크 세계에서 제품 추천 시스템을 어떤 식으로 만들 것인지는 온라인 쇼핑회사의 사활이 걸린 사안의 하나라고 볼 수 있다.

특징3 – 일파만파 (나비효과와 카오스 이론, 머피의 법칙)

일파만파(一波萬波) 하면 핵분열 연쇄반응(chain reaction)을 연상할 수 있다. 핵분열로 방출된 중성자가 인접한 원자핵과 충돌하여 연쇄적으로 제2, 제3의 중성자를 방출하게 하여 기하급수적으로 핵분열을 유도하는 현상이다. 물론 모든 원자핵이 항상 핵분열 반응을 일으키는 것은 아니다. 적절한 기반 조건이 갖춰져야 한다.

원자폭탄과 원자력 발전은 연쇄반응 속도를 제어하는 방법상의 차이이지 작동 원리는 동일하다. 적절한 기반 조건이 주어졌을 때, 중성자가 인접한 원자핵에 영향을 미쳐 연쇄유발을 일으키고, 그것이 엄청난 결과를 초래한다는 측면에서, 소셜 네트워크의 작동 기제와 너무나 닮았다.

한 개인의 언행은 이웃으로 전파된다. 소셜 네트워크에서 개인은 다수의 이웃과 연결되어 있다. 여기서 최초의 언행(씨알)이 공감할 수 있는 것이라면, 그리고 언행(씨알)을 받아주고 전파하는 매개자가 있다면, 한 개인의 언행(씨알)은 핵분열 연쇄반응과 같이 연쇄적으로 이웃에 전파된다. 일파(一波)가 만파(萬波)가 되는 것이다.

이야기를 조금 확장해 보자. 물리적인 핵분열 반응과 사람들 간의 상호작용이 결합되어 발생한 대규모 일파만파 현상에 관한 것으로, 1986년 소련 우크라이나의 체르노빌 원전사고를 들 수 있다.

정기적인 원전 점검에 참여한 사람들은 원전 운전에 베테랑들이었지만, 그들은 원자로 내의 중성자(핵분열제), 흑연(중성자흡수제), 제논135(감속제) 그리고 냉각수 등 4개의 길항인자들이 "특이한 상황"에서 벌릴 상호작용에 대해 알지 못했다. 그런 기본 상황에서 원자로 출력을 1/3 정도 낮추는 지극히 관례적인 시험 과정이 진행되었다.

이번에는 과거와 다르게 "실수로" 원자로를 거의 정지 상태에 이르게 만든다. 최초의 씨알이다. 그러자 종사자들이 일련의 대응 조치를 취했지만, 그것은 원자로 내 4개의 길항인자들의 상호작용을 무시한 조치였다. 결과적으로 수소폭발이 일어났고, 주위로 화재가 번졌으며, 냉각제는 증발했고 노심은 용융되어 대규모 방사능이 유출된 것이다. 그리고 당황한 종사자들의 부적절한 행동들이 개입되어, 원자력 발전소 위기가 대규모 인명참사로 확대되는 연쇄작용이 발생한다.

사고 발생 초기, 직원들은 사태의 심각성을 제대로 이해하지 못했다. 그들은 상황 통제를 위해 현장에 남았고, 지역 소방관들은 불길을 잡으려고 현장에 진입했다. 그들 모두 방사능에 피폭된다. 책임자들은 하나같이 사태를 회피하려 들었다. 크레믈린 고위 정치 관료들은 국가 안위를 위한다는 명분으로 원전 사태를 축소 은폐하려 했다. 그들이 쉬쉬하는 과정에서, 체르노빌 원전 종사원들과 주변의 다수 주민들이 피폭되었고, 방출된 방사능은 북위 50도의 불안정한 동풍을 타고 유럽 대부분의 국가로 퍼지게 되었다. 스웨덴을 필두로 서유럽 여러 나라가 의혹의 눈초리로 소련을 응시했다. 체르노빌 원전은 결국 다량의 콘크리트와 납으로 밀봉되었지만, 결국 주변 수십 킬로미터 지역은 출입이 금지되어 영구히(?) 폐허로 버려진다. 하지만 문제가 여기서 끝난 것은 아니다. 이제 체르노빌 사태는 국가 체제에 대한 재앙으로 증폭된다.

체르노빌 사태는 "고매한 사회주의"라는 소비에트 연방의 국가적 신뢰를 무너뜨렸다. 우크라이나를 필두로 방사능에 심각한 피해를 입은 동유럽 소련의 위성국가들은 더 이상 소비에트 연방의 일원이기를 거부했다. 다른 요인들도 있지만 1991년 소련은 해체되고 만다.

정규적인 원자로 실험 과정에서 "실수"로 초래된 사태를 두고, 이를 수습하는 사람들의 일련의 행동들이 주변 상황과 연결되면서 "일파만파" 되어, 한 연방국가의 몰락으로까지 파급된 것이다.

일파만파의 또 다른 예로 신용 위기의 확산을 들 수 있다. 2008년 미국발 금융위기는 1929년 자본주의 대공항을 연상시킬 정도로 연쇄적인 신용위기를 촉발했다. 출발은 미국 주택담보대출의 부실이었지만, 곧이어 그것에 기반했던 파생금융상품들이 연쇄적으로 부실화되었고, 이는 금융주체들의 신용 위기로 번져, 결국 국가적 차원의 경제 위기로 확대되었다. 미국발 경제 위기는, 미국 경제와 밀접한 관련을 맺고 있던 나라들로 파급되어 마침내 북아프리카, 중동, 남유럽 국가의 재정 위기까지 그 여파가 미친 것이다.

물론 소련과 미국의 예는 극단적인 예이겠지만, 우리의 생활 속에서도 그와 유사한 사례들을 심심찮게 발견할 수 있다. 흑자 도산이나 연쇄 부도 사태를 생각해 보자. 한 회사의 재정적 취약성이 다른 회사의 경영에도 영향을 미쳐, 한 회사의 부도가 다른 회사의 부도로 이어지면서 증폭될 가능성은 비즈니스 세계에 항상 존재한다. 그래서 많은 회사가 잉여이익을 사내에 유보해 두고 있기는 하지만, 위기는 예기치 않은 증폭의 과정을 밟을 수 있기 때문에 항상 불안하다.

또한 수직 계열화, 수평 계열화의 분업이 정교하게 진행된 산업 집단에서도 마찬가지이다. 한 조그만 회사의 공급 시스템이 작동 불능 상태에 빠졌을 때 전체 산업 시스템이 작동 정지가 된 예도 심심찮게 발생하기도 한다.

이러한 일은 사회적 행위들이 모두 네트워크화되어 있기에 발생하는 일이다. 소셜 네트워크상에서는 조건만 주어진다면, 사회 구성인자들과 상호작용하여 언제든지 일파만파를 일으킬 수 있는 상황이 만들어질 수 있다.

나비효과와 카오스 이론

"북경에서 나비가 날갯짓하면 뉴욕에 폭풍이 친다"로 잘 알려진 나비효과는 1963년 기상학자 에드워드 로렌츠(Edward Lorenz)가 기상 현상을 컴퓨터로 시뮬레이션하면서 "갈매기의 날갯짓 한 번으로 날씨가 영원히 변화되기에 충분하다"라고 한 데에서 유래되었다. 나비효과는 "부분은 전체의 모사(模寫)이다"라는 프랙탈 이론과 함께 카오스 이론의 핵심을 형성하는 이론이다.

카오스 이론은 혼돈스럽게 보이는 상황도 꼼꼼히 살펴보면 특정 방향으로의 편향성을 보여주는(Strange attraction) 일정한 규칙성을 띠고 있음을 밝히는 이론이다. 나비효과는 카오스 이론 형성에 일조한 기상학적 효과이지만, 초기 조건의 미세한 변이가 엄청나게 증폭되어 커다란 변화를 유발하는 사회적 현상에 종종 인용된다. 소셜 네트워크가 갖고 있는 메시지 증폭 효과와 그 과정의 규칙성을 설명하는 데 좋은 예가 된다.

머피의 법칙

안 좋은 소식은 천 리를 간다는 우리의 속담이 있다. 나쁜 소문의 위력을 표현한 것이다. 이와 유사한 것으로 머피의 법칙(Murphy's Law)이 있다. 무엇인가 연이어 안 좋은 일이 터질 때를 지칭하는 법칙이다. 리처드 코치가 그의 책 〈80/20 세계를 지배하는 자연법칙〉에서 머피의 법칙과 관련하여 소개한 재미있는 사례 중 몇 가지를 소개하면 다음과 같다.

- 무언가 잘못될 가능성이 있을 때는 꼭 그렇게 된다.
- 잘못되는 것이 4가지 방법으로 일어날 것을 예상하고 모두 피하면,

즉시 5번째 방법이 전개된다. 그냥 놔두면 사태는 더욱 악화된다.

- 무엇이든 예상보다 오래 걸린다.
- 어디서부턴가 잘못되기 시작하면 아무 데서나 다 잘못된다.

머피의 법칙은 2차 세계대전 당시 머피라는 미국 공군 대위가 자신의 경험에 기반하여 만든 법칙이다. 그 법칙이 작동하는 이유를 두고 여러 가지 이야기가 있지만, 안 좋은 일들이 인간을 매개로 전파된다는 관점에서 소셜 네트워크가 갖고 있는 고유한 속성이 발현된 것으로 볼 수 있다.

다시 말하면 사람들이 살아가고 있는 현실 생활에서, 개인은 여러 다양한 사람과 관계를 맺고 있기 때문에 한 사람의 언행(씨알)이 여러 방향으로 전파되는데, 여기서 문제가 되는 것은 정확히 어느 방향으로 전파될지 예측하기가 매우 곤란하다는 점이다. 예측 못할 것도 없지만, 다만 불확정성 원리에 의해 확률적으로만 예측할 뿐이다. 최초의 언행(씨알)이 불안을 담고 있다면 불안이 여러 방향으로 전파될 것인데, 그중 불안에 공감하는 사람들을 통해 이루어진 전파는, 전달과정에서 전파자들의 불안과 겹쳐 증폭되어, 대형 사건으로 번질 가능성은 언제나 있다.

머피의 법칙을 합리적인 방식으로 받아들이기 곤란했던 이유는 모든 것을 원인과 결과로 파악하려는 인간의 사고 습관과 한 번에 하나씩만 생각하는 우리의 선형적 사고 패턴, 그리고 인간 개개인이 〈독립적이고 합리적인 이성적 존재〉라는 믿음 때문이다. 하지만 사건들이 소셜 네트워크상에서 발생하고 전파된 것이라는 점을 염두에 둔다면, 아주 이해 못할 일도 아니다.

참고로 한 개인의 행동이 어떤 결과를 만들어냈을 때 그것을 역추적하여 원인을 파악하는 것은 "상대적으로" 쉽다. 결과 값과 직접적으로 연결된 것들만 역추적하면 되기 때문이다. 물론 원인이 같으면 결과도 동일할 것이라는 믿음은 소셜 네트워크와 같은 복잡계에서 통용되기 어려운 것이고, 역추적 과정에서도 여러 분기점을 만나 역추적 자체 역시 쉽지 않은 작업이지만, "상대적으로" 쉽기 때문에 역추적 방법은 네트워크 분석과 밀접하게 맞물리게 된다.

복잡한 사회현상은 네트워크 때문에 일어난다

정규분포와 멱함수분포

멱함수(Power function, 冪函數)는 y=ax^n 같은 식(式)으로 나타낼 수 있는 함수이다. 한자의 冪(멱)은 "덮다, 뒤집어쓰다"의 뜻인데, 변수 x 위에 지수가 덮어진 함수란 의미로 이렇게 명명된 것으로 보인다. 여기서 지수 n이 음수이면 파레토가 정리한 멱함수 분포 그래프(Power Law Distribution)가 나타난다.

멱함수 분포란 지수(Power)가 음수이면 독립변수와 종속변수의 변동이 상호 반비례하는 현상을 그래프화한 것이다. 지수함수(Exponetial function)의

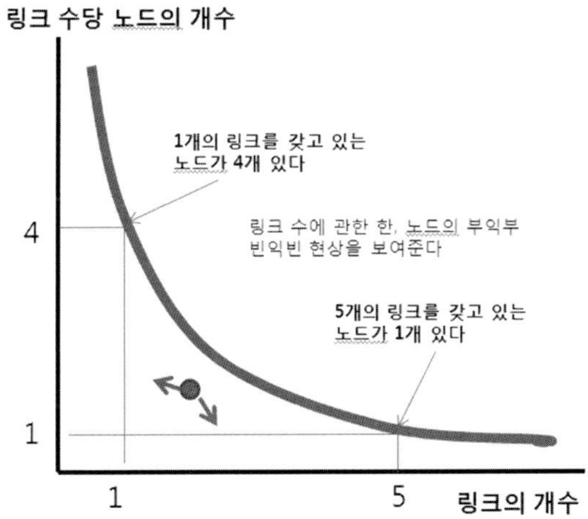

멱함수 분포곡선 : X축은 링크의 개수, Y축은 노드의 개수이다.
많은 수의 링크를 갖고 있는 노드는 적고(멱함수 분포곡선상의 오른쪽 아래) 적은 수의 링크를 가진 사람들이 많음을 보여준다.

경우 독립변수의 변동 폭에 비해 종속변수의 변동 폭이 더 증폭되고, 로그함수(Logarithm function)의 경우는 더 오그라드는 결과를 나타내는 것과 대조되는 함수가 바로 멱함수 분포이다.

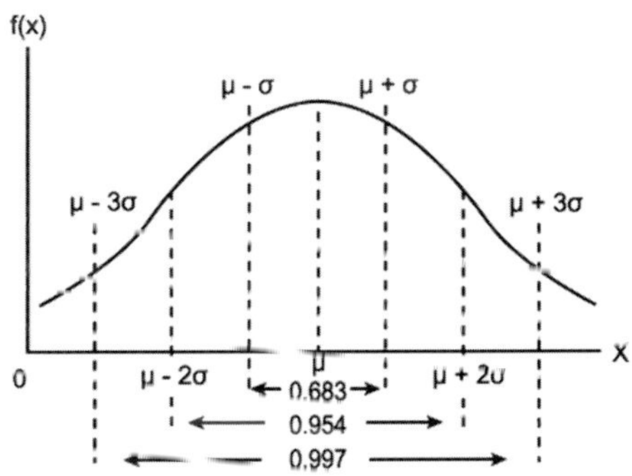

가우스의 정규분포곡선: 평균값(μ)과 표준편차(σ)에 따른 확률분포곡선이다

여기에 가우스가 도식화한 정규분포곡선이 있다. 평균값을 중심으로 개체가 가장 많이 몰려 있고, 극단으로 갈수록 급격히 줄어들어 개체수가 제로에 근접한다는 분포곡선이다. 정규분포곡선은 우리에게 매우 익숙한 것으로 주로 통계 분포를 설명할 때 사용되는데, 이를 위해 개발된 지표들이 표준편차(σ 시그마), 오차의 한계 등이다.

분포의 편향성

가우스의 정규분포곡선은 편향성을 띤 사회현상을 설명하는 데 약하다. 국민소득 분포를 예로 들면, 중산층이 많은 나라에서는 정규분포곡선이 의미 있지만, 소득 불균형 정도가 심한 나라에서는 정규분포곡선이 심하게 왜곡되어 평균, 표준편차, 오차의 한계 등, 정규분포도상의 분석지표가 무의미하다.

극단적으로 소득이 많은 사람과 극단적으로 소득이 적은 사람들로 이루어진 국가의 소득 분포는 극단으로 갈수록 값이 완만하게 떨어지는 모양을 띠고 있기에, 거의 멱함수 분포곡선을 형성하게 된다. 다시 말하면 편향성이 강한 이런 경우에는 멱함수 법칙에서 제공하는 각종 분석지표를 활용하는 것이 정규분포도상의 분석지표보다 훨씬 더 의미가 있다.

멱함수 분포는 앞에서 설명한 80:20 파레토의 법칙과 롱테일 법칙을 설명하는 데 적합하다. 두 법칙은 멱함수 분포도의 어디에 주목할지를 두고 나타난 견해 차이였다.

멱함수 분포는 제1장에서 예시된 현상뿐만 아니라, 산림을 매개로 한

산불의 확산 경로, 자본을 매개로 한 부(富)의 분포와 주식시장의 급등락, 사람을 매개로 한 SNS상의 정보 확산과 URL 링크 네트워크 등, 매개물로 이루어진 네트워크를 표현하는 데 적합하다. 모두 매개물에 기인한 분포의 편향성을 지니고 있기 때문이다.

지금까지 살펴보았듯이 멱함수 분포는 특수한 분야에서 일어나는 특이한 현상이 아니다. 인위적이든 무작위적이든, 매개물에 의해 분포가 형성될 때 편향성이 발생하면서 네트워크가 형성되는데, 그 네트워크가 만들어 내는 현상은 멱함수 분포로 나타난다. 복잡계 네트워크 이론의 창시자이자 세계적 권위자인 A.L. 바라바시는 2002년 저술한 〈링크〉란 책에서, "복잡한 네트워크의 배후에는 멱함수 법칙이 있다"고 파레토의 말을 빌려 선언했다.

어쩌면 사람 사는 세상이 복잡하게 보여도 그것이 소셜 네트워크로 엮여 있다는 점에서, 그 작동 기제는 생각보다 훨씬 단순할 수도 있다. 우리는 다만 소셜 네트워크 내에 담겨 있는 규칙성을 모르기에 복잡하게 보일 뿐일지도 모른다.

복잡계 경제학과 행동 경제학

본래 경제학은 경제 주체의 무한 합리성과 규모에 대한 수확체감의 법칙에 근거한 균형이론에 그 전제를 두고 있다. 하지만 이는 불규칙한 상호 과정을 무시한, 단순화된 결과일 뿐이며 현실과 상반된 가정에 불과하다는 문제의식이 있었다. 이러한 문제의식은 비주류 경제학자들에 의해 새롭게 학문화되었는데, 복잡계 경제학(Economics of Complex system)이나 행동 경제학(Behavior Economics)이 그중 하나이다.

복잡계 경제학은 자연과학 분야에서 발달된 카오스 이론, 퍼지 이론, 프랙탈 구조 이론과 맞물려 있다. 이러한 이론에 기반하여 경제학은 기술의 진보, 정보화 등에 의해 나타난 수확체증 현상 그리고 인간의 비합리성을 새로운 두 개의 전제로 삼아야 한다고 주장하는 학자들이 있다.

그중 한 사람인 오사카 시립대 경제학부의 시오자와 요시노리 교수는 "지식의 패러다임 대전환"이라는 부제가 달린 《왜 복잡계 경제학인가》라는 책에서, "마르크스 경제학의 파탄", "케인즈 경제학의 실추", "통화주의의 흥망" 등과 같은 용어를 사용하며 근대 주류 경제학을 비판한다. 아담 스미스 이래의 주류 근대 경제학이 아이작 뉴톤(1642-1727)의 근대 학문을 차용하면서, 복잡한 현상의 배후에 깔린 법칙 · 규칙을 수학적으로 너무 단순화했기에 발생한 오류였다는 것이다.

17세기 영국의 경험주의 철학자 데이비드 흄은 인간 행동의 대부분은 이성이 아니라 습관에 의해 이루어진다고 자신의 〈인성론(A Treatise of Human Nature)〉에서 주장했다. 그의 주장은 영국 경험주의 철학이 발전하는 데 주요한 토대를 제공했는데, 시오자와 교수 역시 그의 책에서 우리가 거의 무의식적으로 행하고 있는 많은 활동은 습관으로 획득된 정형 행동이라고 전제하면서, 행동이 정형화되어 있다는 것은 합리성의 한계를 가진 인간에게는 제약이라고 하기보다 가능성을 개척하는 긍정적 요소를 내포하는 것일 수도 있기에, 경제 제도 역시 그와 같은 사항을 고려해야만 한다고 주장했다.

문제 제기에는 열심이었지만, 아쉽게도 시오자와의 책은, 복잡계 배후에 도사리고 있으면서 복잡한 현상을 유발하는 구조적 원인과, 그것에 대한 수학적 모델에 대한 사항을 담고 있지 않다.

저자가 위의 책을 저술한 이후에도 사회는 더욱 복잡해져 갔다. 인터넷과 인터넷 접근 기기의 발전 때문이었다. 지금은 누구나 언제 어디에서나 인터넷에 접속하는 유비쿼터스 환경이 조성되어, 개개인들은 거의 실시간으로(Velocity) 매우 다양한 형태로(Variety), 대량의 행동(Volume)을 수행한다. 이런 환경에서 인간이 수행하는 행동양식, 그 사세에 주목한 학문이 전면에 부각된다. 바로 행동 경제학이다.

행동 경제학 역시 복잡계 경제학이 품고 있는 문제의식의 연장선상에서 전개되고 있다. 행동 경제학은 현재진행형 학문으로 경제학에 심리학이 적용된 학문 분야이다. 대표적인 가설은 "인간은 제한된 합리성으로 행동한다"는 것이다. "죄수의 딜레마(Prisoners' dilemma)는 이 분야를 맛볼 수 있는 유명한 사례이고, 실제로 양자 간 의사결정의 효과를 비유하는 데 가장 많이 활용되고 있는 사례이다.

게임 이론도 유명하다. 제한된 정보하에서 상대방과 경쟁할 때, 어느 것을 선택하는 것이 가장 기대효용을 높일지에 관한 이론으로, 수요와 공급이란 고전적 이론으로는 이해될 수 없는 경제 주체들 간의 선택 행위를 설명하는 데 활용된다. 2012년 노벨 경제학상에는 협조적 게임 이론(Cooperative game theory)을 체계화한 캘리포니아대학의 섀플리(Shapley) 교수와 이 이론을 실제 시장 기능의 하나로 입증한 로스(Roth) 교수가 선정되었는데, 로스 교수는 하버드대학에 재직하고 있으며 행동 경제학의 대가로도 알려져 있다.

행동경제학은 인간의 제한된 합리성이 어떻게 실제 경제 활동에서 기능하는지 설명하고자 한다. 인간 심리학과 경제학의 융합이다. 현재 프린스턴대 명예교수로 있는 대니얼 카너먼이 행동 경제학의 창시자로 알려져 있는데, 그는 리스크 회피(Risk aversion) 혹은 손실 회피를 주요 특성으로 하는 전망 이론(Prospect Theory)을 경제학에 도입한 공로로 2002년 노벨 경제학상을 수상한다. "경제를 움직이는 인간 심리의 모든 것"이라는 부제가 달려 있는 "행동 경제학"을 저술한 일본 메이지 대학 도모노 노리노 교수는 "경제는 감성으로 움직인다", "경제는 마음으로 움직인다"라고 주장하면서, 인간은 휴리스틱(Heuristic)하며 편향(Bias)적이다라는 전제하에 전망 이론과 프레이밍(Framing) 효과를 강조하고 있다. 인간이 어떤 상황하에서 취할 행동에는 리스크 회피와 준거점 의존성(소유하고 있는 물건에 구속되는 현상)이 대단히 강력하게 작용한다는 것이다. 저자가 자신의 책에서 "우리 행동반경의 태반을 차지하는 것은 양심이나 이성이 아니라 세상의 눈이다. 세상이란 우리 주변에서 우리를 평가하는 자들을 말한다"라는 해즐닛(Henry Hazlitt) 잠언집의 한 문구를 차용하는 데에서도 볼 수 있듯이, 행동 경제학은 경제학의 "기대효용"을 놓고 여러 사람과 더불어 살고 있는 한 인간의 선택 경향성을 깊게 들여다보고자 하는 학문 분야이다.

행동 경제학이나 복잡계 경제학 모두 개개인의 합리성보다는 “세상의 눈”의 중요성을 인식하고, 그의 사회적 압력으로 형성된 개개인의 습관이 실제 경제 활동에 얼마나 중요하게 작용하는지를 설명하고자 한다. “세상의 눈”은 조지 오웰의 1984년 소설에 등장하는 어느 전지전능한 존재자의 눈을 의미하는 것이 아니라, 세상 사람이 공동체 사회 내에서 링크로 연결되어 있기에 나타나는 사회적 현상으로 보는 것이 타당하다. 따라서 행동 경제학이나 복잡계 경제학에서 주장하고 있는 유형들은 소셜 네트워크 관점으로 모델화하여, 소셜 네트워크 분석에서 발달시켜온 방법론과 수학적 모델을 차용할 필요가 있다. 그래야만 보다 상호 선순환적 영향을 주고받아 보다 진보한 보편적 법칙을 도출해 낼 수 있을 것이다.

소셜 네트워크 현상의 대표 사례

이 세상에는 통계적 정규분포를 적용할 수 없는 사례가 다수 발생하고 있다. 그동안 여러 학자가 파레토의 법칙, 머피의 법칙, 티핑 포인트, 롱테일 법칙 등과 같은 용어를 만들어 이를 분석해 내고자 했다. 그런데 앞에서 설명한 바와 같이, 이와 같은 현상은 네트워크 환경이 초래한 것이고, 멱함수 분포를 띠며 씨앗과 쏠림, 유유상종 그리고 일파만파라는 특성을 지니고 있다. 이러한 특성은 인간 사회뿐만 아니라 자연계 역시 네트워크적 속성을 띠고 있으면 보편적으로 나타나는 특성이라고 볼 수 있지만, 이제 초점을 인간 사회에 국한하여 더욱 세밀하게 들여다보도록 하자.

인간은 어떤 방법이든 주위와 연계되어 네트워크를 형성하며 살아가는 존재이기 때문에, 앞에서 설명한 법칙에서 자유로울 수는 없다. 인간 사회가 지닌 네트워크적 특성은 고대로부터 있어 왔지만, 이러한 현상은 인터넷의 발달과 소셜 네트워킹 서비스란 도구의 출현으로 더욱 가속화되고 있다. 때에 따라 인간이 자유롭고 독립적인 이성적 존재로 기능할 수 있지만, 인간 사회의 네트워크화가 더욱더 가속화되기 때문에 네트워크적 현상에서 마냥 비껴 서 있을 수만은 없게 되었다.

하지만 필요는 발명의 어머니이듯이 그러한 현상이 가속화되는 이면에서 그 현상을 합리적으로 분석하기 위한 시도 역시 빠르게 발달되어 왔다. 그것이 소셜 네트위크 분석이다.

이제 현대 사회에서 일어나는 대표적인 사회적 현상을 예로 들어, 소셜 네트워크 분석 기법이 어떻게 적용되는지 살펴보자.

현상1 – SNS, 트위터를 중심으로

SNS(Social Networking Service)는 영어 합성 용어가 의미하듯이 개인과 개인을 사회적으로 "네트워킹" 시켜주는 서비스이다. 인터넷이라는 네트워크상에서 개개인들이 직접 1대 1로 소통할 수 있게 만들어주는 의사소통 매개(Media) 서비스이다. 페이스북, 트위터 등이 이미 전 세계적으로 유명해졌지만, 이미 한국에서는 10여 년 전에 아이러브스쿨과 싸이월드가 출현하여 SNS 서비스를 해오고 있었다. 동창 찾기 서비스인 아이러브스쿨과 미니 홈페이지로 특화된 싸이월드는 실제로 그 기능에 있어 페이스북과 별 차이가 없다. 하지만 페이스북이 자사의 서비스를 SNS라는 용어로 잘 개념화시켜 전 세계 인터넷 사용자에게 퍼트려 하나의 거대한 산업을 형성하면서, 이 분야의 대표 주자로 자리매김하게 되었다. 개념 선점 효과이다.

페이스북이 상대방의 허락하에서만 친구로 등록되는 의사소통 공간이기에 유유상종식 온라인 의사소통 수단이다. 그래서 트위터에 비해 상대적으로 정보의 책임성이 더 강조된다. 아니면 친구로부터 도태될 수 있기 때문이다. 반면에 트위터(Twitter)는 작은 새가 짹짹거리는 영어 Twitter의 의미와 같이, 큰 책임감 없이 자기가 보고 느낀 것을 마구 주위에 발설하고 전파시킬 수 있게 만든 의사소통 수단이다. 따라서 트위터는 태생적으로 인터넷 공간을 향해 개개인들이 드러내 놓고 짹짹거릴 수 있도록 만든 서비스 제품이다.

이런 측면에서 트위터는 과거 여인네가 동네 빨래터에서 수다스럽게 서로의 소식을 주고받던 모습을, 과거 방물장수 할아범이 이 동네 저 동네 다니면서 소식을 전해주던 모습을 연상시킨다. 과거와 다르다면, 트위터가 시간과 장소를 가리지 않고 "실시간"으로 의사소통을 전개시킨다는 것에 있다. 이런 측면에서 트위터는 씨알(말)과 쏠림(귀쫑긋), 유유상종(동네 빨래터 아낙네들)과 더불어 일파만파(방울장수의 전하는 말이 천리를 간다)의 속성을 모두 지니고 있는 대중적인 의사소통 매개체이다. 이제 트위터를

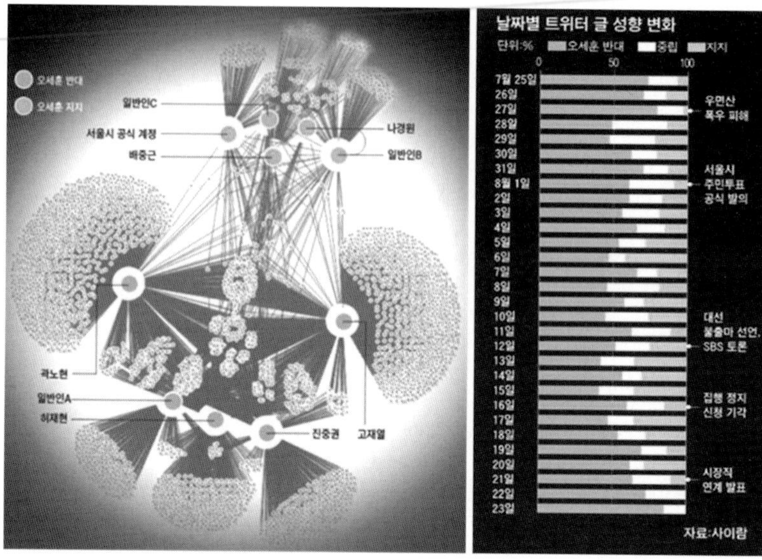

2012년 5월 서울시 무료급식 찬반을 놓고 트위터 공간이 뜨겁게 달구어졌다.
트위터 공간에서 마구 내뱉어진 짹짹거림도 일정한 메시지 전파 구조와 유유상종의 틀을 형성함을 볼 수 있다.

출처-사이람, SNS분석 사례집

더 주목해 보자.

트위터와 소셜 혁명

트위터는 인터넷이 n–n의 직접 소통을 가능케 해주는 Web 2.0 단계까지 진화된 이후 나타난 소통 수단이다. 물론 개개인의 손에 스마트폰이 들려 있고, 메시지를 전달해 주는 유무선 통신망이 고도화된 진화의 결과이다.

새로운 대중적 소통 매개체의 등장은 역사적으로 커다란 정치적 격동을 동반했다. 15세기 구텐베르크의 인쇄술과 19세기 중후반 전신과 전화

기술의 등장이 대표적인 예이다. 구텐베르크의 인쇄술은 필사본에 의존했던 당시 서구 사회의 지식 유통량을 급격히 증대시켜 마침내 종교개혁을 촉발했다. 전신과 전화 기술의 등장은 대륙을 실시간으로 연결시켜 최초로 지구적 규모의 무역을 가능하게 만드는 단초를 제공했다. 물론 실시간 무역결제는 범지구적 규모의 분쟁을 유발하는 데에도 일조했다.

21세기 들어 등장한 SNS 역시 마찬가지다. 북아프리카의 재스민 혁명, 중동의 민주화를 촉발하는 정치적 위력을 보여주었다.

여기서 주의할 점이 있다. 그렇다고 트위터의 사회적 위력을 지나치게 과장할 필요가 있을까? 따지고 보면 사회적 변란은 역사를 통틀어 자주 있어 왔고, 새로운 소통 수단의 등장 측면에서만 본다 하더라도 SNS의 등장으로 초래된 사회적 충격보다, 예전 우편물에 의존했던 사회에 등장했던 전신 기술이 훨씬 더 큰 사회적 충격파를 던졌기 때문이다. 전신 기술의 도입은 의사소통의 시간 압축 측면에서 산업혁명의 끝 무렵에 등장한 거대한 커뮤니케이션 혁명의 시작점이었다. 그렇다면 왜 지금 새삼스럽게 소셜 혁명이라고 하는가?

어떤 것을 혁명(Revolution)이라고 할 때, 그것은 어떤 분야에서 주도권을 쥔 계층이 뒤바뀌는 변화가 발생했거나, 지금까지 관행적으로 당연하다고 여겼던 생각이나 행동 방법이 180도로 뒤바뀌는 현상이 발생했을 때를 일컫는다. 따라서 소셜 혁명이라 명명한 배경에는, 정보 생산과 유통의 주도자가 바뀐다는 점 그리고 정보 파급 속도가 과거와는 비교할 수 없을 정도로 빨라져 그에 상응하는 파괴력(Power)이 대단히 높아졌다는 점에 있다. 특히 트위터의 경우 소셜 네트워크가 지니는 본질적 특성을 모두 포함하고 있기에, 누구든 정보의 씨알이 될 수 있고, 그 씨알을 중심으로 관련 여론을 형성하고(쏠림), 여론의 동조자를 통해(유유상종), 사회구성원 대다수에게 영향역을 증폭하는(일파만파) 효과를 볼 수 있다는 점에서, 밑으로부터의 변화가 촉발될 수 있기 때문에 아마도 많은 사람이 소셜 혁명이란 단어를 거부감 없이 받아들이는 것 같다.

트위터 공간이 갖고 있는 힘은 거기에서 유통되는 정보의 정확성 여부보다는 트위터 공간의 구조적 특성에 있다. 따라서 소셜 네트워크의 본질과 관계없이, 만약 트위터상에 올라온 글을 특정 키워드로 단순 검색하여 기존 통계적 틀대로 분석해 들어가면 대단히 비현실적인 결과를 도출할 가능성이 높고, 그 결과에 기반한 대응방법도 대단히 잘못될 수가 있다. 그러면 잠시 트위터 공간의 특성과 그 구조를 잘 이해하지 못한 데서 생긴 사회적 착각을 예로 들어보자.

트위터와 선거

2011년 12월 헌법재판소에 의해 중요한 판결 하나가 이루어졌다. 인터넷을 통해 특정 후보나 정당을 지지하는 행위를 금지한 공직선거법 조항에 대해 위헌 결정을 내린 것이다. 이로써 2012년 19대 총선에서 SNS를 이용해 선거운동을 할 수 있게 되었다.

그동안 트위터 공간은 진보진영의 놀이터란 말이 나올 정도로, 그들에게 호감을 갖는 글들이 상당 부분을 차지했었다. 그래서 많은 사람은 새

누리당이 질 것이라 예측했었다. 하지만 결과는 반대였다. 그렇다면 무엇이 문제였단 말인가? 그것은 착시현상 때문이었다. 소셜 네트워크가 지닌 구조적 특성을 무시하고, 단순히 드러난 현상(글의 수)을 기계적으로 집계했기에 나타난 착시현상이었다.

선거는 트위터에 나타나는 글의 수와 관계없이 1인 1표제이다. 그렇기 때문에 아무리 많은 글이 등장한다 하더라도 그것이 같은 계열의 사람들에 의해 오가며 증폭된 결과라면, 선거 결과와 다를 수 있다.

다음 그림(76쪽)은 트위터의 글 수와 그 글을 올린 사람 수와의 관계를 이해하기 쉽게 도식화한 것이다. 좋다는 글의 수는 3개인 반면, 싫다는 글의 수는 2개이다. 그러나 지지자는 1명이고 반대자는 2명이다. 글의 수(현상)와 그 글을 작성한 사람 수가 다르다. 트위터에서는 이와 같은 상황이 종종 발생한다. 현상을 현상 그대로 받아들이기에는 무엇인가 추가적인 분석이 필요하다.

그래서 트위터에 나타난 현상을 정확히 파악하자면, 글의 성격을 "좋아요"와 "싫어요"로 분별하여 집계하는 작업은 물론, 그 글을 작성한 사람들도 "지지자"와 "반대자"로 구별하여 집계해야 한다.

참고로 글의 성격은 "자연어 처리 과정"(NLP-Natural Language Processing)이란 기술로 분별될 수 있다. 하루에도 수십만 건의 트위터 글이 작성되고 전파됨을 고려해 볼 때 사람이 육안으로 호 · 불호를 판단하기란 불가능하기에 동원되는 기술이다. 물론 기술의 정교성 여부에 따라 글의 성격을

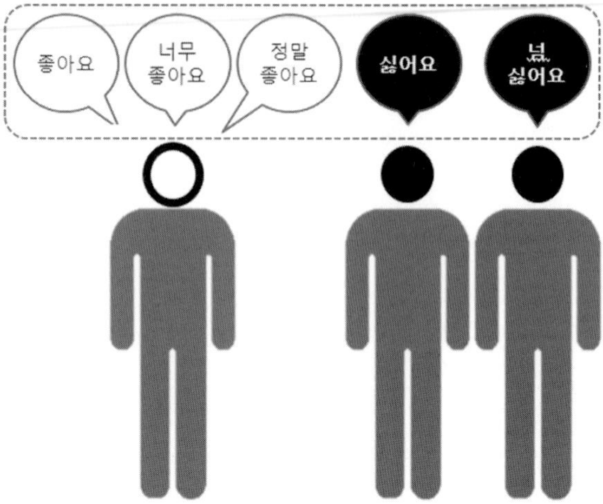

트위터의 글 수와 그 글을 올린 사람 수와의 관계를 극단적으로 도식화한 그림이다. 한 명의 지지자가 3개의 글을 쏟아내고 두 명의 반대자가 각자 하나의 글을 올렸다면, 이 경우를 현상(글의 수)으로 바라볼지, 아니면 현상을 유발한 구조(글을 작성한 사람의 수)로 바라볼지에 대한 판단이 필요하다. 선거는 1인 1표제이기 때문에 글을 작성한 사람의 수로 지지 · 반대를 판단하는 것이 현실과 부합된다.

판단하는 정밀도가 달라진다. 일단 글의 성격을 분별했으면, 그다음으로 그 글과 연동된 지지자와 반대자의 수를 집계하는 추가적인 작업을 수행해야 한다. 이런 두 차례의 과정을 거쳐야만, 어느 주제에 대한 현상 분석을 마칠 수 있다.

그런데 이것만으로는 불충분한 경우가 있다. 현재의 현상이 지속될 것인가 아니면 변화될 것인가, 혹은 변화시키려면 어떠한 조치가 필요할 것인가에 대한 동태성(Dynamics) 판단을 하고자 할 경우에는, 추가적인 분석이 필요하다.

사람들의 의견이 바뀔 수가 있는 것은, 사람들은 소셜 네트워크상에 존

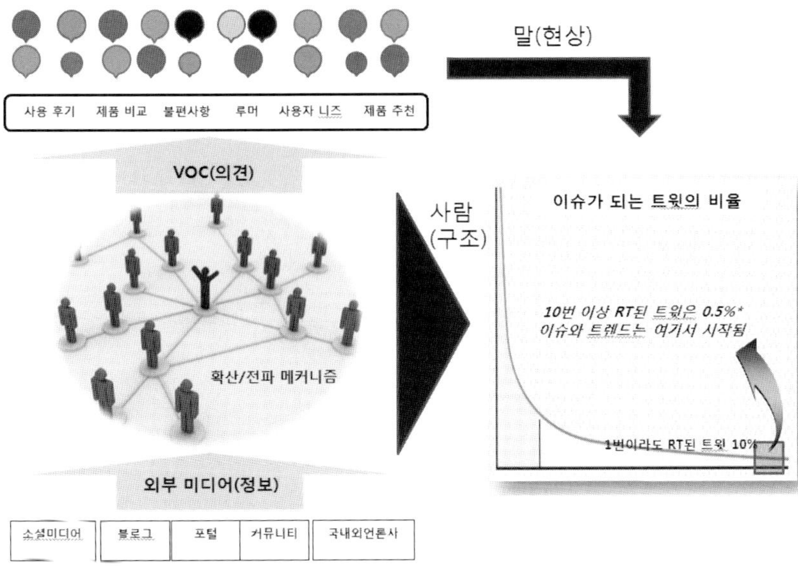

트위터의 의견과 정보는 소셜 네트워크에 기반한 확산 메커니즘을 거친다. 결과적으로 단지 0.5%만의 씨알 글이 영향력을 미치게 된다.

출처: 사이람, SNS 분석기법

재하면서 서로가 영향을 주고받기 때문이다. 그런데 어느 반대자가 소셜 네트워크상 견고한 반대자 그룹에 포함된 사람이라면 그의 의견은 향후에도 좀처럼 바뀌지 않을 것이다. 그 반대의 경우도 마찬가지이다.

그래서 지지자와 반대자들이 소속된 소셜 네트워크상의 구조를 들여다볼 필요가 있다. 구조 내에서 파악해 본다면, 그들의 견해가 유동적인지 아니면 고정적인지를 판단할 수 있다.

이 밖에 또 다른 분석도 있다. 지지자들 혹은 반대자들은 어떤 식으로든 서로 링크되어 있다는 것을 전제한다면, 그들 그룹은 소셜 네트워크의 특징을 포함하고 있다고 할 수 있다. 씨알과 쏠림, 유유상종 그리고 메시지의 일파만파가 일어날 수 있는 것이다. 그래서 그런 현상이 생기는 곳에 멱함수 분포 법칙을 적용하여, 노출 글 수를 사람 수의 값으로 보정해 주어야 한다. 20%의 사람(유권자)이 80%의 글(호 · 불호)을 생산한다면, 80%의 현상을 20%의 사람 수로 보정해야 한다는 뜻이다. 선거는 1인 1표제이기 때문이다.

트위터 공간의 성격

트위터 공간은 정보의 편향을 가중시킨다고 한다. 트위터 가입자 중 소수만이 적극적으로 글쓰기에 임하고, 그중에서도 극소수가 작성한 글이 전체 트위터 공간에서 대부분 유통된다는 것이다. 맞는 말이다. 그렇다고 해서 트위터를 가입자 극소수를 위한 공간이라고 단정해도 될까? 사회의 일부 인사들은 트위터 공간이 소수의 독재 공간이라고 폄하하고 괴담이나 퍼트리는 정치 선동장이니, 지적으로 퇴화된 공간이니 하면서 트위터의 사회적 기능을 부정적으로 바라보고 있다. 과연 그럴까?

그런 오해에 대해 소셜 네트워크 분석에 10년 이상 몰입해 온 김기훈 사이람 대표이사의 글을 인용해 본다. 그는 트위터가 결코 소수에 의해 의사소통이 독점되는 공간이 아님을 강조한다. 그는 트위터 공간이 지극히 역동적인 민주적 공간이라고 한다. 다음 글은 2012년 1월 2일 한겨레신문에 실린 김기훈 대표의 기고문으로 본인의 동의를 얻어 여기에 재수록한다.

"고정된 소수의 트위터 여론 지배? 지나친 단순화다"

2010년과 2011년에 걸쳐 분석한 결과, 1년 동안 트위터 사용자가 많이 늘었다. 그들 사이를 잇는 관계(팔로어 링크)도 늘었다. 그런데 1인당 트위트 작성 수는 조금 줄었다. 트위트를 열심히 쓰는 사람의 비중이 줄어든 것이며, 이것이 유력자 · 전파자의 상대적 영향력 제고로 이어졌다. 이것만 보면 몇몇 소수가 트위터를 좌지우지한다고 볼 수도 있다. 그러나 어떤 과정을 거쳐 이런 현상이 나타났는지 그 맥락과 구조를 알아야 트위터에 대한 올바른 판단을 할 수 있다.

트위터에서 어떤 트위트를 읽고 리트위트할 것인지는 누구도 강제하는 게 아니다. 심지어 남들이 많이 읽은 트위트에 대한 랭킹(순위)을 드러내는 장치도 없다. 순전히 각자 개인의 선택에 의해 리트위트가 이뤄진다. 매 순간 다양한 글에 대한 호감을 표현하는 개인적 행위가 쉼 없이 이뤄지면서 다종다양한 글에 대한 수많은 개인의 심판이 네트워크를 통해 축적 · 종합된다. 24시간 진행되는 일종의 선거판에 비유할 수 있다. 그런 선거의 결과는 집중화이지만, 그 과정은 대단히 민주적이다.

우선 상위 유력자 · 전파자가 계속 교체된다. 지난 1년 동안 살펴본 결과, 유력자 · 전파자의 30% 정도가 '물갈이'된다. 어느 시기에 최상위 유력자 · 전파자였다 해도 다음 시기에는 그 자리에서 밀려난다. 이 구조에서 자유로운 자는 아무도 없다. 특정 이슈에 대해 새로운 유력자 · 전파자가 밑으로부터 끊임없이 올라오는 역동적 구조다.

오프라인 정치에서 소수 엘리트의 지배구조는 엘리트 그룹 간 유착에 의해 강화되는데, 트위터에서는 이미 '권력분립'이 진행 중이다. 유력자 그룹과 전파자 그룹은 서로 일치하지 않는 별개의 집단으로 기능한다. 인적 구성에서 겹치는 부분이 있긴 한데, 그 비중이 더 줄어들고 있다. 트위터 권력이 분산되고 있는 것이다.

트위터에서는 일반인이 권력에 접근할 수 있는 기회가 많다. 상위 전파자가 퍼 나르는 글의 비율을 보면 10명 가운데 8명은 일반 사용자의 것이다. 지금까지 유력자가 아니었다 해도 공감을 일으키는 글이라면 얼마든지 (전파자를 통해) 다른 사람에게 퍼질 수 있는 기회를 갖게 된다.

주요 구독 매체별 트위터 사용자가 서로 팔로(추종)하는 관계를 살펴봐도 트위터 사용자의 개방성이 드러난다. 그들은 자신의 정치 성향과 관계없이 다양한 의견을 드러낸 글을 항상 접하고 있다. 그 가운데 어떤 글을 리트위트(전파)할 것인지는 그들이 선택한 결과다. 몇몇 고정된 소수가 트위터 여론을 지배한다거나, 이념 성향에 따라 상호 격리되어 있다는 주장은 트위터 담론이 확산되는 과정에 대한 지나친 단순화이다. 입체적 · 역동적으로 봐야 한다."

위 글에서 보듯이 트위터 공간은 특정 소수자에 의해 지속적으로 점유되는 공간은 아니다. 끊임없이 변화되는 역동적 공간이다. 2010년과 2011년을 비교하여 영향력자 중 30% 정도만이, 선파자 중에 20% 정도만이 트위터 공간에 유지되었다. 나머지는 교체되었다. 문제는 이러한 역동적 공간을 어떻게 분석하고 해석해 내느냐에 달렸다.

필자가 강조하고 싶은 것은 트위터 공간이 소셜 네트워크 특유의 구조적 특성을 갖고 있는 공간이란 점이다. 중요한 것은 그 구조적 특성을 분석해야만 제대로 된 결과를 얻을 수 있다는 "사실"에 있다. 또한 온 · 오프라인 공간에서 드러나는 대중의 외침이 트위터 공간 내 다수를 점한다고 하여, 이를 바로 "집단지성"으로 받아들이면 안 된다는 것이다. 소셜 네트워크의 구조적 특성 측면에서 본다면, 이러한 태도가 얼마나 잘못된 인식의 결과인지, 그리고 그러한 결과가 얼마나 위험한 판단을 유도할 수 있는지 쉽게 알 수 있다.

사실 대중의 집단행동을 이해하기 위한 지적 노력들이 오래전부터 있어 왔다. 나치 독일의 괴벨스는 '대중은 어린애와 같다'는 말로 대중의 행동을 조작의 대상으로 여긴 반면, 프랑스 대혁명을 회고하며 〈군중심리〉를 쓴 구스타프 르봉은, 그럼에도 대중의 집단 몸짓으로부터 군중이 희구하는 방향성이 정확하게 표현된다는 점에서 그 가치를 인정하고 있다. 정치적 보수주의의 원류로 일컬어지는 에드먼드 버크는 〈프랑스 혁명에 관한 성찰〉에서 대중의 집단적 행동에 대해, 사회적 역사적 정의에 입각한 사려 깊은 조치를 통해 대응해야 하며, 개혁이 필요하다면 점진적으로 해야 한다고 했다.

문제는 대중의 외침을 이해할 때, 그 시대의 문제점이 "사람을 매개"로 표현된 결과라는 점을 전제해야 한다는 것이다. 과격하든 온건하든, 표현된 것 자체보다도, 표현을 수행한 사람들 그리고 그들이 몸담고 있는 세계의 구조적 콘텍스트를 파악하는 것이 중요하다. 이것은 인간의 실존성을 어떻게 파악하느냐와도 연결되어 있어 제8장에서 간략하게 그에 관한 사항을 기술했다.

트위터와 평판

이제 다시 주제로 돌아가 보자. 소셜 네트워크가 갖고 있는 구조적 특성은 다음 제3장에서 상술하기로 하고, 좀 더 트위터의 특성을 이해하기 위해 비정치적 분야에서 발생한 다른 예를 들어보자. 소위 신라호텔 한복 사건과 채선당 사건이다.

채선당 사건은 한 임산부가 2012년 2월에 충남 천안시 소재의 한 채선당 가맹점에서 종업원으로부터 배를 차였다는 글을 인터넷에 올리면서 시작되었다. 채선당을 비난하는 네티즌들의 글이 SNS를 통해 돌면서 인터넷을 뜨겁게 달구었지만, 이 사건은 결과적으로 임산부가 당시 상황을 과장하여 글을 올린 것으로 판명되었다. 하지만 채선당은 네티즌의 불매운동으로 큰 피해를 입었고, 임산부는 자신의 글이 사회적으로 이렇게 큰 파장을 몰고 올지 몰랐다고 사과함으로써 일단락되었다.

이 사건에 대해 많은 전문가가 다양한 견해를 토해 냈다. SNS가 갖고 있는 부정적 기제를 우려하는 견해에서부터, 사회심리학에서 다루는 전문용어가 등장하여 결과적으로 국민들의 지적 수준을 한 단계 더 고양했다는 긍정적 분석까지 있었다. 그중 한국인이 역사적으로 갖고 있는 "약자로서의 피해의식"이 집단적으로 발현된 결과라는 견해, 믿고 싶은 것만 보인다는 "선택적 지각", 내 생각과 같은 정보만을 취사선택하는 "확증편향", 사실 여부보다도 내 편과 네 편으로 갈라 현상을 이해하고자 하는 "인지 부조화" 등은 분석의 백미로 꼽힌다.

이 사건은 소셜 네트워크가 갖고 있는 특성을 있는 그대로 반영했다는 점에서 대단히 시사하는 바가 크다. 폭행의 씨일이 있었고, 피해의식으로 뭉친 유유상종이 있었다. 일단 기업을 비난하는 쏠림이 일어나자 그것이 일파만파를 형성하여 극단화되었다. 그러나 사실 관계는 상당히 달랐고, 사건의 실체가 밝혀지자 마치 그런 일이 언제 있었냐는 듯이 잠잠해졌다. 지금은 이 사건을 기억하는 사람들이 몇이나 되는지 의문이 들 정도이다. 그러나 채선당은 상당할 정도의 매출 타격과 기업 이미지에 손상을 입었다.

신라호텔 한복 사건도 세간의 주목을 많이 받은 사건이다. 2011년 4월 신라호텔에서 한복 차림 손님을 출입금지시켰다는 글이 트위터에 기재되었다. 트윗글의 사실 여부를 떠나 여러 사람이 리트윗(RT)하면서 메시지 양이 증폭되고, 이것이 온라인 매체로 건너가 기사화되고, 이를 지켜보던 오프라인의 매체들이 보도하여 무게가 실리면서 커다란 사회적 반향을 일으켰다.

트위터 공간에서는 이후 신라호텔 하나로 국한되지 않고 관련 토픽들로 빠르게 확장되었고 온라인 · 오프라인 기사들이 상호 인용되면서 재증폭되는 매우 역동적인 과정을 밟았다. 신라호텔 한복사건은 전형적으로 트위터 공간의 메시지가 증폭되는 과정을 보여주었다.

신라호텔은 한복 사건이 오프라인 언론에 의해서도 표면화되자 그제야 사태 수습에 들어갔다. 하지만 이미 일파만파된, 국민적 사안이 된 이후여서 일체의 사실 관계를 설명하는 시도는, 변명으로 인식되는 상황에 빠져 버렸다.

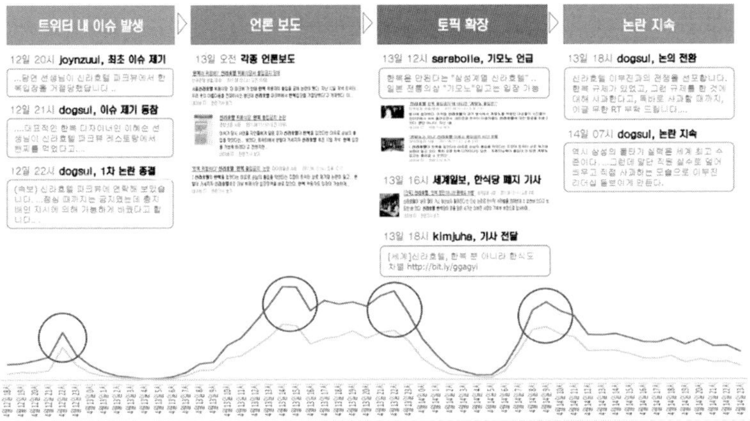

신라호텔 한복 사건의 시간대별 트윗 양 – 4번이나 트윗 양이 증폭되었다.

출처: 사이람, SNS 분석 사례집

트위터 공간에서 토픽이 갖는 생명력

이상 두 개의 사례에서 보았듯이, 소셜 네트워크 공간에서는 하나의 이슈가 "적절한" 조건을 갖추면 일파만파 증폭될 수 있음을 보여준다. 거의 실시간 증폭되는 것처럼 보이기 때문에 대처 방법이 없어 보인다. 하지만 그렇지 않다. 소셜 네트워크 분석 전문회사인 사이람의 자료를 통해 본다면, 거기에도 일정한 시간 간격이 존재한다. 실제로 RT의 50%가 8분 만에 발생하며 평균 지속시간은 7시간이다. 반나절이 지나서도 이어지는 트윗 글이 없으면 토픽으로서의 생명력이 다했다고 볼 수 있다.

실시간 일파만파가 이루어지는 소셜 네트워크 공간의 특성으로 미루어 볼 때, 그리고 트위터 공간이 매우 역동적이고 민주적이라는 사실로 미루어 볼 때, 하나의 이슈가 등장한 이후에 이해관계 당사자가 얼마나 재빨

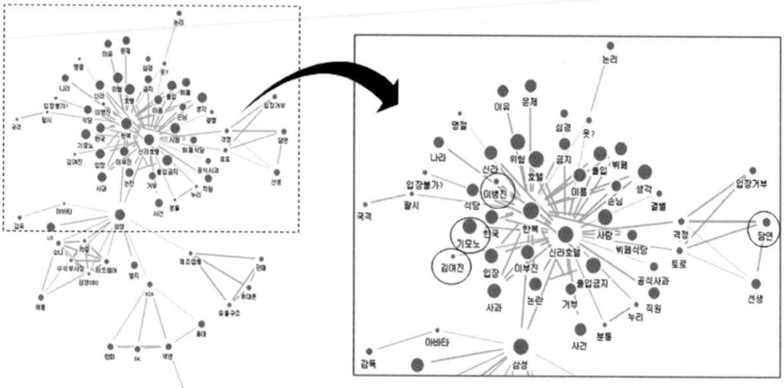

2011년 4월 12일 신라호텔 이슈가 처음으로 불거져 나온 이후, 하루가 지나자 관련 S그룹과 유명인 이름 그리고 기모노와 같은 자극적인 키워드 등이 다양하게 등장했다. 이슈의 증폭성을 나타낸다.

출처: 사이람, SNS 분석 사례집

리 "사실 관계"에 대해 대처하느냐가 매우 중요한 문제라 하겠다.

정확한 사실 관계를 바탕으로 초기에 적극적으로 대응한다면, 최소한 일파만파와 같은 위기 상황을 피해갈 수 있다. 다시 말해, '하나의 인식'이 형성되기 이전에, 정확한 사실 관계를 기술한 새로운 씨알을 트위터 공간에 올려 놓으면, 소셜 네트워크 공간의 개방성으로 인해 "잘못된 내용"과 "정확한 사실 관계" 사이에서 동적 균형이 일어난다.

그래서 트위터와 같은 소셜 네트워크 공간은 기업의 리스크 관리 면에서 과거와는 다른 초기 대응력을 요구한다. 특히 사회적 이슈를 만들어 낼 수 있는 기관은 말할 나위도 없다.

소셜 네트워크 공간과 기업의 마케팅

소셜 네트워크 공간은 수많은 사람이 들락거리는 곳이다. 수많은 보통 사람이 짹짹거리며 이야기를 나누는 공간이다. 그래서 그 공간은 기업의 입장에서 볼 때 새로운 신규 고객을 찾거나, 자신의 브랜드 인지도를 높일 수 있는 공간이기도 하다.

물론 동네 아낙네의 빨래터 담화를 엿듣고, 그 아낙네들 중에 고객이 될 만한 사람을 찾아내는 것도 기업 마케팅의 한 방편일 수 있다. 하지만 그것은 소셜 네트워크가 갖고 있는 고유한 특성을 이해하고 그에 맞는 적절한 방법을 동원하지 않으면, 실현해 내기가 매우 어려운 과제이다.

이 장의 〈트위터와 선거〉에서도 간단하게 언급했듯이, 사람들이 표출한 다양한 의견을 주제별 · 평판별로 정리하고, 이를 바탕으로 실제 고객을 분류해 내는 것은 여러 단계의 분석 과정을 수반하는 일이다. 단순히 검색엔진을 가동하여 자사의 제품과 관련된 메시시를 추출하고 그 메시지를 작성 · 유통한 사람들에게 무차별로 마케팅 메시지를 유포하는 것은 소셜 네트워크의 고유한 특성을 고려하지 않은 방법이기 때문에 그 효과가 대단히 미미하다 하겠다.

사람들은 각자가 지닌 고유한 취향을 담아 소셜 네트워크상에 자신의 메시지를 유포시킨다. 각 회사의 홈페이지나 SNS상에 개설한 회사 게시판에도 사람들은 자신의 의견을 적극적으로 개진한다. 물론 여기에는 기존의 eMail 형태이든 아니면 회사 콜센터를 통한 Voice 형태이든, 기존의 고객 목소리도 많이 있다. 그런데 대부분의 경우 고객이 접촉하는 IT 수단별로, 일회성 대응에 그치고 만다. 그리고 고객만족 차원이거나 법적 요건도 있기 때문에, 사후 관리될 여지를 위해 회사의 IT 저장장치에 빅데이터의 한 부분으로 저장될 것이다. 그러고 나서 묻혀버린다.

고객의 다양한 목소리는 서로 다른 IT 수단으로 관리되고, 관리자 역시 IT 수단별로 나뉘어 있기 때문에, 이들의 의견은 통합적으로 관리되지 못하고 방치되어 있는 것이 현실이다. 이런 측면에서 SNS상의 방대한 메시지 역시, 일회성으로 관심을 끌다가 사라질 수도 있다. 빅데이터에 대한 체계적인 분석 방법론이 제시되어 있지 않기 때문에 발생하는 현상이다.

'빅'은 '마이크로'로 통한다 – 마이크로 마케팅

여러 군데 나뉘어서 저장된 이들의 의견을, 다양한 검색 수단을 통해 통합적으로 추출하고 분류하면, 그 의견과 유사한 의견을 개진했던 사람들을 마이크로 수준으로 묶어낼 수 있다.

어느 회사의 제품에 대해 "좋아요", "싫어요"라는 의견을 표출한 사람들을 묶어내는 것은 가장 초보적인 분류 방법으로 사람들을 무차별하게 묶는 재래식 방법과 다름이 없다. 마케팅의 융단폭격의 대상이 된다는 점에서, 아무리 데이터를 SNS에서 추출했다 하더라도 재래식 마케팅 방법이기는 마찬가지이다.

중요한 것은 다양한 주제 속에서 주제별로 의견이 유사한 사람들끼리 마이크로 수준으로 묶어낼 수 있는지에 대한 문제이다. 마이크로 수준까지 분류해 낼 수 있어야만 비로소 마이크로 마케팅, 다시 말해 개별 맞춤형 마케팅이 가능하다. 이를 자원 낭비가 심한 융단폭격 마케팅에 대비하여, 유도미사일 마케팅이라고 부를 수도 있다. 결국 분석 역량의 문제이다.

2012년 미국 대통령 선거에서 오바마 대통령 캠프에서 마이크로 마케팅을 구사했다 하여 세간에 화제가 된 적이 있다. 화제의 핵심은 유권자들이 다양한 주제에 대해 SNS 공간에 각자의 의견을 표출했다는 것, 그리고 그것을 바탕으로 주제별로 유사한 취향의 사람들을 마이크로 수준으로 묶어냈다는 데 있었다.

주제별로 사람들이 마이크로 수준으로 묶인다는 것은, 주제가 달라지면, 사람들이 묶이는 그룹도 달라진다는 것이다. 개인들이 소속되는 그룹이 본인 모르게 굉장히 동태적으로 변하는 것이다. 예를 들어 만약 쟁점이 되는 주제가 10개가 있다면, 개개인들은 각자 10개씩의 마이크로 그룹으로 분류된다는 의미이다. 그래야만 주제별로 각자 차별화된 선거 메시지를 개인들에게 전달할 수 있기 때문이다.

기업에서 소셜 네트워크 공간을 마케팅의 장으로 활용하고자 한다면, 먼저 자신이 획득 가능한 데이터를 살펴보고, 이를 통합적으로 검색하고 분류하는 역량을 지니고 있는지, 그리고 이후에 이를 바탕으로 (잠재)고객들을 마이크로 수준으로 분류할 수 있는 분석 역량을 지니고 있는지를 살펴볼 일이다.

여기서 한 걸음 더 나아간다면, 마이크로 수준으로 분류된 개인들의 그룹 중에서 누가 제일 강한 영향력을 행사하고 있고, 누가 주된 메시지 전달자인지를 분석해 낼 수만 있다면, 마이크로 마케팅 중에서도 특정 사람들을 콕 찍어 유도미사일 마케팅을 수행할 수 있는 단계로 진입하는 것이다. 빅데이터는 마이크로 마케팅이 구현될 때에만 의미가 있다. '빅'은 '마이크로'로 통한다. 이 점에 대해서는 이 책 곳곳에서 추가적으로 설명해 나가기로 한다.

현상2 – 집단 따돌림(왕따)과 레밍 효과

인간은 사회적 동물이다. 그것은 어느 개인이 사회집단으로부터 이탈되었을 때, 존재하지 못하는 상태 즉 사회적 죽음에 이른다는 뜻이다. 이것은 때때로 물리적 자살로 이어질 정도로 심각한 존재론적 문제이다. 집단 따돌림은 그래서 무섭다.

하지만 따지고 보면 왕따는 항상 있어 왔다. 중세의 마녀사냥은 집단 따돌림의 전형으로, 특정 개인을 종교재판이란 제도를 통해 공동체 사회로부터 격리하는 집단적 심리 기제였다. 지동설을 지지한 갈릴레오 갈릴레이의 종교재판 사례도 여기에 해당한다. 한국에서도 이와 유사한 역사적 사례가 있다. 성리학적 유풍이 사회를 지배하던 조선조 후반기에, 양명학이나 실학과 같은 새로운 학풍을 도입하고자 한 선비들이 사문난적(斯文亂賊)이란 이름으로 사회적으로 매장당한 것도 왕따의 다른 형태로 볼 수 있다.

이러한 일들은 개인들의 삶의 공간에서도 일어난다. 아이는 부모의 모습을 따라 배운다. 부모 역시 주변 사람들의 언행과 조화를 이루며 살고자 한다. 생활 문화로서 그러한 언행은 공동체 구성원들이 자신들의 생태계적 공간에 최적으로 적응한 결과이자 대를 이어 체화된, 그래서 자연스럽게 무리 속에서 합의된 관습적 틀이다. 의식주 문화의 틀은 가장 기본적인 것이고, 역사적 전통의 틀은 그의 확장판일 것이다. 17세기 중엽 청교도 문화가 팽배했던 보스턴을 배경으로 쓰여진 나다니엘 호손의 주홍글씨(The Scarlet Letter)는 공동체의 가치와 어긋나는 "행위"를 저지른 여인이 주변으로부터 어떻게 "왕따"당하는지 잘 보여준 소설이다.

개개인은 무리의 언행 양식을 좇는다. 구태여 귀찮게 생각할 필요도 없고 틀려도 자신의 책임이 아닌, 어떻게 보면 정신적으로 가장 편안한 상태이기 때문이다. 여기서 문제가 생긴다. 주어진 관습과 다르게 행동하는 개인이 나타나면, 주변 사람들은 엄청나게 스트레스를 받는다. 판단을 해야 한다는 스트레스이다. 인간 생체 에너지의 80%가 뇌에서 소비된다고 하니, 개인이 공동체 문화와 다르게 행동하거나 다르게 행동하는 사람을 지지하려면, 그에 상응하는 에너지의 비균형적 소모 상태를 감내해야만 한다. 그래서 거부한다. 집단적으로 거부한다. 문화란 이름으로, 자연스럽게 에너지 소모를 최적화하는 형태로, 소속집단의 사고와 행동 유형을 추종한다. 그래서 집단 추종 심리가 작동하는 것으로 보인다. 그들을 추종(追從)하여 함께한다는 측면에서 추동(追同)이란 표현이 더 적절할 것이다.

인간의 극단적인 집단 추종 · 추동 심리는 "레밍 효과"로 잘 알려져 있다. 레밍(Lemming)은 스칸디나비아 반도 북부에 살고 있는 들쥐의 일종으로, 몇 년에 한 번씩 떼 지어 달리다가 물에 뛰어들어 죽는 것으로 유명하다. 한때 개체수를 조절하기 위한 자기희생적 행동으로 해석되기도 했지만, 지금은 개체집단의 밀도가 높아졌을 때 생기는 생태계적 스트레스의 결과로 이해되고 있다. 생태계적 스트레스를 받던 대장 쥐가 냅다 달리기 시작하면 비슷한 처지의 쥐들이 덩달아 그를 따라 달리기 시작하고 무리의 전체 쥐들이 그 뒤를 따른다. 대장 쥐의 눈앞에 절벽이 나타나도 집단 운동의 관성으로 방향을 틀지도 못하고 바로 호수나 바다로 뛰어든다.

레밍 효과는 주식시장에서의 뇌동매매, 묻지마 투자, 집단적 광기 등 군중심리의 역작용을 적시하는 데 많이 인용된다. 실제 1637년 네덜란드의 튤립 투기, 1929년 뉴욕 증시의 대폭락, 2000년 전후의 Y2K와 닷컴 열풍 등이 경제적 측면에서 바라본 레밍 효과라면, 2차 세계대전 시 일본의 가미카제 공격이나 독일의 유대인 대학살 사태는 정치문화적 레밍 효과라고 볼 수 있다. 이는 개인들이 소속 공동체의 이분법적 이데올로기에 동참하지 않으면 그 사회로부터 왕따가 될 것이라는, 그래서 사회적 죽음에 이를 수도 있다는 심리적 기제가 촉발한 결과이다.

왕따 현상과 레밍 효과는 각각 반대편에서 일어나는 현상으로 보인다. 그러나 그 기저에는 동일한 기제가 자리 잡고 있다. 소셜 네트워크에서 작동하는 기제이다. 소셜 네트워크에서는 개개인들이 링크되어 있기에 서로는 직간접적으로 영향을 주고받는다. 링크의 정도가 극단적으로 심하면 레밍 효과가 발생하고, 링크가 거의 없을 때 왕따 현상이 나타나게 된다.

왕따는 근본적으로 기득(旣得)한 소속감을 안정적으로 유지하려는 인간 개개인의 존재성 심리로부터 발생한다. 소속감이란 기득권을 유지하기 위해 끊임없이 누군가를 배제하려는 심리 상태의 결과일 수 있다. 그것은 동굴에서 공동으로 생활하고 함께 수렵 채집생활을 해야 했던 원시시대로부터 각인된 심리이며, 집단으로부터 낙오되면 죽음밖에 없다는 기억의 유산이거나, 리차드 도킨슨이 그의 책 〈이기적 유전자〉에서 표현한 밈(Meme)의 현재적 발현일 수도 있다. 그래서 한 집단에서 왕따를 당한 사람이 또 다른 집단에서는 오히려 남을 왕따 시키는 현상이 발생하는 것은 왕따가 개인 차원의 문제라기보다 인간 네트워크의 여러 현상 중 하나로 보는 것이 타당할 것이다. 여기서 우리가 관심 가져야 할 것은 집단의 특수성에 의해 싫으나 좋으나 일정기간 함께 지내야만 하는 사람들이다. 심리적으로 민감한 10대의 초 · 중 · 고등학교 학생이 그 대표적인 경우이고, 집단적으로 격리생활을 해야만 하는 군의 사병도 여기에 해당한다.

학생 사회의 왕따는 그것이 사회의 가장 초보적 집단에서 벌어지고 있다는 점에서 심각한 문제이다. 중세 유럽의 마녀사냥이나 조선시대 사문난적(斯文亂賊)의 미니어처 현상이 학생 사회의 왕따이다. 닥치고 권력을 추동(追同)하는 심리의 미니어처 현상이 학생 사회의 왕따이다. 비록 그것이 군집 생활을 하는 동물에게 필연적으로 발생하는 현상이고, 그들만의 생태계적 압박으로 자연스럽게 촉발되는 것이라 하더라도, 그것이 방치되거나 조장되었을 때 터져 나올 사회적 히스테리는 끔찍하다. 성인들의 레밍 효과로 증폭될 수도 있기 때문이다.

현재 사회적으로 많은 문제를 일으키고 있는 학교생활에서의 "왕따"와 "학교폭력"은 친구 사회에 자신이 링크되어 있지 않거나, 아니면 과도하게 링크되어 있음을 의미한다.

링크는 거창한 관계 유형이 아니다. 소소하게 밥을 같이 먹거나 함께 노는 친구 관계를 의미할 수도 있고, 문자메시지를 주고받거나 자신의 개인적인 고민을 터놓고 나눌 수 있는 친구가 있는지에 대한 관계일 수도 있다. 이들이 중첩되어 다자간의 링크 관계를 형성함으로써 학생 개개인의 소셜 네트워크가 이루어진다. 이를 파악하여 시각화하면 유유상종과 쏠림의 특성을 갖고 있는 전형적인 소셜 네트워크의 모습이 나타난다.

"왕따"나 "학교폭력"은 이성의 문제가 아니라 감성의 문제에 기인했을

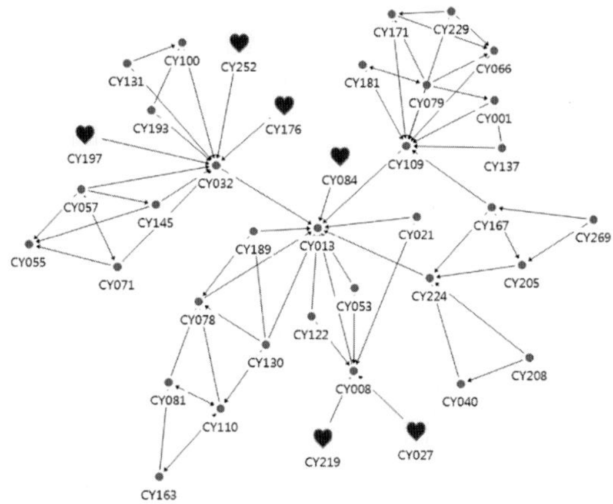

39명으로 이루어진 가상의 소셜 네트워크 구조이다.
학교의 한 반을 가정하면, 위 그림에서 하트로 강조한 학생 6명이 가장 외롭게 위치해 있음을 알 수 있다.

출처: 사이람, SNA 사례집

가능성이 더 큰 만큼, 친구 관계 역시 감성적 관계에 기초한 링크 자료로 파악될 필요가 있다. 이를 통해 구성원 간의 소셜 네트워크적 관계를 가시화하고, 개인이 처한 구조 내의 위상을 파악해야만 한다. 이것을 두고 간접적인 접근이라고 할 수도 하지만, 왕따와 학교폭력의 본원적 성격을 고려하면, 보다 본질에 부합하는 접근방법이라고 볼 수 있다.

대부분의 학생이 죽음에 이를 때까지 "나는 왕따 당하고 있어요"라고 주변에 외치지 않았다고 한다. 설혹 외치라고 교육받았다 해도 그 아이는 레밍 효과로 인해 절대 소속 집단 밖을 향해 외치지 않을 것이다. 왕따 징후를 과학적으로 파악하는 것이 절실한 이유이다.

현상3 – 범죄 공모와 깨진 유리창 효과

사고가 발생한다. 뉴스 미디어들은 하루에도 수십 수백 건 발생하는 사건 · 사고를 보도한다. 마치 온 세상이 범죄에 뒤덮인 듯한 인상을 받는다. 하지만 실제도 그럴까?

그렇지 않을 것이다. 상업 언론의 특성상 세간의 주목을 받을 수 있는 사건들만을 발췌하여 제한된 시간에 제한된 화면 혹은 지면에 뿌리기 때문에 발생하는 착시현상이다. 분명히 과거보다는 현재의 치안 상태가 좋아졌다고 보는 것이 타당하다. 그런데 왜 찝찝할까? 착시현상만으로 돌리기에는 무엇인가 2% 부족해 보인다. 그것은 사건의 의외성(意外性) 때문이다.

대형 사건은 의외적 사건의 전형적 예이다. 대형 사건은 개인에 의해 행해진 것일 수도 있고, 공모를 통해 벌어진 것일 수도 있다. 우발적으로 발생한 사건일 수도 있고 아니면 치밀한 계획하에 발생한 사건일 수도 있다. 개인이 우발적으로 범한 사건들은 그 빈도수가 높다 하더라도 공동체 구성원들이 심정적으로 동정하는 측면이 강하기에 영향력은 그리 크지 않다. 문제는 상습범들의 범죄 습관이 에스컬레이트된 엽기적 사건이거나, 지능범들의 공모에 의해 은밀하게 저질러진 사건들이다.

테러리스트 공모범죄, 주식 공모사기, 보험 공모사기, 확신범이 주도한 점조직 네트워크 범죄 등이 여기에 해당된다. 2001년 미국에서 발생한 911테러는, 점 조직으로 연결된 테러범 네트워크의 위력을 보여준 끔찍한 현상의 하나이다.

의외성을 유발하는 사건으로, 일반인들이 무심코 행하는 습관이 누적되어 어느 정도의 임계점을 통과할 때 발현되는 것도 있다. 깨진 유리창 법칙(Broken Window Theory)으로 잘 알려진 뉴욕시의 사례이다.

깨진 유리창(브로큰 윈도) 법칙은 1982년 제임스 윌슨(James Wilson)과 조지 켈링(George Kelling)이 명명한 범죄학 이론으로, 건물 유리창 깨진 것을 방치해 두면 너도나도 그래도 되는가 보다 하며 유리창을 깨뜨리고, 결국 주위가 우범지대가 되어 나중에 큰 강력사건으로 이어질 가능성이 높아진다는 것이다. 깨진 유리창과 같은 작은 부분의 무질서를 방치하면 점차 확대되어 도시 전체의 무질서로 번질 수 있음을 지적하거나, 깨끗한 공원 한 편에 누군가 담배꽁초를 무단 투기하면 연이어 그 주변으로 담배꽁초들이 수북이 버려지는 현상을 지적할 때 종종 인용된다.

깨진 유리창 법칙에 기반하여 1984년 뉴욕시는 낙서로 지저분한 지하철을 시범 대상으로 삼아 청결 운동을 전개했다. 좋은 결과를 얻자 이를 전 지역으로 확대하여, 무질서했던 뉴욕의 거리 풍경을 일신하며 더불어 범죄율도 저하시키는 효과를 보았다.

"바늘 도둑이 소도둑 된다"는 우리의 속담이 사람의 습관적 측면을 말했다면, 깨진 유리창 법칙은 남 따라하는 데 익숙한 사람의 행동이 적절히 통제되지 않았을 때 발현될 수 있는 사회현상을 말하고 있다. 우리나라에서도 경범죄나 생활범죄를 단속할 때 흔히 깨진 유리창 법칙을 거론한다.

의외성을 유발하는 이런 사건들은 관련자들이 모두 과거의 사건이나 장소를 매개로 상호 연결되어 있는 특성을 갖고 있다. 예를 들어 보험공모사기는 보험가입자, 피보험자, 보험처리 담당자 등과 같이 여러 주체들이 동시에 관여하고 범죄행위가 은밀한 형태로 반복된다. 적발되면 그 누적 액수로 말미암아 대형사건일 가능성이 높다. 깨진 유리창 법칙에서 나타난 사회현상도 최초에 깨진 윈도로부터 시작된다. 사람의 집단 추동(追同) 심리로 그 장소에서 그 행위가 반복되어 결과적으로 큰 사회적 습관인 것처럼 오해될 정도로 보편화된다. 소셜 네트워크가 갖고 있는 일파만파의 또 다른 유형이다.

이러한 소셜 네트워크적 특성을 이용하면, 해결 대책을 세울 수 있다.

중요한 것은 바로 그 최초의 지점, 반복이 시작되는 지점을 찾는 데 있다. 이는 테러리스트 네트워크에서 보이듯이, 혐의자 한 명을 중심으로 계속해서 그 관계를 추적함으로써 사회현상의 시작점을 파악한다. 그리고 다시 그 시작점으로부터 유발된 전파자를 찾아, 핵심부 전체를 제거하는 것이다. 하나를 확실히 잡아 올리면 줄줄이 달려 올라오는 굴비와도 같은 것이라 볼 수 있다. 깨진 유리창 현상에서처럼 특정한 지점이 그 출발점이 될 수 있고, 범죄 공모처럼 특정 사안이나 특정 혐의자가 그 출발점이 될 수도 있다.

모든 사람은 어떤 형태로든 사회적 족적을 남기게 된다. 이것이 링크데이터로 충분히 저장되면 소셜 네트워크의 구조를 그릴 수 있게 되고, 혐의 가는 한 점을 중심으로 추적해 들어가면 이론적으로는 쉽게 전모를 확인해 들어갈 수 있게 된다.

소셜 네트워크 분석은 바로 그러한 자들이 남긴 사회적 족적을 링크데이터화하여 이를 분석하여 구조를 보여줌으로써 쉽게 그 계통을 추적할 수 있게 만들어준다. 이 경우 시각화가 필수이다. 그것도 시계열 시각화로, 시간의 진행으로 네트워크 구조가 어떻게 변하는지 보여주는 소셜 네트워크 분석 기법의 하나이다.

현상4 – 상품의 추종(追從)·추동(追同)구매와 바이럴 효과

개인이 상품을 구매하는 모습은 각양각색이다. 가격과 성능을 꼼꼼히 따져보고 사는 사람이 있는가 하면, 남들이 좋다고 하니 덩달아 사는 사람도 있다. 자신의 필요에 의해 구매하는 사람이 있는가 하면, 친구의 강추 한마디에 따라서 사는 사람도 있다.

그래도 고가의 고기능 제품인 경우 이성적으로 따져보겠지만, 성능이 엇비슷한 전자기기 제품이나 소비성 문화상품의 경우에는 판단 기준이 애매해진다. 이런 경우 소비자들이 많이 의지하는 것이 주변 사람들의 평가이다. 자신의 성향과 비슷한 주위 사람들이 "이게 좋데 ^-^" 라고 말하면 한 번 더 관심을 기울이게 된다. 실생활에서 발생하는 소소한 구매행위 대부분은 주변의 평판에 좌우되는 경우가 많다.

조금 더 들어가, 온라인 쇼핑몰을 예로 들어보자. 어느 사용자가 로그인하여 쇼핑몰로 들어갔다. 그는 특정 상품을 구매하기 위해 들어갔을 수도 있고, 자신의 용도를 충족시킬 수 있는 상품이 없나 하고 들어갔을 수도 있다. 특정 상품을 알고 들어갔다면 주저함 없이 그 상품을 검색하여 장바구니에 담을 것이다. 하지만 쇼핑몰에는 비슷한 종류의 다른 상품들도 전시되어 있다. 개개의 상품마다 이미 구매자한 자들이 매긴 평점이나 사용 댓글이 붙어 있을 수도 있다. 만약 평점이 나쁘다면 대체재를 훑어볼 가능성이 높다. 특정 상품을 알고 들어가도 상황이 이런데, 만약 고객이 상품의 이름만 어렴풋이 알고 검색에 임했다면, 더욱더 선택에 난감해 할 것이다.

사용자는 망설인 끝에 상품 하나를 선택하여 장바구니에 담는다. 그리고 마지막 구매 클릭하기 직전까지 소비자는 자기 마음을 다잡기 위해 위의 과정을 반복하게 된다. 그래서 온라인 쇼핑몰이 선택의 번거로움을 해

소해 주지 않는다면, 소비자 마음에 꼭 드는 제품을 알아서 추천해 주지 않는다면 이러한 과정은 피할 수 없다.

그래서 제품 추천 시스템이 등장한다. 고객이 온라인 공간으로 로그인하고 들어왔을 때 새로 출시된 제품을 보여주거나 거기에 대한 사람들의 평점을 보여주는 것이 전형적인 제품 추천 시스템이다. 여기서 한 단계 더 진화하면, 그동안 고객이 구매한 제품을 분석하여 고객의 선택 유형을 추정한 뒤 거기에 맞을 것 같은 상품을 화면 밑바닥에 깔아주는 방법이 있다. 책을 예로 든다면, 고객이 역사책을 주로 구입했다면 신간 역사책들을 추천하는 방법이다.

그러나 소비자는 한 종류의 상품만을 구매하는 것은 아니다. 역사책을 주로 구입했다고 하여 항상 역사책을 구입하는 것이 아니다. 때때로 신변잡기성 책을 선택하기도 한다. 그래서 소셜 네트워크 관점에 의한 추천 방법이 등장하게 된다.

소셜 네트워크 관점은 고객이 선택한 상품의 패턴을 시뮬레이션하여 동종 유형끼리 가상으로 묶어서 제시해 주는 것이다. 책을 예로 들면, 같은 역사책으로 그룹화하는 것이 아니라 실제 고객이 선택한 것을 전제로 하여 그룹화하는 것이다. 따라서 A 유형의 역사책이 B라는 여행안내책과 묶일 수 있다.

여기서 한 걸음 더 나가면, 구매한 상품들을 매개로 구매자 집단을 가상으로 만들어, 최근에 그 가상 그룹에서 가장 많이 선택한 상품들을 추천해 주는 것이다. 다소 복잡하게 보일 수 있지만, 내가 A라는 역사책과 B라는 소설책을 구매했다면, A와 B를 선택한 다른 사람들과 나를 하나의 가상 네트워크로 묶어 놓고, 그 네트워크에서 가장 잘 선택되는 책들을 나에게 추천해 주는 것이다. 나와 취향이 비슷한 사람들이 최근 많이 선택한 책이라면 나에게도 흥미가 있을 것이라는 일종의 가상 바이럴 마케팅이다.

바이럴 마케팅(Viral Marketing)의 위력은 동네 아낙들이 빨래터에 삼삼오오 모여 입으로 전달하는 소문의 위력만큼이나 높다. 영단어 Viral이 "바이러스처럼", "전염성이 강한"과 같은 뜻이기에 속성상 바이럴 마케팅은 전염성을 염두에 둔 마케팅 기법이다. 상품에 따라 직설적으로 제품 정보를 전달하는 방법도 있지만, 상품을 선택하는 소비자로 하여금 의사결정에 따르는 책임성을 덜어주는 장점 때문에 바이럴 마케팅은 그 효과가 높다. 사회적 신분 상승의 느낌을 공유하기 위해 무리해서 명품을 사거나 대형 자동차를 사는 경우는 추동(追同) 구매와 바이럴 마케팅이 결합된 예이고, 어린이나 청소년기의 학생이 집단적으로 특정 상품을 선호하는 것도 왕따 심리와 바이럴 마케팅이 결합한 예이다.

바이럴 마케팅에 노출된 소비자들은, 선택이라는 번거롭고 스트레스 쌓이는 절차에서 대중의 이면으로 숨어들어가 그들과 함께할 수 있다. 나중에 잘못 선택했다고 판명되더라도 최소한 핑계를 댈 수 있다. "남들도 다 그렇게 했다는데". 그렇기 때문에 많은 회사에서는 자사 제품에 대한 입소문을 유발하기 위해 여러 가지 바이럴 마케팅 방법을 동원한다.

광고에서 제품을 은근히 슬쩍 노출하는 기법, 시중의 화제를 불러일으키기 위해 제품과는 무관한 감성적 요소를 부각시키는 방법, TV 드라마에서 간접광고를 시도하는 것 등은 모두 바이럴을 유도하기 위한 기법들이다. 온라인 공간에서 제품의 신뢰도를 높이기 위해 파워 블로거를 이용하는 방법이 있지만 그것은 은근함을 핵심 속성으로 하는 바이럴 마케팅과는 많은 차이가 있다.

사람들이 상품의 가격과 품질을 꼼꼼히 따져 보고 산다는 전제하에 각종 분석을 시도하는 것이 정통 경제학의 영역이라면, 사람들이 남 따라 구매하는 현상을 분석하고자 하는 것이 비주류 경제학의 대상이 된다. 즉 행동 경제학의 대상이 된다. 전자가 미적분과 확률이라는 수학적 기법이 동원되는 것이라면, 후자는 행렬 수학과 멱함수가 동원된다. 전자가 가우스 정규분포의 통계적 법칙을 따른다면, 후자는 80:20의 법칙으로 유명한 파레토 법칙이나 롱테일(Long tail) 법칙의 적용대상이 된다.

전자의 관점으로 동원되는 방법에는 고객의 합리적 선택을 유도하기 위해 파워 블로거를 이용하거나 기존의 고객 데이터베이스에서 고객의 성향을 파악하여 가격 할인, 사은품 및 쿠폰 등을 제공하는 것이 있다. 반면에 후자의 관점에서 동원할 수 있는 방법은 그렇게 많이 개발되어 있지는 않지만, 미국의 아마존닷컴(Amazon.com)이나 온라인 DVD 대여점인 넷플릭스(NetFlix)에서 사용하고 있는 제품 추천 시스템이 유명하다. 수많은 노하우가 녹아 들어간 추천 시스템이고 추천의 적중률이 경쟁사에 비해 높기 때문에 주목을 많이 받고 있다.

바이럴 마케팅은 신규 고객 획득 전략이나 충성고객 유지 전략에도 응용될 수 있다. 구매 행위는 변화를 유발하는 행위이다. 고객은 기본적으로 변화의 과정에서 발생하는 리스크를 회피하거나 우회하고자 하는 경향이 있다. 그래서 신규 고객은 누구에게 자신의 선택이 잘되었음을 확인받고 싶어 하고, 기존의 고객은 계속 현 상태를 고수하는 것이 바보스러운 행동이 아니라는 점을 누군가에 의해 확인받으려 한다. 대중의 이면에 숨어 그 리스크를 덜려는 속셈이다. 이럴 때 생활 속의 영향력자의 역할은 매우 중요해진다.

휴대폰을 예로 든다면, 신규 가입을 하거나 탈퇴를 하고자 할 때, 개개인이 판단하기보다 주위의 다른 사람들에게 물어서 확인한 다음 행동하는 것을 선호한다. 소셜 네트워크의 유유상종 특성이 적용되는 것이다.

상품의 추종 · 추동(追同) 구매가 사람들 간의 네트워크를 통해 일어나고 있다는 점에서 씨알과 쏠림, 유유상종이 발생하는 영역이다. 호감 정도가 이웃집단으로 전파되면 일파만파가 일어나 히트 상품이 된다. 바이럴 마케팅은 바로 사람들이 이러한 특성의 소셜 네트워크 영역 안에 처해 있기 때문에 효과를 보는 것이다

소셜 네트워크 현상은 내재된 구조의 발현

소셜 네트워크를 이루고 있는 노드들은 링크를 갖고 있기에 멱함수 분포 법칙을 따른다. 그래서 노드들은 80:20, 롱테일, 티핑 포인트와 같은 사회적 현상을 유발한다. 그 현상들은 씨알과 쏠림, 유유상종, 일파만파라는 특징을 갖고 있다.

이러한 현상은 80:20의 법칙과 롱테일 법칙처럼 어떤 경우에 상반되는 듯한 모습을 띠고 발현되지만, 그것은 소셜 네트워크가 갖고 있는 구조가 외적 조건에 상응하여 발현된 결과일 뿐이다.

씨알과 쏠림, 유유상종, 일파만파라는 특징을 담고 있는 여러 가지 사회적 현상은, 바로 소셜 네트워크의 구조가 만들어낸 결과란 뜻이다. 다음 제3장에서 그 구조를 들여다보기로 하자.

Chapter 3

소셜 네트워크
현상을 유발하는 구조

SOCIAL NETWORK

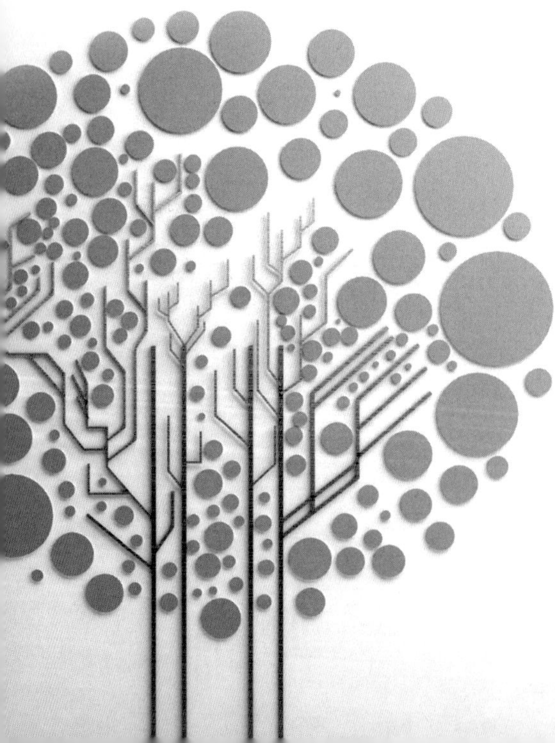

Chapter 3

소셜 네트워크 현상을 유발하는 구조

소셜 네트워크는 "노드와 링크"를 쌍으로 하는 데이터가 수없이 모여 만들어진 세계이다. 노드는 링크를 통해 이웃 노드와 연결되면서, 자기 조직화 과정을 거쳐 특유의 관계구조를 형성한다. 관계구조에는 크게 4가지가 있는데, 이를 통해 소셜 네트워크가 구성된다. 소셜 네트워크 분석은 링크 분석을 통해 네트워크의 관계구조를 분석하는 방법이다. 이 장에서는 소셜 네트워크 구조의 모습과 특성을 파악하고, 그것을 분석해 내는 기법에 대해 알아본다.

왜 소셜 네트워크를 구조로 보아야 하는가?

소셜 네트워크는 복잡하다. 그러나 자세히 들여다보면 단지 복잡하게 보일 뿐이다. 복잡한 모습 속에서도 의외로 단순한 규칙과 패턴이 숨어 있다.

단순한 규칙과 패턴이라는 것은 무엇일까?

예를 들어보자. 살아가면서 우리는 때때로 안 좋은 일에 봉착하기도 한다. "머피의 법칙"에서도 설명했듯이 한 번 안 좋은 일이 발생하면 연속적으로 그러한 일과 마주칠 가능성이 높다. 이런 경우 첫 번째는 우연이고, 두 번째는 불운이며, 세 번째는 습관의 결과이다. 좋은 일이 발생할 때의 경우는, 첫 번째는 운이 좋았기 때문이고, 두 번째는 주위에서 도와준 결과이고, 세 번째는 자기의 평소 습관 때문일 가능성이 높다.

"우연 혹은 운"이란 수많은 관계에 숨어 있는 힘이 드러나는 경우이다. 마치 물리적 현상이 물리적 법칙의 결과로 나타나듯이, 사회적 현상도 어떤 규칙에 의해 나타난다. 세상사에 숨겨진 인간관계의 규칙이 나타나는 것이다.

그렇다면 제2장에서 기술한 것과 같은 소셜 네트워크상의 현상도 어떤 규칙에 의해 나타난다고 할 수 있다. 그 규칙은 바로 소셜 네트워크가 지니고 있는 고유한 구조 때문이다.

소셜 네트워크는 일련의 구조를 갖고 있다. 그것은 마치 인간의 몸체가 골격계, 근육계, 순환계, 내분비계, 신경계, 소화계, 호흡계 등과 같은 구조로 형성된 것과 같은 방식이다. 사람들의 질병 유형을 분석할 때 위와 같은 "계"의 관점으로 환원시켜 좀 더 세밀하게 볼 수 있고, 사람들의 언행 습관 역시 뇌의 구조와 작동 기제를 통해 좀 더 세밀하게 이해해 볼 수 있듯이, 소셜 네트워크에서 나타나는 여러 현상도 소셜 네트워크가 지닌 구조를 들여다봄으로써 더욱 분명하게 분석해 낼 수 있다. 그러기 위해 먼저 소셜 네트워크에서 발생하는 현상, 그리고 그 현상을 유발하는 구조, 즉 〈현상〉과 〈구조〉를 좀 더 체계화해 보자.

현상과 구조

제2장의 〈트위터와 선거〉에서 간략하게나마, 트위터상의 〈글의 수〉와 그 글을 쓴 〈사람의 수〉가 반드시 비례하지 않음을 설명했다. 이를 확장하여 살펴보자.

다음의 그림(110쪽)은 소셜 네트워크로 연결된 사람들이 특정 사안에 대해 호·불호 의견을 표출한 모습이다. 풍선 모양의 "좋아요", "싫어요"는 〈현상〉이고, 그 현상을 유발하는 소셜 네트워크(그림의 가운데 그림)는 〈구조〉이다.

사회 〈현상〉을 이해하고 싶어 하는 사람들은 풍선 모양의 의견을 분석하고자 한다. 그래서 그 의견을 분류하여 통계로 집계할 것이다.

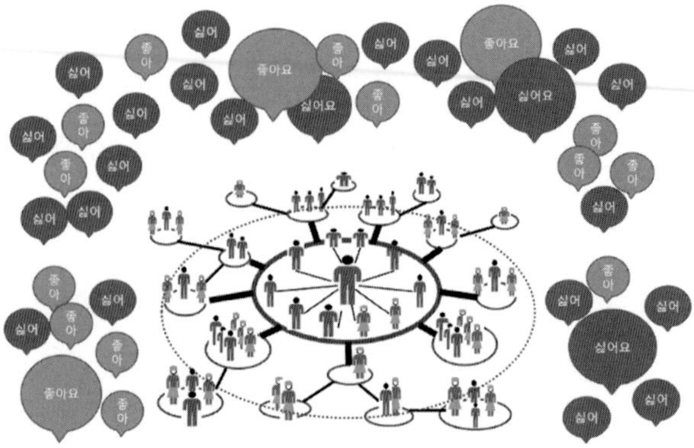

소셜 네트워크로 연결된 사람들이 특정 사안에 대해 호 · 불호 의견을 표출한 모습을 개념적으로 묘사한 그림이다.

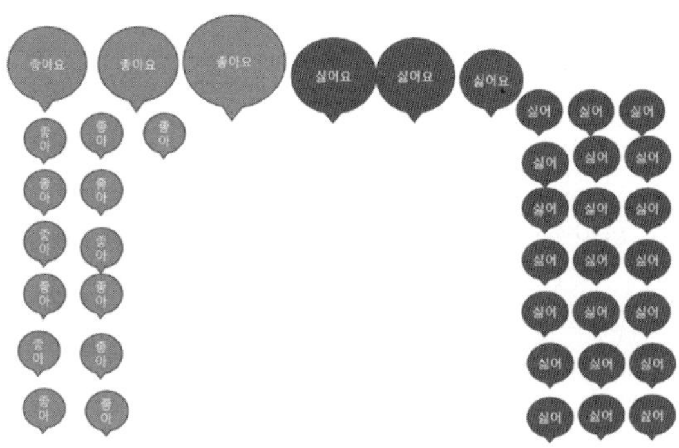

"좋아요", "싫어요"를 목소리 크기에 따라 분류한 그림이다.
"좋아요"가 16개, "싫어요"가 24개이다.

그러나 이와 같은 분류는, 선거와 같은 1인 1표제에서 나름 분석의 한계가 있다고 제2장 〈트위터와 선거〉에서 설명한 바 있다. 이는 소비자 목소리를 파악하는 데에도 적용할 수 있다. 목소리 큰 소비자가 있는 반면, 목소리 작은 소비자도 있는데, 구매력 측면에서 본다면 모두가 각자의 구매력을 갖고 있기 때문이다. 그래서 소비자의 의견을 제대로 이해하자면, 그 의견을 표출한 사람들도 함께 파악해야 한다.

사람들의 의견(현상)을 "제대로" 파악한다는 것은 그 의견을 표출한 사람의 수를 파악하는 것인데, 그 사람들은 단순히 모래알 집단이 아니라 소셜 네트워크상에서 서로 영향을 주고받는 관계이기 때문에, 궁극적으로 사람들이 서로 관계를 맺고 있는 모습(구조)을 파악하는 것으로 귀결된다. 사람들이 서로 관계를 맺는다는 것, 즉 사람들 간의 링크 관계이다.

링크 관계를 파악하는 것은, 제2장에서 기술했듯이 사람들의 의견이 "씨알", "쏠림", "유유상종", "일파만파"와 같은 소셜 네트워크 현상을 유발하는지를 판단하게 하는 가장 기초적인 분석인 셈이다. 사람 집단 내의 링크 관계를 파악한다는 것은, 인체로 비유한다면 골격계, 근육계, 순환계, 내분비계, 신경계, 소화계, 호흡계 등과 같은 "계"의 관점으로 환원시켜 사람의 외적 상태를 파악하는 것과 같다. 사람들이 관계를 맺고 있는 모습, 그것이 바로 소셜 네트워크의 구조이다.

사람들은 행동한다. 말을 쏟아내고, 전화를 해대고, 메시지를 주고받고, 게시판에 글 올리고, 남의 글을 퍼 나르면서 존재감을 느낀다. 그런데 그 행동들은 책을 통해 형성된 의견이거나, 미디어 견해를 추종한 의견이거나, 끼리끼리 모인 동료들의 의견일 수도 있다. 그것이 구조이다.

소셜 네트워크를 구조의 관점으로 해석하면 그것이 갖고 있는 규칙과 패턴을 파악할 수 있다. 이제 이를 파악하기 위하여 제1장 말미에서 설명

"좋아요", "싫어요"를 표현한 사람들의 소셜 네트워크 구성도이다.
사람들은 각자의 입장에 따라 다양하게 군집을 형성하며 영향력을 주고받는다.

한 오일러의 그래프 이론으로 다시 돌아가 보자. 복잡한 소셜 네트워크를 "노드와 링크"로 하여 도식화한 이론이다.

소셜 네트워크의 구조를 이루는 노드와 링크

소셜 네트워크를 이루는 기본 요소는 노드와 링크이다. 노드와 링크들이 모여 소셜 네트워크의 구조를 형성한다. 여기서 구조를 형성한다는 것은 바로 노드가 네트워크에 골고루 분포하지 않음을 의미한다. 일정한 패턴을 이루며 불균질하게 분포한다는 것이다.

결론적으로 말하면, 노드들은 끼리끼리 응집되어 분포한다. 마치 밤하늘의 별들이 우주에 골고루 분포하지 않은 것과 같다. 우주의 별들이 공 모양 은하(타원은하), 회오리 은하(나선은하), 불규칙 은하 등과 같이 뭉쳐서 분포하는 것과 같은 맥락이다.

그리고 네트워크에는 중심점이 있다. 대부분의 은하에 중심핵이 있듯이 네트워크에서도 여러 유형의 중심점들이 있다. 그 중심점들을 기준으로 네트워크 노드들이 분포한다.

여기서 일종의 질서를 이루며 네트워크를 형성시키는 것이 바로 링크이다. 링크에 의해 노드들은 일정한 패턴을 띠고 분포한다. 그것은 마치 우주의 별들이 만유인력이란 법칙에 의해 서로서로 묶여 응집하는 것과 같다고 보면 된다. 물론 더 정확히는 아인슈타인의 일반 상대성 이론에서 도출된 중력장 구조에 의해 별들이 분포되는데, 소셜 네트워크에서도 링크에 의해 노드들이 구조의 형태를 띠며 불균질하게 분포되는 것이다.

(노드들이 어떤 과정을 거쳐 관계구조를 형성하는지에 대한 것은, 미흡하나마 이 책 제8장에서 산일구조(dissipative structure)를 인용하여 기술했다. 궁금한 독자는 그것을 참조하기 바란다.)

우주의 구성을 분석하기 위해서는 별들의 무게, 위치 등과 같은 수치 정보가 기본 데이터로 파악되어야 한다. 그리고 별들에게는 물리적 힘이 작용하여 별들을 구조로 묶어낸다.

마찬가지로 소셜 네트워크의 관점으로 본다면, 이 경우 별들은 노드이고 별들에게 작용하는 물리적 힘은 링크라고 할 수 있다. 별과 우주가 데이터를 기반으로 해석되듯이, 노드와 링크 역시 데이터의 관점으로 볼 수 있는 것이다.

소셜 네트워크 데이터가 이루는 구조

이제 소셜 네트워크를 노드데이터와 링크데이터로 이루어진 데이터의 집합 개념으로 이해해 보자. 조금은 복잡한 개념이 될 수 있기에 독자들은, 소셜 네트워크가 수치로 데이터화될 수 있고, 그 데이터는 수학적으로 처리될 수 있으며, 처리된 결과는 소셜 네트워크의 구조를 밝히는 데 이용된다는 정도로 이 단락의 내용을 이해하고, 다음에 나오는 '소셜 네트워크를 형성하는 4개의 관계구조(118쪽)'로 바로 넘어가도 좋다.

소셜 네트워크는 수많은 노드와 수많은 링크의 집합으로 이루어진다. 그래서 소셜 네트워크 데이터는 기본적으로 빅데이터일 수밖에 없는데, 이를 수학적으로 처리할 수 있도록 다음과 같은 방법이 고안되어 있다.

소셜 네트워크 데이터를 〈노드와 링크를 쌍으로 하는 데이터〉로 정의하는 것은 직관적으로 소셜 네트워크를 이해하는 데는 도움되지만, 수학적으로 다루기에는 다소 불편하다. 노드와 링크의 속성이 서로 다르기 때문이다. 그래서 수학적 도움을 얻기 위해서는 노드와 링크를 분리하여 취급할 필요가 있다.

소셜 네트워크 데이터를 다시 분류하여, 노드들만의 데이터를 "노드데이터세트", 링크들만의 데이터를 링크데이터세트로 재분류한다. 그리고 이 둘을 합해 "네트워크 데이터"라 한다. 이렇게 분류했을 때 생기는 현실적 장점도 있는데, 노드데이터세트를 기존의 데이터베이스에서 활용할 수 있다는 점이다. 또한 링크데이터세트만을 대상으로 독립적인 여러 조치를 취할 수 있는 여지가 생기기 때문에 다양한 분석을 시도할 수 있다.

> 데이터 1 = (노드1, 링크1–0, 링크1–1, 링크1–2)
>
> 데이터 2 = (노드2, 링크2–0, 링크2–1)
>
> 데이터 3 = (노드3, 링크3–0)
>
> :
>
> 데이터 n = (노드n, 링크n–0, 링크n–1, 링크n–2, 링크n–3 ...)
>
> 네트워크 데이터세트 = (데이터1, 데이터2, 데이터3....................)

위의 데이터들은 아래와 같이 재분류할 수 있다

> 노드데이터세트 = (노드1, 노드2, 노드3 ..... 노드n)
>
> 링크데이터세트 = (링크1–0, 링크1–1, 링크1–2, 링크2–0, 링크2–1....)
>
> 네트워크 데이터세트 = (노드데이터세트, 링크데이터세트)

소셜 네트워크는 "노드데이터세트"와 "링크데이터세트"라는 두 종류의 데이터 집단이 형성하는 세계라고 재정의할 수 있다. 두 유형의 데이터세트로 이루어진 네트워크 데이터세트는 그 안에 네트워크의 관계구조를 담고 있다. 엄밀히 말하면 네트워크 관계구조의 외적 표현이 (복잡하게 보이는 듯한) 네트워크 데이터인 것이다.

소셜 네트워크의 데이터를 체계적으로 수집하고, 이를 수학적으로 처리할 수 있다는 것은 이들 데이터"들"의 상관관계를 수학적으로 분석해낼 수 있다는 의미이다. 이는 현재의 모습, 즉 현재의 구조를 파악할 수 있게 한다. 지금까지 수학적으로 표현될 수 있는 구조로 4가지가 밝혀졌다.

물론 현재의 구조를 수학적으로 파악한다는 것은, 이론적으로 미래의 변화 모습까지 예측하는, 네트워크의 동적(Dynamic) 분석도 가능하게 하지만, 동적 분석은 복잡계의 불확정성으로 인해 석확하게 예측하는 데에는 일정한 한계가 있다.

지금까지 네트워크 데이터세트이니, 수학적으로 표현된다느니 하면서 조금 복잡하게 소셜 네트워크 구조를 이해하려 했다. 여기서 조금 관점을 바꾸어 조금 더 편한 방법으로 "구조"를 이해해 보자.

소셜 네트워크를 형성하는 노드들은 무작위로 분포되는 것이 아니라 일정한 관계구조를 띤다고 했다. 예를 들어 인체가 골격계, 순환계, 소화계, 신경계 등과 같은 여러 계들의 집합으로 구성된 것처럼, 네트워크도 여러 유형의 관계구조로 형성된다. 하지만 현실적인 측면에서 인체의 구조는 외과 의사가 몸을 해부했을 때 드러나는 구조이다. 해부라는 행위가 없다면 인체의 구조는 드러날 수가 없다. 그래서 소셜 네트워크의 관계구조를 다음과 같이 표현해 볼 수도 있다.

"소셜 네트워크의 〈관계구조〉는 소셜 네트워크를 〈분석〉했을 때 드러나는 구조의 종류이다. 즉 〈네트워크 데이터〉를 받아 〈소셜 네트워크 분석엔진〉을 돌렸을 때 도출되는 것이 〈관계구조〉인 것이다."

다시 말하면, 소셜 네트워크 구조를 파악하는 일은, 소셜 네트워크 분석엔진을 돌려 그 결과를 얻는 지극히 실무적인 행위인 것이다. 현재까지 수학적으로 정리해둔 관계구조에는 4가지가 있다. 이제 이들 4개 관계구조를 들여다보자.

말(현상) 속에 파묻힌 사람들

사람들의 네트워크 구조

소셜 네트워크를 형성하는 4개의 관계구조

소셜 네트워크는 결론부터 말하자면 응집구조, 연결구조, 중심구조, 역할구조 등 크게 4개의 관계구조로 이루어져 있다.

- 노드들이 어떤 모습으로 서로 모여 있는가(응집구조)
- 노드들 혹은 노드의 집합이 어떻게 서로 연결되어 있는가(연결구조)
- 노드 집합은 어느 노드를 중심으로 군집되었는가(중심구조),
- 집합 내에서 노드는 어떤 역할을 하는가(역할구조)

이상 4개의 관계구조이다. 이를 하나하나씩 살펴보기로 한다.

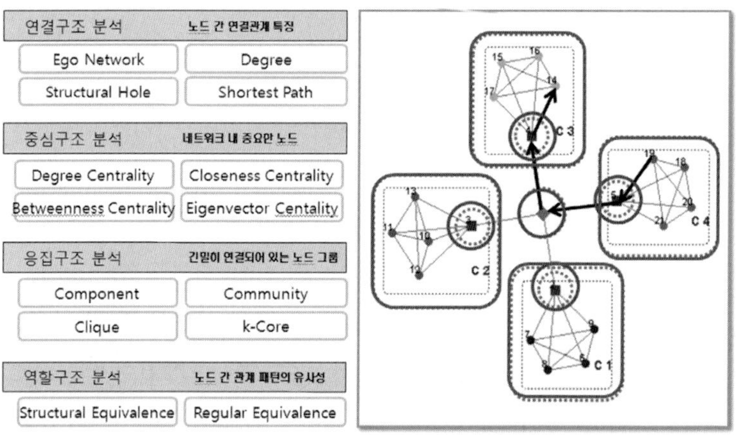

연결구조, 중심구조, 응집구조, 역할구조를 한눈에 일람할 수 있는 도해이다. 그림에서 나타난 네트워크는 총 4개의 집합으로 응집되어 있으며, 각각의 군집은 매개노드(마당발)에 의해 하나의 중심점과 연결되어 있다. 화살표는 한 노드가 다른 노드와 연결되는 과정을 예시한 것이다.

출처: 사이람, SNA교육 자료집

응집구조

하나의 네트워크는 여러 개의 응집그룹으로 이루어진다. 대학 동기라 하더라도 출신 고등학교별로, 출신 지역별로 다양하게 그룹 지어지는 것과 같다. 제2장에서 살펴본 유유상종 그룹이다.

응집구조는 서로 묶여 있는 구조인데, 여기서 '응집'에 대한 정의에 따라 다양한 방법으로 응집 그룹을 탐색할 수 있다. 그리고 각 응집구조 분석을 통하여 응집 그룹 사이즈는 어떠한지, 각각의 응집 그룹을 구성하는 노드들은 어떤 특성을 보이는지에 대한 분석이 가능하다.

응집구조 분석에서 제일 먼저 직관적으로 분류되는 것이 "컴포넌트

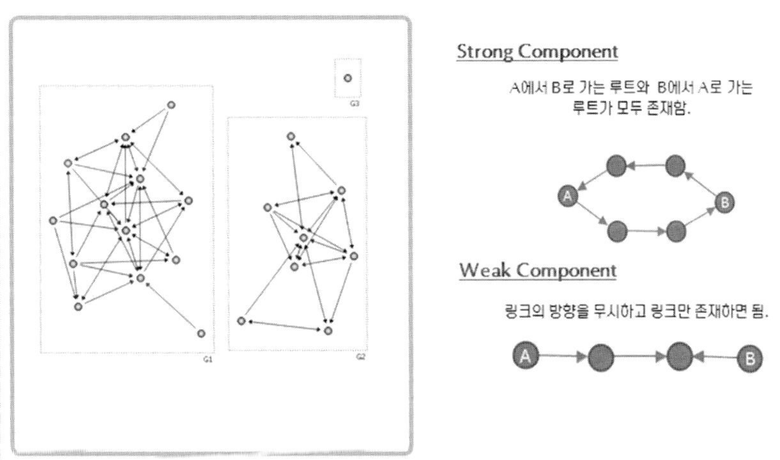

네트워크의 컴포넌트 – 연결고리가 끊어지지 않은 노드들의 집합이다.
노드 사이의 쌍방향성 유무에 따라 강한 컴포넌트와 약한 컴포넌트로 나뉜다.
출처: 사이람, SNA 교육사료집

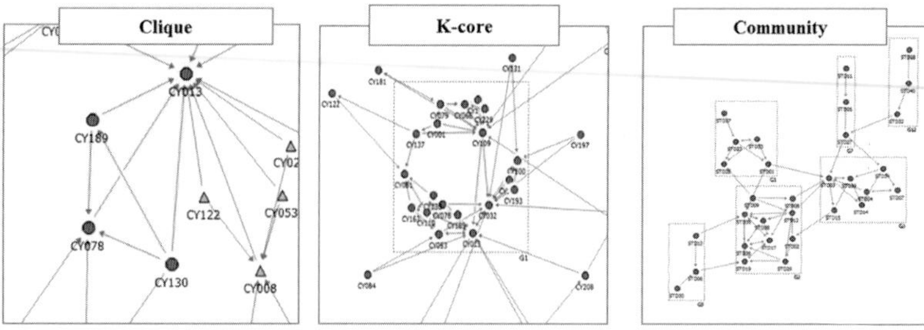

네트워크를 구성하는 노드 간의 군집 유형 : 유유상종집단(Community), 핵심권(Core), 파벌(Clique) 등으로 나뉠 수 있다.

출처: 사이람, SNA 교육자료집

(Component)"이다. 연결고리가 끊어지지 않는 노드들의 집합으로, 간접적으로나마 연결된 노드들은 모두 하나의 컴포넌트에 속한다. 사돈에 팔촌까지 묶어 형성된 집단으로 이해하면 쉽다.

그다음은 "커뮤니티(Community)"이다. 커뮤니티는 "그룹 내 링크"가 "그룹 간 링크"보다 많은 노드들의 집합이다. 상대적으로 보다 빈번하게 소통하는 집단인 셈이다. 예를 들어, 내가 저 사람과 알고는 지내지만 그러나 이 사람과는 더욱 빈번히 소통한다면, 나와 이 사람은 같은 커뮤니티이고, 저 사람은 다른 커뮤니티에 속한다고 이해하면 얼추 맞다.

코어(Core)는 최소 몇 개 이상의 연결 정도를 가지고 있는 노드들의 집합이다. 연결 정도가 K개라면 K-코어라고 한다. 예를 들어 (1)출신 고향 (2)출신 고등학교, (3)출신 대학교, (4)전공이 모두 같은 사람들끼리 묶으면 4-코어의 구성원(노드)이 되는 것이다. 커뮤니티 내의 핵심 세력권을 파악하는 데 도움되는 분류방법이다.

그에 반해 클릭(Clique)은 모든 노드가 서로 완벽하게 연결된 그룹을 지칭하는데, 영어 Clique이 의미하듯이 결속력이 강한(똘똘 뭉친) 핵심 파벌을 파악할 때 쓰는 분류방법이다.

중심구조

중심구조 분석은 네트워크 내에서 중심(Centrality)이 되는 노드를 파악하고 전체적인 중심화 경향(Centralization)을 분석하는 방법이다. 제2장에서 살펴본 씨알 역할을 하는 노드를 찾는 방법인데, 씨알의 역할 즉 파악하고자 하는 용도에 따라 연결중심점, 근접중심점, 매개중심점 등이 있다. 다음에 나오는 3개의 그림은 중심점 종류에 따라 노드가 어떻게 달라지는지 보여준다. 각각의 중심 노드는 짙은 색으로 표시되어 있다.

연결 중심성은 직접적으로 연결된 이웃 노드가 가장 많은 노드이다. 직

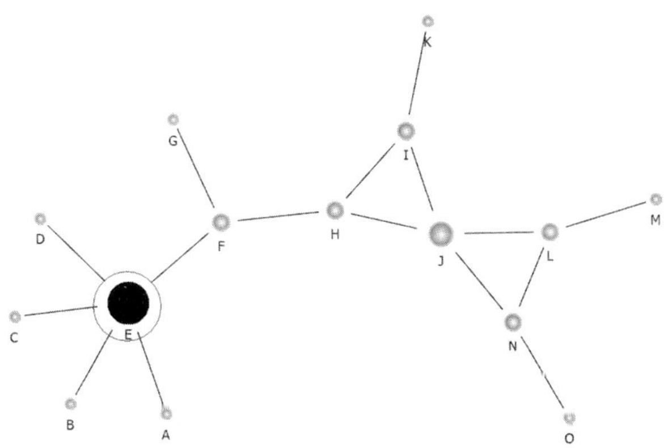

* 연결 중심성(Degree Centrality): 직접 연결된 이웃 노드가 많을수록 연결 중심성이 높아진다. 한 노드의 직접적인 영향력의 크기를 측정하는 데 도움이 된다.

출처: 사이람, SNA 교육자료집

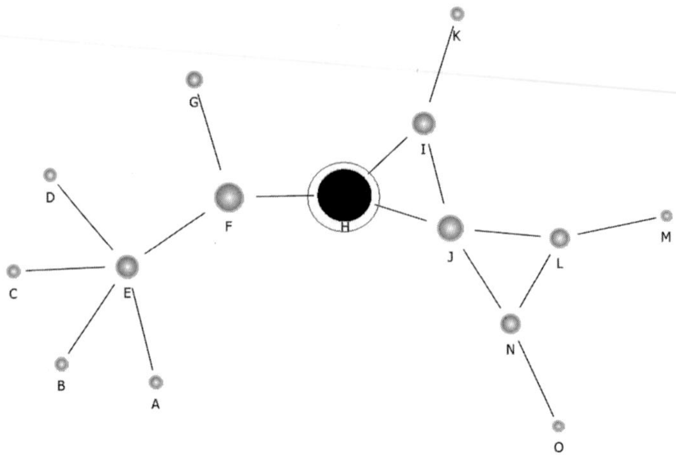

* 근접 중심성(Closeness Centrality): 평균적으로 다른 노드들과의 거리가 짧은 노드가 중심성이 높다. 근접 중심성이 높은 노드는 확률적으로 가장 빨리 다른 노드에 영향을 주거나 받을 수 있음을 의미한다.

출처: 사이람, SNA 교육자료집.

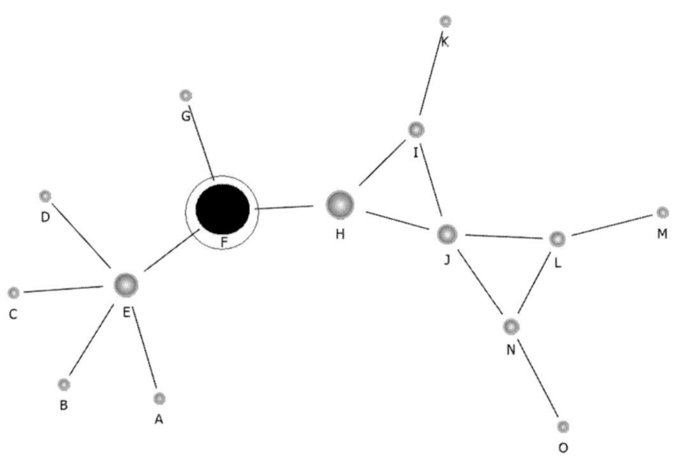

* 매개 중심성(Betweenness Centrality): 노드 간의 최단 경로에 가장 많이 포함된 노드, 즉 가장 많이 거치게 되는 노드가 매개 중심성이 높다. 매개 중심성이 높은 노드는 정보 흐름에 대한 통제력을 가지며, 이 노드가 제거되면 네트워크 전체 연결과 흐름이 큰 영향을 받게 된다.

출처: 사이람, SNA 교육자료집

접적으로 소통하는 친구가 가장 많은 사람이 바로 연결 중심점을 형성한다. 하지만 반드시 그가 구조적으로 중심에 위치한다는 것은 아니다. 친구가 많아도 네트워크 내에서 (구조적) 중심을 형성하지 않은 경우도 많기 때문이다.

반면 근접 중심성과 매개 중심성은 전체 네트워크의 구조적 특징을 반영한다. 질병이나 소식을 가장 빨리 퍼트리기 위한 시작점을 찾고자 한다면, 근접 중심성 분석을 통해 해당 노드를 찾는다. 근접 중심성을 형성하는 노드는 다른 노드들과의 평균거리가 가장 짧은 노드이기 때문이다. 제2장에서 살펴보았던 바이럴 마케팅을 시도할 때 최적의 대상이 되는 것이다.

반면에 전체 네트워크를 와해시키기 위한 최적 공격점을 찾고자 한다면, 매개 중심성 분석을 통해 해당 노드를 찾으면 된다. 매개 중심성을 형성하는 노드는 노드들 간의 최단 경로에 가장 많이 포함된 노드, 즉 가장 많이 거치게 되는 노드이기 때문에, 이 노드를 무력화하면 네트워크 전체의 소통 시스템이 작동되지 않을 가능성이 높다. 제2장에서 살펴보았던 일파만파 현상을 유발하는 중심적 노드이다.

이 외에도 위세 중심성(Eigen-vector Centrality) 등 다양한 중심성 분석지표가 개발되어 있는데, 분석 목적에 맞는 지표를 선택하는 것이 대단히 중요하다 하겠다.

역할구조

역할구조는 네트워크 내에 기능하는 노드 간의 역할 패턴이 유사한 것들을 그룹으로 묶어냈을 때 드러나는 구조이다. 따라서 역할구조 분석은 노드들이 네트워크 내에서 수행하는 기능의 유사성을 파악해 들어간다.

회사의 임직원 네트워크를 예로 들어보자. 가장 간단한 방법은 회사의 조직도상에서 동일한 직급을 갖고 있는 사람들을 묶어내는 것이다. 팀장은 팀장끼리, 본부장은 본부장끼리 묶는 방법이다. 이를 정규적 등위성(Regular Equivalence) 분석이라고 한다.

하지만 이런 방법은 회사 내의 업무적 구조를 파악하는 데에는 한계가 있다. 직급이 다르지만 동일한 업무를 수행하는 사람들도 있기 때문이다.

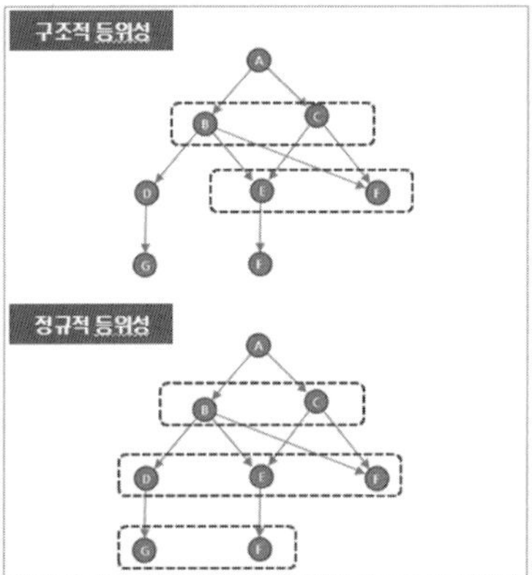

조직 분석을 할 경우 구조적 등위성 분석이 유용하다. 동일한 레벨의 업무를 수행하는 사람이 조직상 차별적 직위를 갖고 있다면 문제가 될 소지가 많다.

출처: 사이람, SNA 교육 자료집

특히 비정규직의 경우처럼, 비록 직급은 다르지만 정규직 업무를 수행하는 사람도 있다. 이에 동일한 업무를 수행하는 사람들을 묶어낼 필요가 있다. 이를 구조적 등위성(Structural Equivalence) 분석이라 한다. 좀 더 비유적으로 표현하면, 업무 지시를 내리는 사람(들)이 동일하다면, 그 업무 지시를 받는 자들은 모두 "네트워크 내에서 구조적으로 동일하다"고 할 수 있다. 구조적 등위성 분석은 회사 조직의 건강성을 파악하는 데 많이 활용된다.

연결구조

연결구조는 네트워크 내에 각 노드들이 연결되어 있는 구조이다. 즉, 한 노드가 다른 노드와 어떤 경로를 통하여 연결되어 있는지에 관한 구조

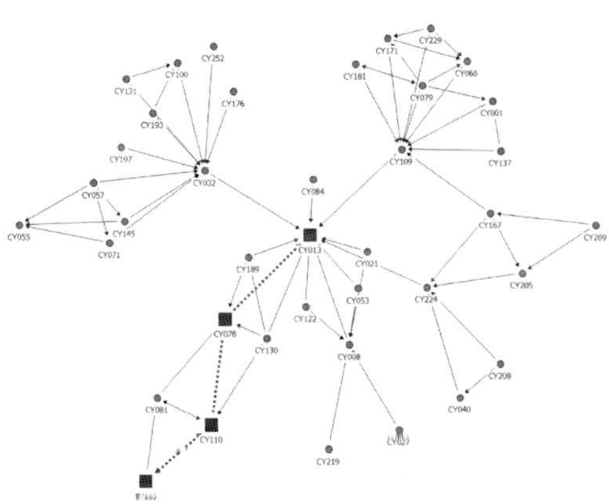

이 네트워크는 어러 개의 연결점을 중심으로 구성되어 있다. 특정 노드의 소통이 붕괴되었을 때 이를 최단거리로 우회하기 위해 어느 노드 경로를 선택해야 할지를 보여준다.

출처: 사이람, SNA 교육 자료집

이다. 이런 측면에서, 연결구조 분석은 네트워크 내에서 노드들 간의 최단 경로(Shortest Path)를 찾는 데 주로 활용된다.

이를 이용하면, 하나의 노드가 작동 불능 상태에 빠졌을 때, 대체될 수 있는 최적의 소통 경로를 탐색해 내거나, 역으로 네트워크를 여러 조각으로 나누기 위해 제거해야 할 최소 노드(Minimum Cutset)를 찾을 수 있다. 앞의 그림은 특정 소스 노드와 타깃 노드 간 최단 경로 탐색 결과를 시각적으로 표현한 것이다.

그 밖에 연결구조 유사성을 분석하거나 서로 다른 그룹을 매개하는 역할의 종류에 대해 분석하는 등 다양한 분석이 가능하다. 연결구조의 특징에 근거해 링크를 예측하는 통계 모형 및 시계열 네트워크 분석에 대한 연구도 활발히 진행 중이다.

소셜 네트워크의 속성 요소

네트워크 특성은 한 네트워크를 다른 네트워크와 구별되게 만드는 것으로, 네트워크의 고유성을 나타낸다. 네트워크 특성은 다양한 지표(속성값)를 통해 판단된다. 지표는 숫자값(Scalar 값)으로 표현되는데, 예를 들어 노드의 총수, 링크의 총수, 밀도, 평균밀도 등이 가장 기본이 되는 지표들이다. 지표 중에는 최단 경로(Shortest Path)와 같이, 한 노드에서 다른 노드로 접근할 때 취할 수 있는 가장 빠른 경로를 제시해 주는 지표도 있다.

■ **네트워크 사이즈와 밀도** : 네트워크 사이즈는 네트워크의 노드와 링크의 수를 말하며, 네트워크 밀도는 전체 노드 간 생성 가능한 링크 수 대비 실재 링크 수를 측정한 것이다. 네트워크 특징을 파악하기 위한 가장 기본적인 지표이다.

■ **연결 분포(Degree Distribution)** : 네트워크에서 형성된 링크의 분포 유형을 설명할 때 활용되는 지표이다. 어떤 사람이 직접적으로 연결관계(Link)를 맺고 있는 사람의 숫자를 기반으로 분포도를 그릴 때도 유용한 지표인데, 예를 들어 링크가 10개인 노드의 개수, 링크가 9개인 노드의 개수 ..... 링크가 0개인 노드의 개수를 도식화할 때 활용된다. 멱함수 법칙, 롱테일(Long Tail) 법칙은 바로 이 연결 분포에서 추출되었다.

연결 정도(Degree)는 한 노드가 연결되어 있는 이웃 노드의 수, 즉 링크 수를 의미한다. 한 노드를 기준으로 타인을 향하는 링크를 Out-Degree라고 하며, 자신을 향해 들어오는 방향성을 지닌 링크를 In-Degree라고 한다.

■ **군집계수(Clustering Coefficient)** : 한 노드에 이웃한 노드들이 서로 연결을 맺고 있을 확률을 계산한 지표이다. 이 지표에 따라 한 네트워크가 얼마나 군집되어 있는지 그 정도를 상호 비교할 수 있는데, 예를 들어 어떤 사람 주위로 사람들이 얼마나 똘똘 뭉쳐 있는지 가늠할 수 있게 하는

지표이다.

■ **상호연결성**(Reciprocity) : 네트워크 내에서 두 노드가 서로 연결을 맺고 있는 확률을 계산한 지표이다.

■ **최단경로**(Shortest Path) : 두 노드가 연결될 수 있는 여러 가지 경로 중에 가장 적은 노드를 경유하여 도달하는(가장 짧은) 거리를 최단 경로라고 한다.

이 외에도 다양한 지표가 개발되어 있지만 전문적인 사항이라 상술하지 않는다.

모든 소셜 네트워크는 구조로 분석될 수 있다

일찍이 수학자 라플라스는 이 세계 모든 물질의 위치와 속도를 알면 미래를 예측할 수 있다고 했다. 물론 문제는 모든 물질의 위치와 속도를 안다는 전제하인데, 이는 하이젠베르크의 불확정성 원리에 의해 불가능하다.

마찬가지로 소셜 네트워크를 분석한다는 것은 네트워크를 구성하는 노드와 링크의 모든 데이터를 안다는 전제하에 가능하다. 즉 네트워크 데이터 가용성 문제인데, 바로 빅데이터의 영역이다. 그런데 모든 데이터를 완벽하게 수집하는 것은 불가능하다. 그리고 그 데이터들은 일정 부분 불확실성 영역에 있다. 따라서 가용한 데이터를 기반으로 일정 부분 확률적 추론을 할 수밖에 없다.

그래서 현실 세계에서 소셜 네트워크를 분석한다는 것은 소셜 네트워크에서 발생하는 현상 하나하나를 콕 집어 분석하는 것이 아니라, 소셜 네트워크의 구조를 통해 분석해야 한다는 것이다. 구조를 통해 분석했을 때, 데이터의 불확실성 영역을 극복할 수 있다.

구조는 서로 관계를 맺고 있는 것들의 얽혀진 모습이다. 〈분석〉한다는 것은 오일러의 그래프 이론에서 설명한 바와 같이, 노드와 링크라는 요소로 분해하여 단순화한 뒤 구조적 요소를 수학적으로 표현해 낸다는 의미이다. 수학으로 표현될 수 있다는 것은 이들 네트워크를 모델화하여 계량적으로 분석해 들어감은 물론, 이론상으로는 앞으로의 네트워크 변화 추세도 예측할 수 있다는 의미가 된다. 물론 확률적인 측면이다.

씨알과 쏠림, 유유상종, 일파만파와 같은 네트워크 현상을 유발하는 것은 네트워크가 갖고 있는 고유의 구조적 속성에 기인한다. 구조를 이해한다는 것은 결과적으로 그 구조를 기반으로 나타나는 현상의 근원을 파악한다는 것이다. 이는 구조를 앎으로써 어떤 현상에 대한 근본적 조치를 취할 수 있게 된다는 의미와 같다. 예를 들면, 일파만파가 나타나는 사회적 현상을 대상으로 어떤 조치를 취한다고 했을 때, 바로 일파만파를 유발하는 구조의 매개 고리를 파악하고 거기에 조치를 취해야 한다는 것이다. 겉으로 드러난 현상 자체에 대한 조치는 일시적인 대증요법에 불과하다. 더욱이 그 현상의 원인이 불확실성 영역에 놓여 있는 만큼, 대증요법이 정확한 조치인지에 대해서도 회의적이다. 오히려 상태를 더욱 악화시킬 소지가 충분히 있을 수 있다.

다시 한 번 반복하지만, 현실적으로 네트워크의 관계구조는 소셜 네트워크 분석을 하였을 때 비로소 드러나는 구조의 종류를 의미한다. 즉, 네트워크 데이터를 받아 소셜 네트워크 분석엔진(이하 SNA 엔진)을 돌렸을 때 도출되는 관계구조인 것이다. 다음의 제4장에서는 바로 그 SNA 엔진에 대해 알아본다.

Chapter 4

소셜 네트워크 분석의 발전과정과 분석기술의 적용

SOCIAL NETWORK

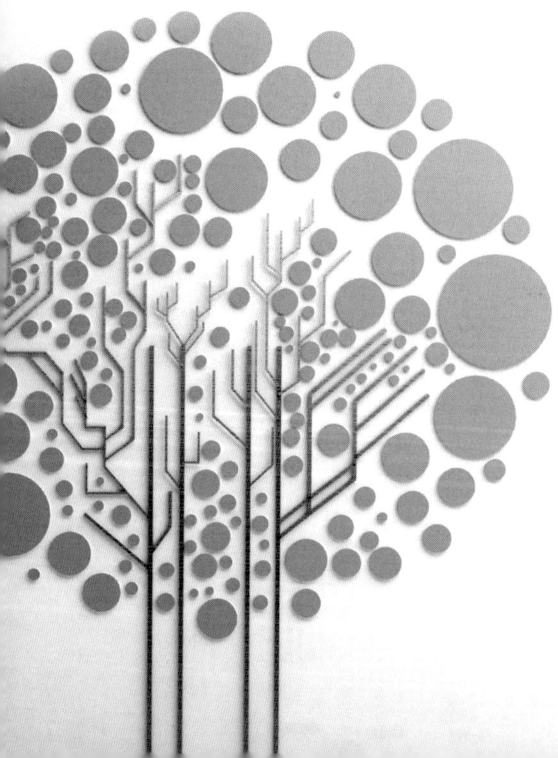

소셜 네트워크 분석의 발전과정과 분석기술의 적용

전통적으로 "관계"는 동양에서 주로 애용하는 정신적 개념이었다. 한자의 間(사이 간)은 영어의 between으로 직역하기 부담스럽다. 間자가 주체와 객체 사이의 상호작용을 포함하는 의미를 띠고 있어, 지금까지는 주로 경험과 직관에 의해 관찰되는 경우가 대부분이었다. 그것을 계량화하고 수학적 분석을 가능하게 하는 기술이 발달한 끝에 소셜 네트워크 분석기술이 등장했고, 이 분석기술에 의해 조심스럽게 인간(間) 상호작용의 구조가 밝혀지게 된다.

소셜 네트워크는 그 내부에 4가지의 관계구조 그리고 여러 가지 특성요소를 지니고 있다고 하였다.

소셜 네트워크 분석(SNA)은 링크분석을 통해 노드들의 관계구조를 알아내는 방법이다. 이 장에서는 소셜 네트워크 분석이 어떤 과정을 통해 진화 발전해 왔으며, 그 결과 소셜 네트워크 분석기술이 어떤 형태로 이루어지고 그 기술이 적용될 수 있는 분야는 어디인지에 대해 알아본다.

소셜 분석과 소셜 네트워크 분석(SNA) 정의

글로벌 IT 컨설팅 기업인 가트너(Gartner)는 2011년의 10대 전략기술로 소셜 분석(Social Analytics)을 선정하면서 "소셜 분석은 사람과 토픽 그리고 아이디어들 간의 상호작용과 연관성을 측정 · 분석하고 그 결과를 해석하는 프로세스"라고 정의하였다. 그러면서 "소셜 필터링(Social Filtering), 소셜 네트워크 분석(Social Network Analysis), 감성분석(Sentiment analysis), 소셜 미디어 분석(Social Media Analysis) 등 다양한 전문 분석기법을 포괄하는 상위 개념"으로 보았다.

이와 같은 가트너의 소셜 분석에 대한 정의에 따라 살펴볼 때, 소셜 분석은 포괄적인 의미에서 소셜 데이터를 분석하는 기술이며, 소셜 미디어를 모니터링하는 마케팅과 홍보 업무이기도 하고, 경우에 따라서는 소셜 미디어 분석 서비스 자체를 의미하기도 한다.

그래서 소셜 분석의 관심은 일반적인 매스미디어가 아니라 소셜 미디어에 있으며, 미디어상에서의 〈단방향적 행위〉보다는 〈상호작용적 행위〉에 관심을 두고 〈개체 중심적 데이터〉보다 〈관계 중심적 데이터〉를 분석 대상으로 할 것이라는 점을 알 수 있다.

이러한 점을 종합적으로 고려할 때, 소셜 분석이란 다양한 사회경제적 분야와 소셜 웹 공간에서 형성된 사회적 관계와 상호작용 및 그 과정에서 생성되는 수많은 텍스트를 수집 · 분석하여, 그로부터 얻은 통찰력을 마케팅, 홍보, 영업, 조직관리, 고객관리, 여론조사 등의 기존 업무 프로세스에 통합하여 활용할 수 있도록 해주는 방법과 기술들의 집합이라고 이해할 수 있다.

소셜 분석이 이와 같다면, 소셜 네트워크 분석(SNA)은 어떻게 정의될 수 있을까? 여기서 'Social Network Analysis'를 '사회 연결망 분석'이라고 번역하여 출간된 연세대학교 사회학과 김용학 교수의 〈사회 연결망 분석〉에 소개된 미첼(Mitchell, 1969:2)의 주장인데, "사람들 사이의 특정한 연결망의 특성으로 연결망에 포함된 사람들의 사회적 행위를 설명하려는 시도"라는 것이다.

또 다른 설명이 있다. John Scott and Peter J. Carrington이 관련 논문집을 집대성하여 편십(Edit)한 〈Social Network Analysis〉란 책(SAGE Publication Ltd, First published 2011)에서는 "소셜 네트워크 분석이란, 사회직 삶을 개념화하고 분석하는 구조화된 방법적 틀(패러다임)"이라고 정의했다. 여기서 소셜 네트워크 분석은 사람을 분류(Categories of actors)하는 것이 아니라, 사람 사이에 관계된 연결구조(Structures of relationship)를 파악해 들어간다는 설명에 눈길이 확 쏠린다.

윗글을 통해 본다면 소셜 분석은 상업적인 측면에서 소셜 네트워크 분석을 포괄한 개념이다. 즉 재래의 통계적 방법을 사용하든 다른 어떤 방법을 사용하든, 사람들의 사회적 행위를 분석해 들어가는 모든 시도를 소셜 분석이라 지칭하는 것이다. 반면 소셜 네트워크 분석은 "네트워크 분석의 일환으로" 엄격하게 그 정의를 제한하고 있다. 즉 연결구조를 파악해 들어가는 것이 소셜 네트워크 분석이라는 것이다.

문제는 소셜한(사회적인) 현상에 재래의 분석방법으로 해석해 낼 수 없는 특이한 현상들이 유발된다는 것이다. 앞서 제1장과 2장에서 충분히 설명한 현상들이다. 따라서 〈재래식 분석방법〉이 사회적 현상을 분석하는데 한 방편으로 활용될 수는 있지만, 사회적 현상의 특이성을 모두 분석해 낸다는 것은 아니다. 네트워크로 엮여 있는 사회 구성원들, 혹은 그 구성원들에 의해 매개되어 형성된 네트워크의 특이한 현상을 분석하기 위해서는, 바로 엄격하게 정의된 〈소셜 네트워크 분석〉의 방법적 틀(패러다임), 즉 네트워크의 연결구조를 파악해 들어가야 함을 의미한다. 이런 관점에서, 앞의 제3장에서 소셜 네트워크가 갖고 있는 연결구조의 종류와 그 특성 요소들을 살펴보았다.

지금까지 살펴본 소셜 분석과 소셜 네트워크 분석의 차이를 기반으로 다시 한 번 정리하면, 다음과 같다.

소셜 분석은 사회적 현상을 분석하는 것으로 소셜 필터링, 소셜 미디어 분석, 감성 분석 등과 같은 여러 기법이 제시되어 있다. 이들 분석은 본질적으로 상호작용을 하는 관계중심적 데이터를 분석 대상으로 삼는다는 점에서, 소셜 네트워크 분석(SNA)을 중심으로 체계화되었을 때 비로소 소셜한 현상의 본질을 파악해 낼 수 있다.

SNA 기술의 발전 역사

소셜 네트워크 분석(SNA, Social Network Analysis)은 사회현상을 노드(점)와 링크(선)로 구성되는 네트워크 데이터로 모델링하여 그 위상구조, 확산/진화 과정 등을 계량적으로 분석하는 방법론이다.*

18세기 오일러 (Leonhard Euler)의 그래프 이론(Graph Theory: 도식화 이론)에 뿌리를 두고 있으며, 1930년대 J. L. Moreno가 관계 측정을 위한 계량적 방법론으로 Sociometry를 도입한 것에서 실질적으로 발아하였다.

2000년대 이후 컴퓨터 계산 용량이 급격히 증가하고 소셜 네트워크 데

---

* 2011년 5월, 매킨지는 빅데이터 분석을 위해 필요한 기술 중 "Network analysis"을 아래와 같이 표현했다. 이해하기 쉽게 표현한 것 같아 인용한다.
Network analysis is a set of techniques used to characterize relationships among discrete nodes in a graph or a network. In social network analysis, connections between individuals in a community or organization are analyzed.

이터 또한 많아지면서 소셜 네트워크 분석이 본격화되었다. 이론적으로 연구되던 분석지표들을 실제 데이터에 적용할 수 있게 되었기 때문이다.

최근에 페이스북, 트위터 등 각종 소셜 네트워크 서비스(SNS)가 주목을 받으면서 소셜 네트워크 분석도 함께 관심을 받고 있다. 이들 서비스에서 생성되어 API 방식으로 제공되는 로그데이터가 관계 정보를 정확하게 담고 있는 네트워크 데이터이기 때문이다. 텍스트 분석을 위한 자연어 처리 이슈가 있지만, 데이터의 양과 질에서 매우 매력적인 소셜 네트워크 데이터이다.

하지만 이들은 소셜 네트워크 분석방법론이 분석할 수 있는 데이터의 한 범주일 뿐이다. 어떤 데이터이든 그 종류와 형태에 관계없이 노드와 링크로 구성되는 네트워크 데이터로 모델링될 때, 소셜 네트워크 분석방법을 적용하여 의미 있는 결과를 얻어낼 수 있다.

사회학 출현에서 SNA 등장까지

오일러가 1730년대 그래프 이론을 창안하면서, 복잡한 사회현상도 그래프로 환원하여 도식화할 수 있는 대상이 되었다. 20세기 벽두에 게오르그 짐멜(Georg Simmel, 1858-1916)이 철학과 정치경제학으로부터 새롭게 사회학(Sociology)을 분리했다. 이로써 다양한 분야에서 제각기 논의되던 사회현상이 사회학이란 이름으로 통합할 수 있게 되었다. 여기에 수학의 힘이 들어간다. 이탈리아의 인구 통계를 전공하던 파레토가 인구에 관한 8:2의 법칙을 발견한 것은 사회학이 독립적인 학문 분야로 자리매김되었기 때문에 가능했을 것이다.

기초적인 통계 분석으로 진행되던 사회학 연구방법론은 1930년대 들어 사회적 현상을 계량화하는 방법을 도입한다. J.L. Moreno(1889~1974)에 의해 시도된 계량사회학은 수학적인 모델링이 가능하다는 측면에서, 과거 자료가 보여주는 패턴을 기반으로 향후의 변화를 객관적으로 예측할 수 있게 하는 발판을 제공하였다. 그리고 1940년에는 여기에 "링크"라는 개념이 새로 도입되어, 사람들의 상호 연계된 행동을 과학적 분석 대상으로 삼을 수 있게 되었고, 이는 1970년대에 마침내 소셜 네트워크 분석 분야로 발전하게 된다.

SNA 방법론의 발전

링크를 기반으로 한 SNA는 여러 단계를 거쳐 지금의 모습으로 진화 발

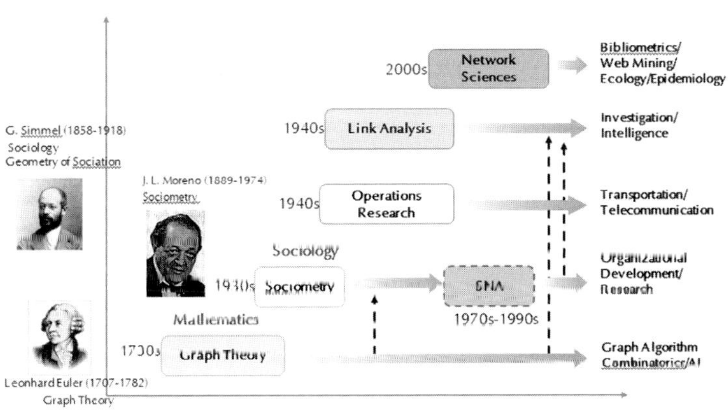

출처: 사이람, SNA 교육자료집

전되어 왔다. 좀 더 현실 세계의 모습이 잘 반영되도록 수학적 모델링 기법이 발전한 것이다. 크게 4단계를 거쳤는데, 무작위 네트워크 모형을 시작으로 와츠-스토르가츠 모형, 척도 없는 모형을 거쳐 오늘날의 적합성 모형에 이르게 된다. 각각의 모형은 오늘날 가용한 SNA 방법론을 이해하는 데 기초가 되기에 간략히 살펴보도록 하자. 다음은 강병남 서울대 물리학과 교수와 김기훈 사이람 대표가 공동 번역한 바라바시 저 〈링크〉에 소개된 내용을 간략히 요약하면서 추가 설명한 것이다.

■ **무작위 네트워크 모형** : 1950년대 두 헝가리 수학자 에르되스(Erdos)와 레니(Raney)에 의해 제시된 모형이다. 임의의 두 노드 사이에 링크가 존재할 여부는 동일한 그리고 독립적인 확률분포에 의해 결정될 것이라는 가정에 기반했다. 네트워크가 지배하는 세상을 근본적으로 무작위적인 것으로 간주한 결과이다. 무작위 네트워크 모형은 적은 수의 링크만 존재하는 경우에도 거대 클러스터가 등장하는 것을 보여주고 있지만 노드 간의 평균거리가 전체 네트워크 크기에 비해 상당이 작아 두 노드 사이의 평균 거리는 6보다 작음을 확인할 수 있다. 우리가 잘 알고 있는 6단계의 법칙, 즉 이 세계 어느 누구도 평균 6단계를 거치면 모두 연결될 수 있다는 Small World 법칙이 여기에서 도출되었다.

■ **와츠-스토로가츠 모형** : 〈무작위 네트워크 모형〉은 하나의 거대 클러스터를 전제했다는 측면에서 우리의 상식과 다소 배치된다. 우리가 살고 있는 사회는 이웃사촌이란 말도 있듯이 잘 아는 사람들끼리 유유상종

하여 소규모 클러스터를 먼저 형성한다. 그리고 그다음에 몇몇 발 넓은 사람이 외부의 클러스터와 서로 연결되어 결국 거대 클러스터를 형성한다고 보는 것이 타당하기 때문이다. 1998년 와츠와 스트로가츠가 이를 위해 새로운 모형을 도입했는데, 인접한 노드끼리 링크를 가지며 이들 링크는 낮은 확률로 임의의 다른 노드와 링크를 맺는다는 전제에 기반한 것이다. 〈와츠-스토로가츠 모형〉이라 불리는 이 모형은 현실 네트워크들의 두 가지 구조, 즉 이웃끼리 뭉치는 〈작은 세상〉과 그리고 〈거대 클러스터〉의 세계를 모두 설명해 냈다. 이로써 클러스터의 구조, 즉 거대 클러스터 내에 존재하는 소규모 네트워크를 표현할 수 있게 되었다.

■ **척노 없는 모형**(Scale Free Model) : 〈무작위 네트워크 모형〉이나 〈와츠-스트로가츠 모형〉에서는 네트워크가 커지면 모든 노드가 비슷한 수의 링크를 갖는 균등한 상태로 나아갈 것이라 예상된다. 그러나 이것 역시 현실 세계의 모습과 차이 난다. 실제 세계에서는 소위 마당발 역할을 하는 사람에서 보듯이 비정상적으로 많은 링크를 갖고 있는 사람도 있고, 허브 공항과 같이 다른 공항보다 더 많은 항공 연계망을 갖고 있는 공항도 있기 때문이다.

이러한 문제는 1999년 바라바시(Barabasi)와 알버트(Albert)가 네트워크의 성장(Growth)과 노드의 선호적 연결(Preferential) 개념을 선보이고 여기에 멱함수 법칙(Power Law)을 도입함으로써 해결되었다. 바라바시는 네트워크가 처음부터 주어진 것이 아니라 하나의 노드에 차례차례 노드들이 추가됨으로써 네트워크로 성장한다고 보았고, 노드가 기존 노드에 연결될 확률은 그 노드가 갖고 있는 링크 수에 비례한다고 가정했다. 링크 많은 노드가 더 많은 링크를 갖는다는 부익부 빈익빈(Rich-get-richer) 현상을 네트워크에 도입하였고, 링크와 노드의 편향적 분포를 수학적으로 설명하기 위해 멱함수 법칙을 동원한 것이다.

멱함수 법칙은 제2장에서 설명한 바와 같이 "매개물에 기인한 분포의 편향성"을 설명하는 데 적용되는 수학적 법칙이다. 바라바시는 이를 활용해 링크를 매개로 한 노드들의 편향적 분포를 수학적으로 모형화한 것이다.

네트워크가 한계 없이 지속적으로 성장한다는 가정하에 도입된 모델이기에 척도 없는 모형(Scale-Free Model)이라 명명되었다. 이 모형은 노드의 개수가 미리 정해진 기존의 정태적 네트워크 모형을 동태적 모형으로 변화시켰고, Rich-get-richer 개념을 도입하여 허브의 존재를 수학적으로 표현할 수 있게 되었지만, 반면에 큰 것이 한정 없이 커진다는 결과를 초래하기에 더 개선된 모형을 모색해야만 했다.

■ **적합성 모형(Fitness Model)** : 〈척도 없는 모형〉은 소셜 네트워크에서 새로운 스타(루키, Rookie)의 등장을 설명할 수 없었다.

인간 사회에서는 종종 기존 대집단이 여러 이유로 와해되고 마침내 새로운 구조로 재편되는 과정을 밟는 현상이 발생한다. 역사적 현상이다. 복잡계 경제학에서는 이를 사회적 산출량과 비용의 관계로 설명한다. 거대 조직을 유지하는 데 필요한 사회적 비용이 그 사회가 산출하는 생산량을 초과하는 순간 거대 사회는 붕괴 사이클에 접어든다는 것이다. 거대 사회가 붕괴의 임계점에 도달하면, 주변부 세력이 중심부로 진입하여 거대 사회를 해체하고 새로운 구조를 형성한다고 설명하고 있다.

링크를 많이 갖고 있는 집단이 더 커질 것이라는 〈척도 없는 모형〉에서는 분포의 편향성과 네트워크의 성장을 설명할 수 있었지만, 위와 같은 거대 집단의 재편 과정과 후발주자에 의한 중심점 대체 현상을 설명하기 어려웠다. 이를 해결하기 위해 2001년 비안코니(Bianconi)와 바라바시(Barabasi)가 새로운 〈적합성 모형〉을 도입했다.

〈적합성 모형〉은 노드의 특성 요소가 링크 추가에 영향을 끼칠 수 있음을 전제했다. 〈척도 없는 모형〉까지는 각 노드가 갖고 있는 고유한 특성을 인정하지 않고 링크로만 설명해 오던 것을 고려한다면, 분석기법에 새로 〈노드의 특성 요소〉까지 부가한 것이다. 수학적으로 본다면 〈노드의 특성 요소〉는 링크가 붙을 수 있는지 여부를 결정하는 조건문과도 같다. 조건이 맞으면 붙고, 안 맞으면 기존의 링크마저 떨어져 나간다는 측면에서 〈적합성 모형〉으로 명명되었다. 조건문을 어떻게 주는가에 대해서는 많은 연구가 진행되고 있지만, 이 단계에 이르러 SNA는 비로소 지금과 같은 형태의 〈노드데이터세트〉와 〈링크데이터세트〉로 구성된 〈네트워크 데이터〉의 분석기법으로 등장하게 된다. 조건문을 수학적으로 정교하게 모형화할 때마다, SNA는 더욱더 현실 사회의 모습과 그의 동태적 양상을 해석해 내는 데 기여하게 될 것이다.

지금까지 SNA 방법론의 발전 과정을 개략적으로 훑어보았는데, 이를 간단히 도식화하면 다음과 같다.

	거대 클러스터	여섯 단계 분리	클러스터 구조	멱함수 법칙	루키의 등장
무작위 네트워크 모형	O	O	X	X	X
와츠-스토로가츠 모형	O	O	O	X	X
척도 없는 모형	O	O	O	O	X
적합성 모형	O	O	O	O	O

SNA 방법론은 여러 학자의 손을 거쳐 오늘날과 같은 모습으로 진화 발전되어 왔다. 이 방법론은 여러 가지 기술요소의 집합으로 이루어져 있는데, 오늘날 가용한 SNA의 기술요소로 어떠한 것이 있는지 살펴보자.

SNA 핵심 기술요소

〈적합성 모형〉으로까지 발전되어 온 SNA는 여러 기술적 요소의 집합으로 이루어져 있다. 이들을 체계적으로 이해하기 위해 SNA가 어떤 과정을 거쳐 그리고 어떤 체계하에 작업을 진행하는지를 먼저 분별해둘 필요가 있다. 그런 다음 각 작업과정과 작업 체계에 따른 기술요소를 이해해 나가는 것이 효율적이다.

작동 과정에서 본 기술요소

SNA라 했을 때, 이는 데이터 분석에만 국한된 작업을 의미하기보다 〈분석 이전의 단계〉와 〈분석 이후의 단계〉까지 포괄하는 개념으로 보는 것이 합당하다. 분석이 이루어지기 위해서는 분석 대상이 되는 데이터를 "획득, 가공, 저장, 추출"하는 일련의 절차를 진행해야 하고, 분석이 끝난 후의 데이터는 사용자가 이해하기 쉽게 재가공을 하여 시각화해 주어야 하기 때문이다.

분석 이전의 단계에서 수행되는 작업을 〈데이터 전처리(前處理)〉라고 한다. 고객이 기존에 보유하고 있는 데이터나 다른 원천에서 수집된 데이터를 분석 가능한 형태로 구조화하는 작업이다. 전처리를 통해 정제한 데이터는 소셜 네트워크 분석엔진에 투입된다. 마치 석유로부터 잘 정제된 휘발유가 자동차 엔진에 투입되어야만 자동차가 잘 작동하는 것과 같다.

분석엔진에 의해 분석이 끝난 데이터는 소셜 네트워크 데이터 포맷으로 출력되는데, 이를 바탕으로 최종 사용자가 직관적으로 이해할 수 있도록 다양한 시각화 표현을 수행한다. 시각화되지 않은 데이터는 그 복잡성으로 인해 이해되기가 쉽지 않기 때문에 소셜 네트워크 분석은 그 속성상 그래프적인 시각화가 필수적이다. 시각화를 어떤 방식으로 하느냐에 따라 소셜 네트워크 분석기술의 질이 판별된다.

결론적으로 소셜 네트워크 분석기술이라 했을 때 협의로는 분석엔진 자체 기술을 의미하지만 광의로 볼 때 "데이터 획득(추출), 가공(변환), 저장, 분석, 표현"이란 일련의 과정에 적용되는 부수 기술 전체를 포괄하는 의미로 볼 수 있다. 이를 간단히 도식화하면 아래 그림과 같다.

네트워크 데이터 구조는 대용량 데이터가 수집, 변환되어 용이하게 저장될 수 있도록 설계된다. 그리고 그 구조에 맞게 구축된 저장 솔루션에 저장된다. 저장된 네트워크 데이터를 기반으로 대용량 분석이 이루어진 후 시각화할 수 있는 형태로 데이터가 출력된다. 대용량 데이터의 시각화를 위한 기본 엔진 위에, 적용업무 특성에 맞는 클라이언트 솔루션이 탑재된다.

소셜 네트워크 분석기술은 엄밀히 본다면 데이터의 분석을 위한 기반기술이다. 그렇기 때문에 최종 사용자가 자신의 업무에서 가치를 얻을 수 있도록 분석의 결과를 재가공하는 것이 필수적이다. 이는 네트워크 데이터 구조를 설계하는 데에도 반영되어야 함은 물론이다. 특히 빅데이터 환경에서 원천 데이터들은 다양한 저장매체에 다양한 포맷 형태로 보관되

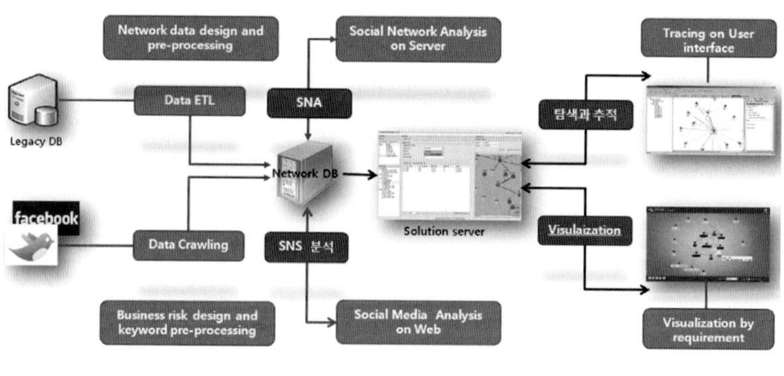

출처: 사이람, SNA 교육자료집

고 있음을 생각해 볼 때, 이들 원천 데이터를 잘 가공하여 네트워크 데이터 구조로 편입시키는 것이 이후 SNA 과정을 제대로 수행하는 필수 요소라 할 수 있겠다.

적용 과정으로 본 기술요소들은 위에서 설명한 바와 같이 여러 단계별로 구획(Category)될 수 있는데, 이는 개발자들이 해당 분야의 솔루션을 개발해 내기 위한 표준화 작업을 전제로 한 것이다. 표준화 작업을 위해서라도 소셜 네트워크 분석 전체를 계층구조별로 살펴볼 필요가 있다.

계층구조로 본 기술요소

전통적으로 정보통신 기술의 계층구소는 TCP/IP 기술에서의 OSI 7 layer와 같이, 데이터를 입력받고(Input) 이를 가공한 후(Run) 표현하는(Presentation) 구조로 이루어져 있다. 각각의 기능은 다른 기능과 효과적으로 소통하기 위해, 표준화된 접촉 층(Interface Layer)이나 생산 중간물을 임시로 저장하는 버퍼 층을 두고 있다. 여기에 구조 전체를 관리하기 위한 운영 층(Administration Layer)을 따로 마련하는 것이 보통이다.

이를 염두에 둔다면, 소셜 네트워크 분석이 작동하는 환경의 계층구조는 개략적으로 다음 그림(148쪽)과 같이 〈Data layer〉, 〈Intelligence layer〉, 〈Presentation layer〉를 이루며 각 layer 사이에는 표준화된 접촉 층(Interface layer)을 두는 형태가 된다. 물론 각각의 기능 보늄은 너욱 세분화된 기능 블록으로 분화된다.

현재 SNA 기술이 그의 활용 분야를 넓히고 있는 추세로 볼 때, 각 layer

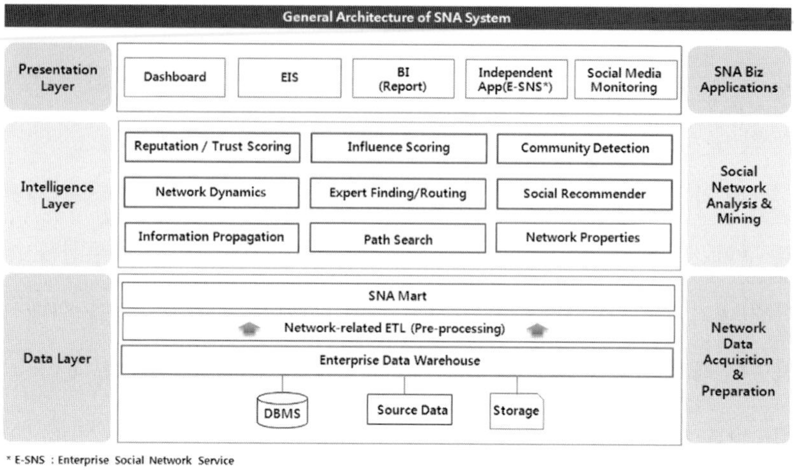

출처: 사이람, SNA 개발자료집

를 형성하는 개별 모듈의 기능 분화속도는 가속화되고, 궁극적으로는 그림 오른편에 표시한 바와 같이, 각 layer의 솔루션들이 표준화되어 시장에 출현할 것이다.

SNA 기술의 적용

SNA는 소셜 네트워크를 분석하는 기술이다. 즉 링크로 맺어진 사람들의 집단을 분석하거나, 더 나아가 사람들을 매개로 한 정보를 분석해 내는 기술이다. 전술한 바와 같이 사람들의 집단은 4개의 구조가 씨줄 날줄이 되어 형성되어 있다. 이와 더불어 사람을 매개로 한 정보 역시 같은 구조를 형성한다. 바로 이 구조를 파악한다면, 이론적으로는 사회적 역할별로 사람이나 정보를 구별해 낼 수 있게 된다. 마케팅 캠페인을 예로 든다면, 무차별하게 융단폭격을 하지 않아도 캠페인에 필요한 대상을 선정할 수 있다는 의미가 된다.

그런데 소셜 네트워크 분석은 사람과 사람 간의 관계 데이터, 즉 링크데이터가 있다는 것을 전제로 한다. 누가 누구에게 전화를 걸은 로그 데이터(CDR 데이터)나 eMail을 주고받은 로그 데이터와 같이 〈직접적인 링크데이터〉가 있어야 하는데, 그러한 링크데이터는 일반적으로 특정 산업분야, 예를 들어 통신산업과 같은 분야를 제외하고는 획득하기 쉽지 않다.

대신 차선책으로 활용할 수 있는 것이 〈간접적인 링크데이터〉이다. 무엇을 매개로 상호 연결되어 있는 데이터를, 적절한 가공과정을 거쳐 만든 링크데이터이다. 예를 들면 사람과 사람 간의 관계에서 두 사람이 동일한 클럽의 회원이라면, 두 사람은 클럽을 매개로 한 링크관계를 형성한다고 볼 수 있다. 이 경우 클럽 회원 명부와 출석기록이 〈간접적인 링크데이터〉를 만들어낼 수 있는 원천 데이터가 된다. 또한 공교롭게도 특정 제품 "들"을 동일하게 구매한 소비자들이 있다면, 이들 역시 제품을 매개로 한 링크관계가 있다고 볼 수 있다. 이 경우에는 고객 구매 내역 파일이 〈간접적인 링크데이터〉를 만들어내는 원천 데이터가 된다.

이를 좀 더 일반화하면, 제품을 매개로 한 사람과 사람 간의 관계, 사람을 매개로 한 제품과 제품 간의 관계, 정보를 매개로 한 사람과 사람 간의 관계, 혹은 사람을 매개로 한 정보와 정보와의 관계 등이 나타날 수 있다. 〈직접적인 링크데이터〉와 〈간접적인 링크데이터〉가 발생하는 부분을 간단히 도식화하면 다음과 같다.

원 내의 겹치지 않은 부분은 직접적인 연결관계를 의미한다. 예를 들어 〈사람 사이〉에서는, A란 사람이 B란 사람에게 eMail을 보내거나 전화를 한 경우가 A와 B가 직접 연결된 경우라고 보는 것이다. 〈제품 사이〉에서는 예를 들어 A제품이 B와 C라는 자재로 만들어졌을 경우 A와 B, 그리고 A와 C는 직접 연결된 것으로 보는 것이다. 완제품의 원자재 계통도인 BOM(Bill of Material)이 여기에 해당될 수 있다. 〈정보 사이〉는 A정보가 B정보에서 파생된 정보이거나 문장상에서 함께 드러난 경우이다. 예를 들어 "저녁 식사로 분당의 중국집에서 짜장면을 먹는다"의 경우 '저녁 식사'라는 정보가 '분당', '중국 음식점', '짜장면' 등의 단어와 연결되는 것과 같다. 이는 비정형 데이터를 처리할 때 필수적인 자연어 처리과정(National Language Processing)의 '형태소 분석'과 '의존구조 분석'과 같은 기법에 의해 인식된다.

겹친 부분은 〈정보를 매개로 한 사람 간의 관계〉 혹은 〈사람을 매개로 한 정보 상호 간의 관계〉를 의미한다. 똑같은 관점에서 〈정보를 매개로 한 제품과 제품 간의 관계〉, 〈제품을 매개로 한 사람과 사람 간의 관계〉 등과 같은 분야가 있을 수 있다.

이와 같은 이해를 바탕으로 소셜 네트워크 분석기술이 각각의 분야에서 어떻게 활용될 수 있는지, 예를 들어 살펴보자.

사람 관계 분석

중심구조 분석을 통해 우리는 네트워크를 형성하는 노드가 모두 동일한 무게를 갖고 있는 것이 아님을 알 수 있다. 소셜 네트워크에는 반드시 Big Mouth와 마당발이 존재하기 마련이다. 그래서 제한된 금액으로 제한된 시간에 수행할 마케팅 캠페인을 예로 든다면, 그들 영향력자에게 자원을 집중하는 것이 모든 노드를 대상으로 하는 것보다 훨씬 더 효율적이라는 것을 짐작하기란 어렵지 않다. RDB 기반의 전통적 CRM보다 고객 세그멘테이션에서 더 효과적일 수 있는 것이다. 또한 네트워크 전체를 붕괴시키려면 어느 중심점을 무력화하는 것이 최상의 효과를 유발할지에 대한 사항을 파악할 수 있다. 이는 역으로 어느 연결점이 네트워크 작동에 중요한 역할을 담당하는지 알 수 있게 해준다.

연결구조와 최단거리 분석을 통해 우리는 네트워크가 몇 단계의 연결로 이루어지는지, 최단 경로는 몇 단계인지도 알 수 있다. 이를 통해 우리는 각 단위 네트워크의 소통 효율성을 판단할 수 있다. 예를 들어 최단거리 소통이 어느 부문은 4단계이고, 어느 부문은 3단계라면 부문장 산하의 직원 간 소통 경쟁력을 가늠하는 데 중요한 참고자료가 될 수 있다. 조직에 대한 구조조정을 할 필요가 있을 때 부문별로 사전 시뮬레이션을 하는 데 유용한 수단이 될 수도 있을 것이다.

응집구조 분석을 통해 우리는 하나의 네트워크 내에서도 서로 끼리끼리 뭉친 단위를 파악해 볼 수 있다. 뭉치는 정도는 응집계수를 통해 파악한다. 이는 하나의 네트워크 구성원 전부를 대상으로 무차별하게 서비스를 제공하기보다, 응집된 군별로 서비스를 차별화하여 제공하는 기본 자료로 활용할 수 있다. 즉 고객이 On-line상에서 로그인해 들어갈 때, 고객의 소속군에 맞추어 On-Line Menu를 달리 가져가거나 제품 추천을 달리하는 맞춤형 서비스(Personalized Service)를 제공함으로써, 고객과의 소통 효과를 배가함은 물론 매출 증대 확률도 높일 수 있다.

역할구조 분석은 그 단어 자체가 의미하듯 네트워크상에서의 노드 역할을 분석해 내는 것이다. 명목상의 역할은 조직도상의 소속과 직함으로 얼마든지 분별해 낼 수 있다. 그러나 타부서와의 협력과 타회사와의 협업이 무엇보다 중요한 현재, 실질적으로 누가 어떤 역할을 동일하게 수행하는지 파악해 내는 것도 조직의 안정적 운영을 위해 매우 중요한 문제이다. 서로 소속은 다르지만 동일한 상위자의 지침을 받아 일을 하는 사람들에게는 동일한 보상이 매우 민감한 사항이 될 수 있기 때문이다. 이 경우 역할구조의 구조적 등위성 분석은 매우 유용한 분석 결과를 제시해 줄 수 있다.

여기서 각각의 관계구조와 특성요소를 적절히 배합하면 여러 분야에서 소셜 네트워크 분석을 유용하게 활용할 수 있다. 예를 들어 테러리스트나 사기 공모자를 추적하는 분야이다. 국가 안보나 보험, 증권 시장에서의 사고는 대부분 집단으로 이루어지는 속성상 최소한의 예비 징후를 남기기에, 이를 구조적으로 파악해 두고 있다면 재빠른 대응을 해나갈 수 있다. 여기에는 응집구조, 역할구조, 중심구조, 연결구조, 최단거리 분석 등 모든 요소가 의미 있게 참고될 수 있을 것이다.

지능적인 범죄의 경우 상당수가 전문 전과자들 사이의 공모에 의해 발생한다고 한다. 이때 전과자와 전문분야 간의 상호관계를 네트워크 맵으로 미리 파악해 두고 그 네트워크의 패턴을 사전에 정의해 둔다면, 사건 발생 시 용의자의 범위를 좁히고 범죄자를 추적하는 데 많은 도움이 될 수 있다.

제품 관계와 정보 관계 분석

지금까지는 사람과 사람 간의 관계를 주로 염두에 두고 소셜 네트워크 분석이 도움될 수 있는 경우를 기술했지만, 소셜 네트워크 기법이 반드시 사람과 사람 사이의 관계를 분석하는 데에 그치지 않는다. 동일한 개념이 〈제품과 제품〉, 〈정보와 정보〉 사이의 관계를 파악하는 데에도 적용될 수 있다.

이미 전술한 바와 같이, 연결구조 분석은 파생상품들 간의 상호 연결 관계를 파악하는 데 도움될 수 있다고 했다. 이 관점을 적용하면, 회사에서 미끼상품과 주력상품 간의 판매 상관관계를 파악하거나, 혹은 판매 리스크관리 차원에서 제품 포트폴리오(상품군 내 제품들 간의 관계)를 관리하는 데 유용하게 활용될 수 있다.

또한 연결구조 분석은 파생금융상품을 디자인할 때도 도움된다. 파생금융상품 간의 상호관계를 네트워크 데이터화 해본다면, 하나의 상품이

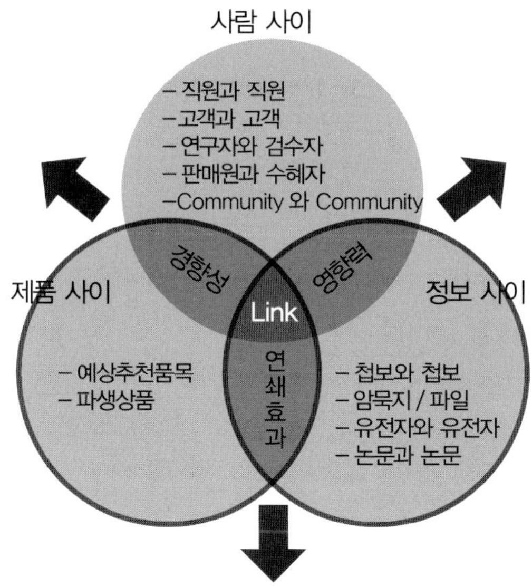

붕괴될 때(혹은 매출에 타격받을 때), 다른 인접 상품에 어떠한 연쇄효과가 유발될 수 있는지 파악하는 데도 도움이 될 수 있다.

〈정보와 정보〉 사이의 관계는 정보를 생산하는 주체를 매개로 의미 있는 판단을 도출하는 데 도움이 될 수 있다.

대표적으로 예를 들 수 있는 분야가 SNS 분석이다. SNS를 통해 전파되는 다양한 종류의 비정형 메시지들은 너무나 다양한 문자열을 담고 있어 일일이 그 성격(호/불호, 찬성/반대)을 분별하기가 어렵다. 이 경우 메시지 생산자와 전달자 그리고 소비자와의 관계구조를 분석함으로써, 그 관계구조를 통해 흐르는 메시지의 성격을 파악하는 것이 더 효율적일 수 있다.

또한 동일한 출처로 의심되는 곳에서 생산되는 다양한 비정형 메시지를 분석하는 데 도움이 될 수도 있다. 다양한 비정형 정보를 통합적으로 수집하여 이들의 키워드를 도출한 다음, 일정 기간에 나타난 키워드 중심의 관계 네트워크를 그려보면 분명히 응집되어 나타나는 핵심 키워드 군들을 판별해 낼 수 있다. 그것의 의미를 판단하는 것은 사람의 몫이지만, 소셜 네트워크 분석은 그 판단을 내리는 데 필요한 객관적인 자료를 제공하는 데 도움이 될 것이다.

매개물을 통한 관계 분석

지금까지 설명한 것 이외에도, 소셜 네트워크 분석의 여러 특성요소를 활용할 수 있는 분야가 많이 있다.

첫 번째로 중심 객체(Core object)를 기반으로 다양하게 분화된 2차 객체(파생체, derivative)들을 관리하는 분야이다. 이 분야에서는 파생체들이 분화하는 과정에서 중심 객체와 상호 영향을 주고받으며 3차, 4차의 파생체들을 생산하여, 그 결과 복잡한 생태 네트워크를 구성한다. 마치 생물학에서 유기체가 분화 · 증식하는 것과 같은 양상을 지닌다. 이들 객체들을 분화과정별로, 군집별로 일목요연하게 관리 · 추적하기 위해서는 연계지도가 반드시 필요하다. 이 경우 소셜 네트워크 분석의 시각화 솔루션이 의미 있게 활용될 수 있다.

두 번째로 시각화 처리를 필요로 하는 관리 분야이다. 예를 들어 제조회사의 공급망 관리(SCM), 제품과 관련된 원자재 구성(BOM Tree) 관리 등, A에서 B로의 방향성이 뚜렷한 관계를 이루는 분야이다. 이 분야에서는 하나의 연결고리(사람이나 회사나 부품)가 갑자기 없어졌을 때 전체 네트워크에 어떠한 영향을 미치는지, 그 리스크를 직관적으로 파악하게 해준다. 또한 위기 시뮬레이션(what-if analysis)을 수행할 때 소셜 네트워크 분석의 연결분포 개념과 최단경로 분석기법을 효과적으로 활용하면, 연결고리 하나가 갑자기 무력화되었을 때 이를 대체할 수 있는 방안을 직관적으로 파악할 수 있도록 해줄 것이다.

Chapter 5

빅데이터와 링크데이터

SOCIAL NETWORK

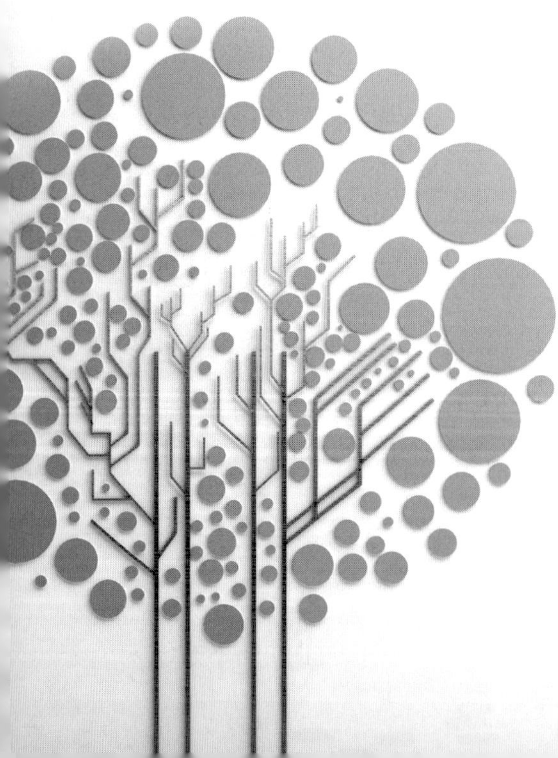

빅데이터와 링크데이터

소셜 네트워크 분석은 네트워크 데이터가 있다는 전제로 출발한다. 네트워크 데이터는 노드와 링크의 집합으로 이루어진다고 전술한 바 있다. 아무리 소셜 네트워크 분석의 결과물이 흥미롭다고 하더라도, 분석하고자 하는 대상으로부터 네트워크 데이터를 추출할 수 없다면, 그것은 개념 작업에 그치고 말 것이다. 네트워크 데이터의 가용성(Data Availability) 문제이다.

네트워크 데이터의 가용성 문제는 원전 자료로부터 링크데이터를 도출할 수 있는지 여부의 문제로 귀결된다. 다시 한 번 강조하지만, 네트워크 데이터가 되려면 반드시 A에서 B로 향하는 링크데이터가 있어야만 한다.

만약 직접적으로 양자를 연결하는 링크데이터가 없다면, 최소한 A와 B를 연관시킬 수 있는 매개 데이터가 있어야만 한다. 그러한 데이터는 어디에 있을까?

기업에서 보유하고 있는 대용량 데이터 속에 있을 수도 있고, 대용량 데이터의 확장 개념인 빅데이터 속에 있을 수도 있다. 그 데이터 속에서 링크데이터를 발굴해 보도록 하자.

빅데이터의 정의와 활용 현실

2011년부터 빅데이터란 말이 IT 업계에 회자되기 시작했다. 그동안 데이터 저장장치 회사(Storage Company)를 중심으로 대용량 데이터(Large Volume Data)란 개념을 사용해 왔었는데, 빅데이터란 용어가 이를 대체하면서 빠르게 확산되고 있는 실정이다.

빅데이터란 용어를 누가 선창한지는 확실하지 않다. 다만 대용량 데이터란 개념이 최근 SNS를 통해 폭발적으로 만들어지는 비정형 데이터(Unstructured Data)를 보듬기에 한계가 있어, 새로 빅데이터란 용어가 고안되지 않았나 추측할 뿐이다. 새로운 용어가 출현하자 IT 업계 종사자들은 기다렸다는 듯이 그동안 범주화시키지 못했던 여러 유형의 데이터를 빅데이터 틀에 포함시켰다. 빅데이터라는 새로운 추세가 형성된 것이다.

2011년 매킨지는 빅데이터를 언급하면서, 말 그대로 대용량 혹은 초대용량 데이터라고 묘사했다. 여기에 인포매티카(Informatica)는 그의 2011년 기술백서에서 빅데이터를 일반적인 기술로 관리 처리하기에 너무 크고 복잡한 데이터로 정의하고, 그 예로 트랜잭션(Transaction)과 상호작용(Interaction) 데이터를 들면서 이들을 빅데이터 범주에 포함시켰다.

단순히 데이터의 양으로만 언급되던 빅데이터는 시간이 지나면서 그 의미가 확장되어, 활용의 측면이 강조된다. 2012년 3월 4일 전자신문은 '빅데이터 시대'란 제목의 보도기사에서 가트너와 한국정보화진흥원 단장의 말을 인용하면서 "대규모 데이터 처리 및 가치 있는 정보 활용에 데이터 처리 및 분석 속도가 중요해질 것"이라고 했다.

그리고 마침내 위키백과에 "빅데이터란 기존 데이터베이스 관리도구의 데이터 수집 · 저장 · 관리 · 분석의 역량을 넘어서는 대량의 정형 또는 비정형 데이터세트 및 이러한 데이터로부터 가치를 추출하고 결과를 분석하는 기술을 의미한다."라고 수록되기에 이른다.

단순히 데이터 용량 증가가 아니라, 그동안 여러 가지 이유로 저장만 해두고 방치되었던 정보데이터나 그 기록들(log data) 그리고 현재 IT기기를 통해 무한정 생산되는 정보데이터를 적극적으로 분석하기 위한 기술적 사안으로 정의 범위가 확장된 것이다. 그리고 마침내 2012년 후반기에 치러진 미국 대통령 선거에서 오바마 캠프가 빅데이터를 선거 캠페인에 활용하면서 빅데이터에 대한 일반인의 인식을 근본적으로 바꾸어 놓게 된다.

빅데이터 개념이 초창기 정의처럼 데이터의 용량 증가 문제라면 시스템 파워, 메모리 및 저장장치, DB 등의 확장을 통하여 해결하면 되는데, 비정형 데이터라든가 새로운 분석 · 가공기술 등을 거론한다는 것은, 그만큼 빅데이터가 새로운 IT 트렌드를 이루고 조만간 그에 관련된 상업적 수요를 대규모로 생성할 것이라는 전망을 낳는다.

여기에 지금까지 고객 정보의 활용 가치를 극대화해 왔던 추세로 본다면, 대규모의 데이터 양을 체계적으로 분류 · 저장하는 기법 못지않게, 그 데이터를 분석하는 기법이 앞으로 IT 분야에서 핵심 요소 중 하나로 자리 잡을 것이라는 것은 어렵지 않게 추측할 수 있다.

이 새로운 트렌드는 과거 Y2K와 같은 전술적 이해관계로 주창되는 사안은 아닌 것으로 보인다. 다시 말해 IT 벤더사가 자사의 하드웨어나 소프웨어 솔루션을 더 팔기 위한 방책이 아니라는 것이다.

IT 정보분석 서비스회사인 가트너(Gartner)는 2011년과 2012년 향후 10여 년간 산업의 지평선을 재구성(Reshaping)할 요소 기술로, 〈소셜〉을 포함하여 〈모바일〉, 〈정보(보안)〉, 〈클라우드〉 등 4개 분야를 적시한 바 있다. 이 중 정보(Information) 분야는 문자열 내의 맥락(Context)을 다루는 측면에서 향후 정보분석 분야에 혁명적 영향을 끼칠 것이라는 뜻으로 이해된다. 바로 빅데이터 현상과 맥을 같이하는 전망인 것이다.

그동안 정보통신기기와 전자제품의 발전으로 디지털화된 정보가 방대하게 생산되어 왔다. 모바일 제품(스마트폰, 태블릿PC, eBook 등)을 필두로 IP

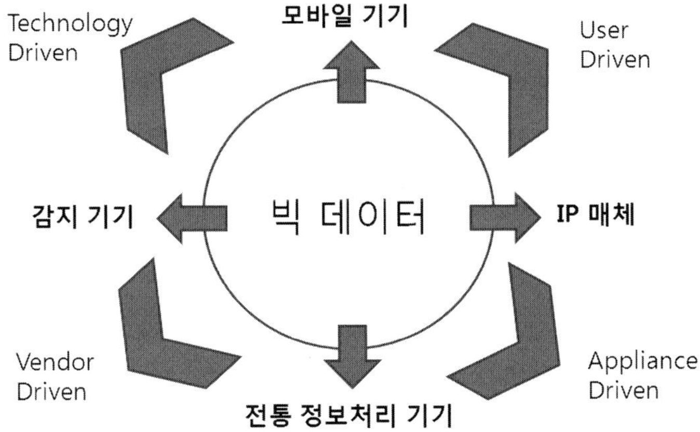

빅데이터를 생산하는 주요 요소들

매체(IPTV, 스마트 TV, 온라인 미디어, 디지털화된 오프라인 미디어, 온라인 서비스, 콜센터 등)는 물론이고, 정보 감지기기(RFID, CCTV, 상태 감지기 등) 등이 그 역할을 담당했다.

특히 모바일 기기를 통해 형성되는 소셜 네트워크는 그 속성상 대량의 데이터를 생산해 낼 수밖에 없다. 예를 들어 통신망을 통해 오고가는 통화 혹은 문자메시지 데이터는 이론적으로 최대 〈대한민국 전 국민수 × 대한민국 전 국민수〉, 즉 5천만의 제곱이 된다. 이것이 매일 누적이 된다고 생각해 볼 때, 그 방대한 양은 가늠하기도 어렵다.

3D 바코드나 RFID(Radio Frequency Identification Data) 방식을 채택한 칩세트가 개개 상품에 부착되면서 여기서도 방대한 정보가 실시간으로 쏟아져 나오고 있다. 그리고 정보의 디지털화로 텍스트, 그래프, 이미지, 보이스, 동영상 등 멀티미디어 정보가 상호 연계되면서 새로운 융합정보가 만들

어지고 있고, 이를 분류하기 위한 메타데이터 역시 양산되고 있다. 여기에 유전자 네트워크, 생태계 네트워크, 기상관측 네트워크 등 복잡계 현상과 관련된 자료도 디지털화되어 방대하게 쌓이고 있는 실정이다.

이 밖에 위와 같은 데이터를 처리하면서 파생되는 2차 데이터들도 있다. 융합정보에 대한 기초 정보를 기술한 메타데이터도 있고, 자연계 언어를 이해하기 위해 도입된 NLP(National Language Processing) 역시 자료 분석을 위한 새로운 유형의 중간 데이터를 생산하고 있다. 디지털 포렌식(Digital Forensic)은 정보기기로부터 디지털 정보의 유출입을 감식하는 방법론인데, 이 방법을 통해 획득한 디지털 데이터 역시 새로운 2차 데이터로 볼 수 있다. 이 모든 것은 정교한 분석처리를 기다리고 있는 실정이다.

이러한 데이터는 규모 면에서 거대하고(Volume), 데이터의 유형 면에서 다양하고(Variety), 실시간으로 데이터가 생산되어(Velocity), 매우 복잡한 형태를 구성한다는(Complexity) 점에 그 특징을 찾아볼 수 있다. 빅데이터의 특징을 요약한다면 한마디로 "3V+1C"로 표현될 수 있다.

데이터가 홍수처럼 쏟아져 나오고, 이를 분석하는 수단 역시 상당량의 데이터를 토해내고 있는 실정이다. 무엇이 분석될 수 있는 데이터이고 무엇이 분석될 수 없는 데이터인지 그 경계조차 불분명할 정도로 엄청난 데이터가 쏟아져 나오고 있는 것이다.

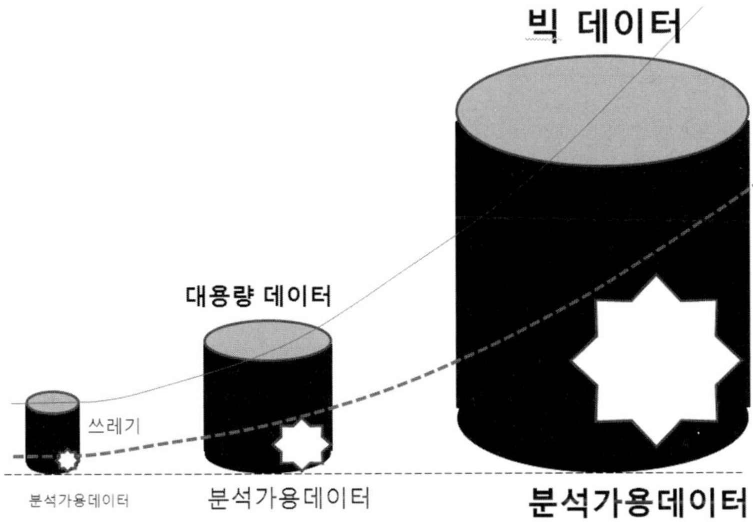

데이터 폭증에 대한 개념도.
데이터의 양과 증가 속도에 압도되기보다, 핵심 가치를 담고 있는 데이터를 파악하고, 해당 데이터를 의미 있게 분석하여 조직의 목적에 맞도록 활용하는 것이 중요하다.

위와 같이 생산되는 방대한 데이터를 통합 처리하기 위한 노력은 지금까지 꾸준히 진행되어 왔다. 화상 데이터나 음성 데이터를 디지털화하여 RDB에 축적하여 추후 다시 불러 읽어낼 수 있는 방법을 구축하는 것을 그 예로 들 수 있다. 이를 쉽게 추출해 낼 수 있도록 컬럼 단위 검색이 가능한 RDB가 주목받는 것도 그 예이다.

그런데 여기서 잠시 로그 데이터에 주목해 보자. 로그 데이터는 일반 IT 사용자가 정보기기나 인터넷을 접할 때마다 생성되는 데이터로 그 발생량은 실로 대단하다. 그리고 로그 데이터는 무엇이 발생했다는 것을 기록해 놓은 데이터로, 고객에게 요금을 부과하거나 사용 이력을 관리하는 기준 정보로 활용되기에, 법적 요건상 그리고 데이터 백업의 기준 측면에서 반드시 보관해야 하는 속성을 갖는다. 그렇기 때문에 로그 데이터를 추출하고 분류하는 방법들이 다수 활용되고 있다. 그러나 여기까지이다. 딱히 그 데이터를 재가공 · 분석하여 의미 있는 결과를 만들어내는 방법은 아직 눈에 띄게 나타나 있지 않은 상태이다. 그냥 보관하고 검색하는 수준인 것이다.

그런데 로그 데이터는 잘 정제하면 네트워크 데이터로 변환할 수 있다. 로그 데이터가 "누가(무엇이) 어떤 행위(무엇을)를 어떻게 했다"는 것을 기록한 데이터로, 행위와 그 주체 그리고 대상이 명확하기 때문이다. 여기에 로그 데이터가 "누가 〈누구에게〉 어떤 행위를 어떻게 했다"는 식의 〈행위 대상〉을 포함하고 있다면, 그 자체로 네트워크 데이터로 활용할 수도 있다. 네트워크 데이터는 이미 전술한 바와 같이 그 활용 용도가 밝혀져 있기 때문에, 로그 데이터는 지금까지 접해보지 못한 새로운 분석의 세계로 들어가는 원시 자료일 수 있다.

로그 데이터의 생산량과 증가 속도를 고려할 때, 기존의 저장 일변도 방식을 탈피하는 새로운 활용 방법을 모색할 때이다. 그것이 빅데이터 분석을 시도할 수 있는 여러 분야 중 핵심 되는 분야가 될 것이다.

빅데이터의 종류

데이터를 형태상 크게 분류하면 정형 데이터(Structured Data)와 비정형 데이터(Unstructured Data)로 나눌 수 있다. 데이터의 형태가 사전에 정해져 있으면 정형 데이터, 정해져 있지 않으면 비정형 데이터이다.

여기에 데이터가 발생하는 조건이나 유형에 따라 추가로 트랜잭션 데이터(Transaction, 체결)와 인터랙션(Interaction, 상호거래) 데이터로 나눌 수 있다. 트랜잭션 데이터는 행위 발생 시 이를 사진 찍듯이 단순 기록하는 형태이고, 인터랙션 데이터는 상대방과의 교감을 전제로 하여 작성되는 데이터이다.

지금까지 전산 시스템의 근간을 형성해온 정형 트랙잭션 데이터는 전산 운영 목적에 맞도록 이름, 나이, 성별, 거래 일시 등 속성별로 정리 정돈되어 데이터베이스에 저장되었다. 우리에게 익숙한 데이터의 유형이다.

반면에 비정형 인터랙션 데이터는 콘텐츠 자체가 중요한 데이터로, 지

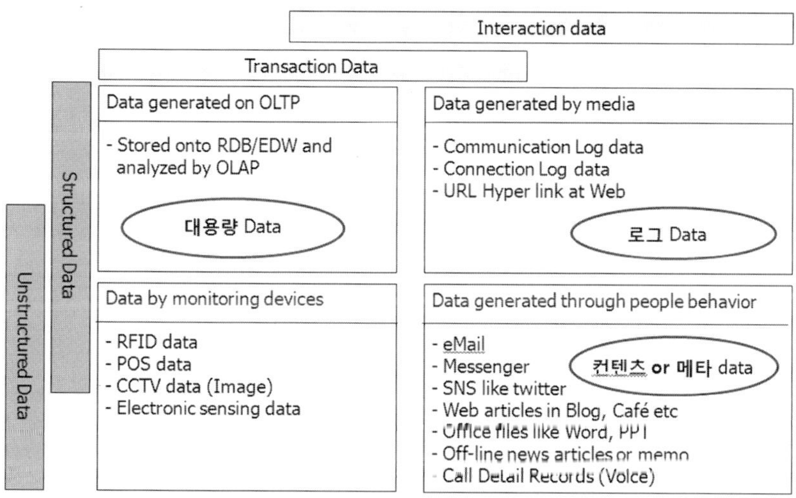

데이터 유형별로 본 빅데이터의 분류. 실제 영역이 겹쳐 있다.
전통적인 대용량 데이터는 OLTP(온라인 거래 프로그램)에 의한 결제내역 데이터가 대부분이다. 이를 바탕으로 OLAP(온라인 애플리케이션 프로토콜)의 응용프로그램이 가동되는 전산운영체계를 띠고 있다. 그 외의 영역은 별도의 기술로 접근해 들어갔다.

금까지 대부분 뭉뚱그려진 파일 형태로 저장되었다. 차후 검색하기 쉽게 하기 위해 파일에 Tag를 붙이는 등 메타데이터 관리기법이 발달되어 왔는데, 현재 많은 사람이 콘텐츠의 활용 가치를 높이기 위해 노력하고 있는 분야이다. NLP(Natural Language Processing, 자연어 처리)도 그중 중요한 한 분야이다.

비정형 트랜잭션 데이터에는 CCTV의 동영상 정보, RFID에서 발생하는 개별제품정보, 개별고객정보, 순간상태정보 등은 이벤트 발생 시점에(트랜잭션 시점에) 전자장비로 획득되는 데이터이다. 모두 장비와 일체가 된 응용프로그램들이 이들 데이터를 처리한다.

한편 사람들이 매개체(Media)를 통해 다른 사람이나 프로그램과 소통 행위를 할 때 남기는 로그라는 형태의 데이터가 있다. 그리고 인터넷 공간에서 프로그램을 연결하는 하이퍼링크데이터 역시, 로그된 프로그램의 이력을 살피는 데 필요한 데이터이다. 이들은 모두 사전에 규격화된 틀에 맞춰져 생성되는 것으로, 정형 인터랙션 데이터의 근간을 이룬다. 법적 · 상업적 목적에 맞도록 관리되는 데이터이다.

우리가 빅데이터 분석이라고 했을 때 주목하는 것은, 인터랙션에 의해 생산되는 데이터들이다. 관공서나 기업의 게시판에 올라온 글, 블로그 등에 등재된 글, 특히 트위터, 페이스북 등 SNS 프로그램을 통해 표출되는 글 등은 모두 정형화되지 않은 데이터로, 그 비중이 폭발적으로 늘어나고 있다.

그 데이터에는 기업에 대한 고객의 평가, 상품에 대한 고객의 선호 등과 같은 정보와 함께 고객의 감성적 댓글이 덧붙여져 있다. 생산자가 주입하는 단방향 메시지와는 전혀 다르게, 소비자들이 끼리끼리 자연스럽게 의견을 주고받으며 이루어가는 집단적으로 의사를 결정하는 형태의 글이다. 소비자의 목소리가 담긴 글이기에, 많은 기업체에서 이를 능동적으로 활용하여 자사의 마케팅에 활용하고자 한다.

또한 대국민 서비스를 담당하는 관계 당국에서 좀 더 국민과 가까운 서비스를 제공하고자, 이러한 비정형 인터랙션 데이터를 체계적이면서 거의 실시간으로 분석하고자 한다.

제3장 "왜 소셜 네트워크를 구조로 바라보아야 하는가?"에서 간단히 언급했지만, 비정형 인터랙션 데이터는 사회 구성원들이 각자의 성향을 대외적으로 드러내는 데이터이기에 이를 잘만 분석한다면, 지금까지 부차별적으로 이루어진 고객 분류(세그멘테이션)를 보다 정교하게 진화시킬 수 있다. 고객 프로파일링(Profiling)은 바로 그 진화된 방법론으로, 궁극적으로 1:1 고객 맞춤형 정보 서비스를 목표로 한다.

그동안 이런 비정형 인터랙션 데이터를 기존의 RDB 틀에 보관하려는 시도가 있어 왔다. 분석을 하기 위해서다. 그러나 RDB는 태생적으로 데이터 보관의 고유한 틀을 갖고 있기 때문에 한계가 있다. 이를 극복하기 위한 노력의 일환으로, 그래프 DB와 같은 새로운 형태의 DB를 만들거나, 새로운 형태의 저장방법을 시도하고 있다. 그중 가시화된 것이 〈컬럼 단위 검색이 가능한 DB〉와 〈분산컴퓨팅에 기반한 데이터 저장 방법론〉이다.

빅데이터의 저장과 처리

빅데이터는 정형, 비정형 그리고 트랜잭션, 인터랙션 유형의 데이터를 모두 포괄하는 개념이다. 따라서 이들 데이터를 저장하고 처리하는 방법이 각 유형별로 차이 날 수 있겠지만, 그럼에도 궁극적으로 이들을 공통된 플랫폼하에서 처리할 필요가 있다. 데이터는 모아 두고 잘 분류해 놓아야 그 활용 가치가 배가되기 때문이다.

빅데이터 관련 기술은 크게 두 가지로 나누어 볼 수 있다. 빅데이터 처리를 가능하게 만드는 기반 기술과, 빅데이터의 내용을 끄집어내 해석하고 이의 결과값을 산출하는 분석 기술이 그것이다.

기반 기술에는 빅데이터를 수집 · 저장하고 관리하는 기술이 포함되어 있으며, 분석 기술에는 빅데이터로부터 필요한 정보를 추출 · 가공하는 기술, 그리고 분석 이후의 결과를 요약 · 정리하고 시각화하는 기술이 포함되어 있다.

빅데이터를 처리하는 기반 기술로 필수적이라 할 수 있는 것이 분산컴퓨팅(Distributed Computing)이다. 물론 하나의 수퍼컴퓨터가 모든 유형의 초대형 데이터를 중앙집중식으로 일괄 처리하면 되지 않겠느냐고 생각할 수도 있지만, 수퍼컴퓨터는 기본적으로 CPU의 처리 속도를 극대화하기 위해 고안된 컴퓨터이지, 다양한 형태의 파일이나 여러 포맷으로 저장되는 기존 데이터를 활용하기 위해 고안된 개념이 아니다. 상업적으로도 비용 대비 효과 측면에서 타당성이 떨어진다.

분산컴퓨팅 개념은 바로 정보의 저장과 처리에 따른 비용 대비 효과 측면을 극대화한 것으로, CPU상의 〈컴퓨팅 클러스터〉와 〈병렬처리〉 그리고 저장장치의 〈가상화(Virtualize) 개념〉과도 연결된다.

컴퓨팅 클러스터와 병렬처리는 기존의 CPU 자원을 효율적으로 활용하는 방법으로, 각각의 프로세서가 각자의 일을 처리하고 그 결과를 종합하는 방법이다. IT 업종에 근무하는 사람이라면 보편적으로 알고 있는 내용이기에 상술을 피한다.

가상화 개념은 아무리 저장장치가 확장된다 하더라도 이를 논리적(Logical) 측면에서 동일한 하나의 공간으로 여기는 개념이다. 데이터가 분산 저장 처리된다는 것은, 정보 저장을 위한 물리적(Physical) 장치가 지속적으로 확장 가능하다는(Scalable) 것을 전제로 한 것이기에, 이를 단절 없이 정상 처리하기 위해서는, 저장장치 전 공간을 하나의 공간으로 인식해야만 한다. 분산된다고 하더라도 논리적으로 하나의 공간으로 취급하는 개념이 가상화인 것이다.

이에 신뢰(Reliability)도 분산컴퓨팅에 중요한 요소이다. 분산 저장된 정보를 효율적으로 처리하기 위해서는 각각의 프로세서가 각자의 일을 처리하고 그 결과를 종합하는 것을 전제로 한다고 했다. 이 과정에서 시스템 장애가 발생한다면, 처리 도중에 있던 데이터들이 뒤죽박죽될 수 있다. 이에 대비할 수 있는 신뢰할 만한(Reliable) 절차와 방법이 분산컴퓨팅에 필수적이다. 그래서 빅데이터 처리 기술 하면 바로 떠오르는 것이 하둡(Hadoop)이다.

하둡은 아파치(Apache™) 진영에서 진행하고 있는 분산컴퓨팅 프로젝트의 애칭으로, 오픈소스 형태로 개발되는 소프트웨어 라이브러리의 프레임워크(Framework)이고, 개발자 상호 간에 준수해야 할 프로그래밍 체계이자 약속이다. 하둡은 기술용어의 머리글자를 딴 약어가 아니라 분산컴퓨팅 개념을 체계화한 더그 컷팅(Doug Cutting)의 아들이 갖고 놀던 노란 코끼리 인형의 애칭이었다고 한다.

빅데이터의 기반 기술을 마련하기 위해 지난 수년간 세계적인 IT 회사들이 매우 주목할 만한 인수합병을 진행했다. 기존의 RDB의 제한점을 보완하고 분산컴퓨팅 환경에 선도적으로 진입하고자 한 조치였다. 피인수 회사들은 모두 〈컬럼 단위〉 검색을 가능하게 하는 DB를 보유했거나, 데이터의 분산 저장을 가능하게 만든 DB를 소유한 회사들이었는데, 일람하면 다음 표(175쪽)와 같다.

세계 유수의 IT 회사들이 적극적인 M&A를 통해 분산컴퓨팅을 뒷받침할 수 있는 기반 DB 솔루션을 갖추어 갔지만, 문제는 여기에 저장되는 정보를 어떻게 활용하느냐가 관건이다.

잘 분류 저장하면 필요할 때 정보를 잘 검색할 수 있을 것이다. 하지만 그것은 데이터의 속성을 잘 분석하여 비즈니스에 활용한다는 것과는 전적으로 다른 문제이다. 검색된 정보들은 각자 단편적인 결과를 보여준다. 물론 그 자체로도 중요한 결과물이기는 하지만, 검색된 정보 상호 간에 내포된 의미를 분석하는 것은 또 다른 고도의 작업인 것이다.

DB 관련 회사의 인수 합병

인수 시점	인수 회사	피인수 회사
2007년	Oracle	Hyperian Solution
2010년	EMC	Greenplum
2010년	IBM	Netezza
2010년	SAP	Sybase
2011년	HP	Vertica
2011년	Teradata	Aster Data

잘 저장해 두면 뭐할 것인가? 단순히 검색을 위한 저장이라면 그 활용도가 너무 일차적이다. 저장된 데이터를 어떻게 분석할 것인가? 무엇에 활용하기 위해 분석할 것인가? 그리고 거기에 필요한 기술들은 현재 얼마나 가용한가가 다음 숙제인 것이다.

빅데이터 종류별 주요 분석 기술

그동안에 〈대용량 데이터〉란 이름의 정형화된 트랜잭션 데이터를 처리 · 분석하는 방법은 매우 발달해 왔다. 이를 통합 처리하는 프레임워크인 EA(Enterprise Architecture)가 다수의 기업에 채택되어 있을 정도이다. 반면에 〈비정형 데이터〉와 〈인터랙션 데이터〉는, 최근에 빅데이터란 이름이 새로 등장할 정도로, 그 처리 · 분석하는 방법이 발전되지 못했다. 빅데이터 분석이라고 했을 때의 문제는,

이들 〈비정형 데이터〉와 〈인터랙션 데이터〉를 어떻게 체계적으로 분석하느냐에 있는 것이다.

정형 트랜잭션 데이터 – 대용량 데이터

정형 트랜잭션 데이터를 보관 관리하는 기법은 그동안 오라클, IBM, 마이크로소프트 등 관계형 데이터베이스(Relational DB)를 보유하고 있는 회사를 중심으로 하여 많이 발전되어 왔다.

순간 거래의 안정성 담보에 주안을 둔 계정계 DB(기간계 DB), 이 DB로부터 분석에 필요한 정보들을 준실시간(Near Real time)으로 넘겨받아 저장하는 분석계 DB(정보계 DB), 그리고 이 분석계 DB에서 용도별 정보를 추출하여 분석엔진의 기반으로 삼는 데이터마트(DM)와 이를 통합적으로 관리하는 전사적 데이터웨어하우스(EDW)는 이미 많은 기업에서 즐겨 쓰는 플랫폼이다.

이렇게 정제된 대용량데이터 기반에서 OLAP(On-Line Application Protocol)의 분석 소프트웨어들이 작동하여 고객의 용도에 맞는 분석 자료들을 생산해 낸다. ERP(전사적 자원관리), SCM(공급망관리), KM(지식관리) 그리고 CRM(고객 관계관리) 등이 대표적으로 활용되는 응용 분야이다. 이들은 EA(Enterprise Architecture)라는 틀에서 체계화되어 있다.

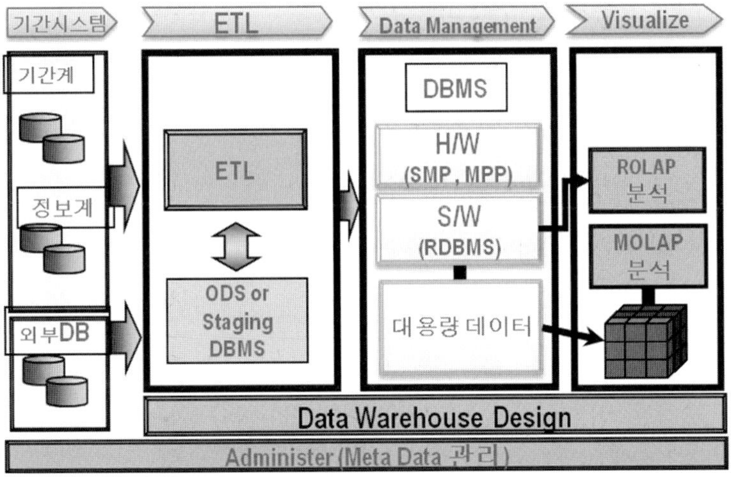

EDW 모델.. 데이터가 기간계(계정계)에 집적된 후 최종 발현될 때까지의 도식이다. 약자는 다음과 같다. ETL(data Extraction, Transformation & Loading), ODS(On-Line Data Store), OLAP(On-Line Application Protocol), ERP(Enterprise Resource Planning), SCM(Supply Chain Management), KM(Knowledge Management)

비정형 데이터

그동안 비정형 텍스트 데이터를 원활하게 검색하는 기법은 웹 검색 진영에서 발달되어 왔다. 구글을 효시로 하여 각종 인터넷 포털 회사들이 관련 기술을 발전시켜 왔다. 문제는 검색을 넘어 파일들을 체계적으로 수집 분석하는 방법이다. 이를 위해 메타데이터(Meta Data) 분석이란 이름의 기술이 축적되었다.

메타데이터는 비정형 파일의 검색 · 분석을 쉽게 하기 위해 파일에 덧붙인 키워드 꼬리표(색인)이다. 현재 메타데이터 분석이 이미지 · 텍스트

파일 검색을 위해 널리 쓰이고 있지만, 궁극적인 솔루션은 되지 못한다. 분석의 핵심이 콘텐츠 그 자체에 내포되어 있기 때문이다.

이를 극복하기 위해, 콘텐츠를 디지털화한 다음 그 콘텐츠가 함의하는 사항을 직접 파악하려는 노력이 진행되고 있다. NLP(Natural Language Processing, 자연어 처리)가 그것이다.

NLP는 언어의 특성상 "최소의미단위"(형태소), "구성문법단위"(의존구조)를 분별하는 과정을 거치게 된다. 그런데 언어마다 문법체계와 글자 구성단위가 서로 다르기 때문에 분별 과정에 차이가 있을 수밖에 없다. 그래서 NLP는 언어별로 개별적으로 진행된다. 예를 들어 일본어의 경우 띄어쓰기가 없어 단어를 구별하는 기법에 공을 들이는 반면, 한국어의 경우

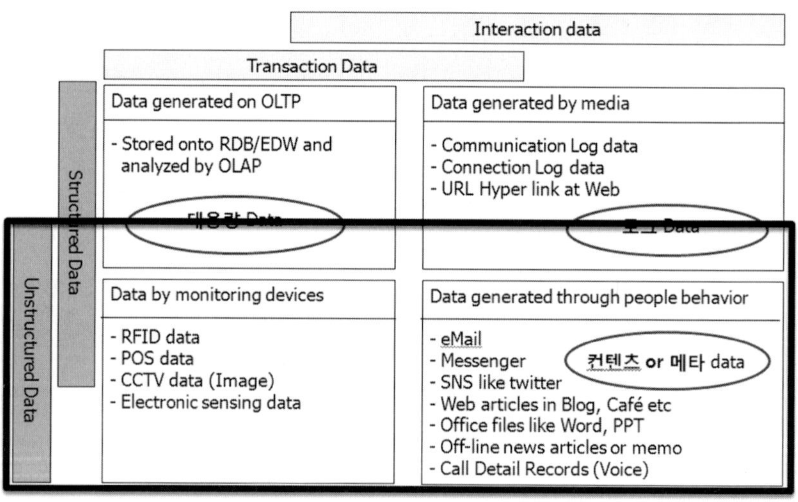

빅데이터의 한 근간을 이루는 비정형 데이터

한글이 음소단위로 분해될 수 있다는 특성으로 형태소 분석뿐만 아니라 음소단위로 분절된 기호의 해석에도 공을 들여야 하는 차이점이 있다. 이 분석이 원활히 수행되어야 사람의 손을 빌리지 않고도 텍스트가 지닌 감성, 즉 "긍정과 부정", "좋아요와 나빠요", "비밀스런(Confidential) 어휘와 평상 어휘" 등을 분별해 낼 수 있을 것이다.

온라인상의 텍스트 파일이 메타데이터 없이도 검색 가능하게 되기 위하여 온톨로지(Ontology) 기법이 도입되고 있는데, 이를 가능케 하는 기법의 웹을 웹 3.0이라 일컫기도 한다.

디지털 영상이나 이미지 파일 경우에는 메타데이터 방식을 넘어 이미지의 패턴을 보고 함의를 잡아내는 패턴 인식 프로그램, 그리고 CDR 데이터의 경우 음성-텍스트 변환과정을 거쳐 디지털 콘텐츠 검색작업으로 수렴되는 기술이 진행되고 있다. 이를 더욱 원활히 하기 위해 워터마킹(watermaking) 기술도 개발되어 있다.

워터마킹 기술은 디지털 콘텐츠 파일 내에 일종의 디지털 바코드를 삽입하는 기술인데, 사용자가 디지털 바코드 리더기를 활용하여 그 정보를 잡아 표현해주는 기술이다. 디지털 음악에 이 기술을 적용하면 언뜻 스쳐가는 음악이 누가 작곡을 했고 음악의 이름은 무엇인지 알아낼 수 있다. 스마트폰에 멀티 리더기 기능의 앱을 탑재하면, 디지털 영상, 이미지, 보이스 등의 자료에 내포된 각종 정보가 실시간으로 사용자에게 파악될 수 있게 되는 것이다.

인터랙션 데이터

인터랙션 데이터는 상대방과의 교감을 전제로 하여 생성된 데이터이다. 매개체를 통하든 통하지 않든, 사람들이 상대방을 염두에 두고 행하는 사회적 활동 과정에서 발생하는 데이터이다. 그래서 데이터 생성의 원초적 속성상 A와 B가 연결되었음을 내포한, 다양한 형태의 링크데이터를 지니고 있다. 특히 인터랙션 데이터의 한 축을 이루는 정형화된 로그 데이터는 링크데이터로 바로 활용할 수 있는 데이터이기도 하다.

인터랙션 데이터는 두 개의 요소를 동시에 포함하고 있다. 예를 들어 노드가 사람일 경우 그 사람이 생산한 비정형 콘텐츠 데이터가 그 하나라면, 소통 대상과 연결된 링크데이터가 또 다른 하나이다. 제3장 첫 부분

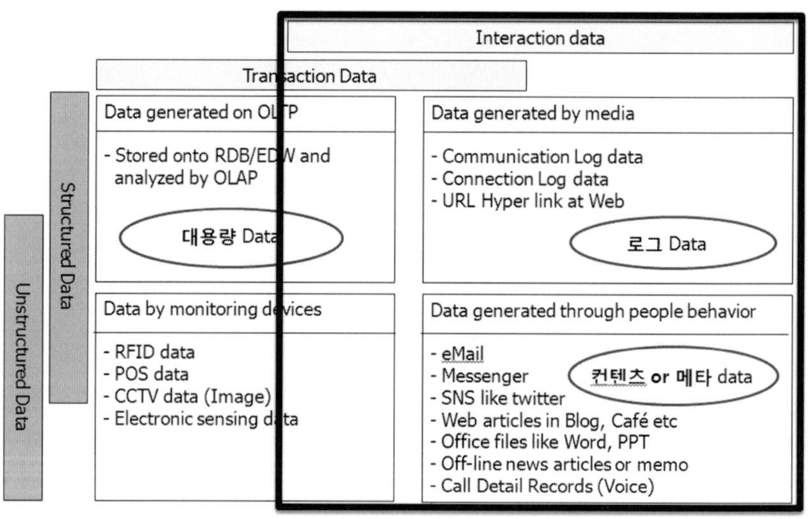

빅데이터의 또 다른 근간을 이루는 인터랙션 데이터.
로그 데이터와 콘텐츠 데이터가 포함되어 있다.

에서 소셜 네트워크상에서 벌어지는 〈현상〉과 그 기반이 되는 〈구조〉에 대해 설명했듯이, 인터랙션 데이터는 이 두 요소를 동시에 지니고 있다.

정형화된 인터랙션 데이터, 즉 로그 데이터를 분석하기 위해 별도의 로그 데이터 분석 프로그램이 일부 상용화되어 있다. 하지만 대부분 통계 처리를 위한 것으로, 인터랙션 데이터가 내포하고 있는 고유한 성격을 분석해 내기에는 다소 미흡하다. 로그 데이터는 바로 인터랙션 데이터이기에, 로그 데이터 분석은 그 데이터가 함유하고 있는 행위자의 사회적 성격까지 분석해 내야만 비로소 분석 의미를 갖춘다 할 수 있다.

비정형 인터랙션 데이터(콘텐츠 데이터)를 분석하는 데에는 일차적으로 NLP나 워디미킹 혹은 그에 준하는 기술을 이용하고, 이차적으로 유사한 콘텐츠를 생산한 사람들의 군집을 파악해야 한다. 여기에 심화하여 그 사람이 맺고 있는 다른 사람과의 링크를 분석하여, 집단의 관계구조를 밝혀내 중심 영향력자와 핵심 전파자를 가려내는 과정을 거쳐야 한다. 소셜 네트워크 분석기법(SNA)은 이 과정에서 활용할 수 있는 최선의 기술이라 할 수 있겠다. 구체적인 소셜 네트워크 분석방법에 대해서는 제6장에서 상술하기로 한다.

다시 한 번 반복하지만, 콘텐츠는 사람들이 사회활동을 하면서 겉으로 쏟아낸 데이터이다. 이들 데이터는 메신저, 블로그, 트위터, 페이스북, 사내 게시판 등과 같은 소통 통로(채널)을 통해 표출된다. 이 채널들을 통합 관리해야만, 사람들이 쏟아낸 콘텐츠를 수집하여 체계적으로 분류할 수 있다.

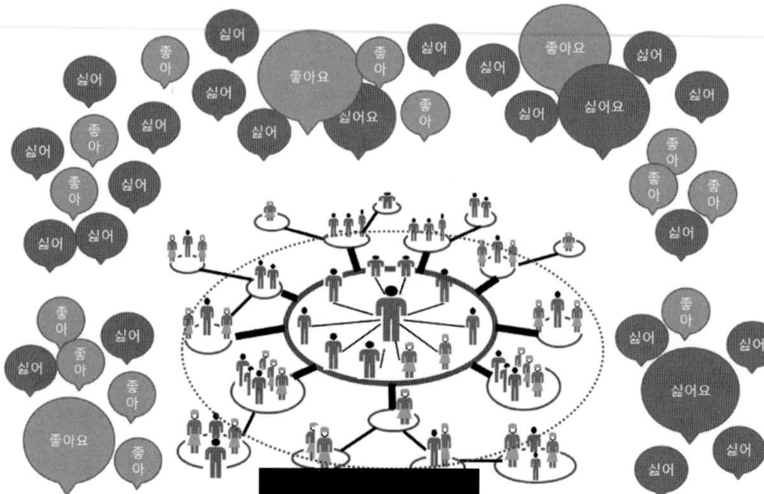

콘텐츠 데이터는 사람과 연결되어 있다.
사람은 사람끼리 링크로 연결되어 있다.

콘텐츠를 분류하기 위해 NLP와 검색엔진이 동원된다. 물론 키워드 중심으로 검색엔진을 가동하여 콘텐츠를 대충 걸러낸 뒤, 사람들이 수작업을 통해 확인하여 분류할 수도 있다. 그러나 이는 소규모 데이터인 경우 효과를 볼 수도 있겠지만, 빅데이터 분석의 원래 취지로 생각해 볼 때 임시방편일 뿐이다.

일단 성향이 유사한 콘텐츠끼리 분류하면, 그 콘텐츠를 작성한 사람들의 소집단을 묶어낼 수 있다. 고객 프로파일링(Profiling)이 되는 것이다. 오바마 미국 대통령이 대선 과정에서 구사했다는 마이크로 마케팅이 이것과 다르지 않다.

여기에 링크데이터가 존재한다면, 소셜 네트워크 구조분석을 통해 누가 중심 영향력자이고, 누가 주요 의견 전달자인지도 알아낼 수 있다. 그래서 씨알과 쏠림, 유유상종, 일파만파의 소셜 네트워크 현상까지 짚어내는 단계까지 이르면, 비로소 일련의 빅데이터 분석과정이 끝난다고 볼 수 있다.

빅데이터 분석에 활용되는 소셜 네트워크 분석(SNA)은 전술한 바와 같이 네트워크 사이언스의 일환으로 출현한 이후 20여 년 동안 발전을 거듭해 왔다. 그동안 관련 알고리듬(분석방법론)이 많이 개발되었고, 이를 채택한 소프트웨어들이 다수 출현하여 현재 관련 학계와 전문 연구기관에서 부분적으로 활용되고 있다. PC에서 구동되는 대표적인 소프트웨어로 넷마이너(NetMiner), 파엑(Pajek), 유씨아이넷(UCINET) 등이 있는데, 특히 NetMiner는 한국 회사인 (주)사이람의 제품으로 주목받고 있다. NetMiner는 일찍이 이 분야에 눈을 뜬 힉구파에 의해 2001년 제품이 개발된 후, 지금은 전 세계 50여개 국 130여 개 대학과 연구기관에서 활용되고 있다. 현재 대용량 네트워크 데이터를 분석하기 위한 서버 버전과 이를 정교하게 그래픽 처리하는 솔루션도 함께 출시되어 있다.

SNA의 분석 대상은 제3장에서 전술한 네트워크 데이터이다. 네트워크 데이터는 노드데이터와 링크데이터를 한 쌍으로 갖고 있는 데이터 형태이다. 노드데이터는 RDB의 데이터 포맷과 거의 동일한 반면, 링크데이터는 A와 B 사이의 상호 연결을 나타내는 새로운 유형의 데이터 형태이다. 따라서 빅데이터 분석에서 SNA를 활용한다는 것은 빅데이터로부터 링크데이터를 발견, 추출해 내는 작업이 무엇보다 필수적이다.

링크데이터에는 전술한 바와 같이, 사람과 사람 사이의 직접적인 링크

데이터와, 콘텐츠를 매개로 간접적으로 형성된 링크데이터가 있다. 사용자가 활용 가능한 빅데이터에는 이 두 가지 유형의 링크데이터가 모두 포함되어 있을 수 있다.

직접 링크데이터는 직관적으로 알 수 있지만, 간접 링크데이터는 매개체가 있다는 점에서 알아채기가 다소 어렵다. 하지만 이를 발굴하여 링크데이터로 가공하는 작업은 빅데이터 분석을 심화하는 데 반드시 필요한 작업이다. 이제 빅데이터로부터 링크데이터를 발견하고 추출하는 과정을 살펴보자.

빅데이터에서 링크데이터 발굴

소셜 네트워크 분석은, 빅데이터를 심화 분석하는 데 있어 NLP와 더불어 핵심적인 기법으로 활용된다. 그런데 소셜 네트워크 분석은 링크데이터를 대상으로 수행되는 기법인데, 링크데이터는 앞에서 정의한 빅데이터의 유형 중 어느 부분에 담겨 있을까? 다음 그림(185쪽)에 표시한 동그라미 부분을 염두에 두고 살펴보자.

정형 인터랙션 데이터는 기본적으로 그 속성이 로그 데이터이기에, 직접 링크데이터를 담는다. 누가 언제 얼마동안 접속했다는 기록이 그 예가 된다. 직관적으로 파악해 낼 수 있다.

상당수 비정형 인터랙션 데이터 역시 사회적 행위를 통해 생성되는 데이터이기에, 행위 주체자와 연결된 데이터가 어디엔가에 남겨지게 된다. 그 상대가 사람이든 물체이든 관계없다. SNS를 통한 소통 행위에는 메시지 작성자, 메시지 전파자, 메시지 소비자 등과 같이 직관적으로 링크를 판단할 수 있는 데이터가 담겨 있지만, 반면에 콘텐츠 내부에 링크를 숨겨둔 데이터도 있을 수 있다. 어떤 사람이 누구의 글을 인용하여 메시지를 작성하고 전파했다면, 그 사람의 글은 인용된 글과 링크관계를 형성한다고 볼 수 있는 것이다. 또한 소비자가 특정 제품을 평가하는 메시지인 경우, 그 메시지는 동일한 제품을 평가한 다른 메시지와 "제품을 매개"로 하여 링크관계를 형성한다고도 볼 수 있다. 특별히 CDR 데이터는 통신회사에서 특정 서비스와 고객 간의 관계도를 추출하는 데 활용될 수 있는 데이터가 담겨 있다고 볼 수 있다.

일부 정형 트랜잭션 데이터의 경우도 마찬가지이다. 대용량 데이터를 유심히 들여다보면, 그곳에는 수많은 링크데이터가 숨어 있다. 예를 들어

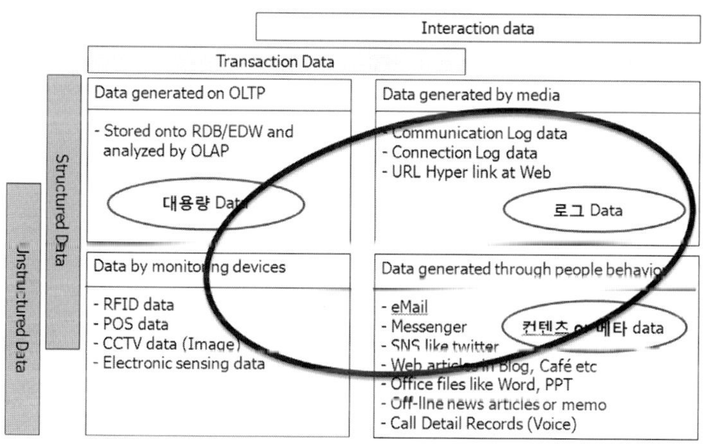

돈을 송금하는 거래(트랜잭션)인 경우, 보내는 사람의 계좌번호, 받는 사람의 계좌번호 사이에 링크가 형성된다. 유사시 사법 당국에서 행하는 계좌 추적은 기본적으로 링크 추적인 것이다. 보험을 예로 든다면, 보험증서에 들어 있는 보험가입자, 보험수령자, 보험모집인 등은 서로가 링크관계를 형성하고 있다. 보험증서가 파일로 일괄 전산 처리되어 있다면, 유사시에 수많은 보험증서 파일에서 위의 데이터만을 일괄 추출하여, 사건의 인과관계를 링크관계구조로 파악해 낼 수 있다. 의료행위를 수반하는 보험사건인 경우 병원 데이터와 연계하면 보다 체계적인 관계구조를 파악해 낼 수 있을 것이다.

지금까지 빅데이터에서 링크데이터의 존재를 알아챌 수 있는 몇 가지 예를 들어 보았다. 다음에는 이들 링크데이터를 직접 발굴해 보도록 하자.

빅데이터에서 〈직접 링크데이터〉를 발굴하기

제1장에서 설명하였듯이 〈직접 링크데이터〉라 함은 노드 A와 노드 B와의 연결관계가 직접적으로 이루어진 데이터를 말한다.

빅데이터 종류 중에서 정형 인터랙션 데이터가 대부분 이 유형에 속한다. 이러한 링크데이터는 NxN의 동형 매트릭스(Homogeneous Matrix) 구조로 표현될 수 있어 1-mode 데이터라고도 부른다.

〈직접 링크데이터〉는 A에서 B로 향하는 방향성 유무에 따라 두 가지로 분류할 수 있다. 방향성이 분명하게 기록되어 있는 데이터는 〈방향성 링크데이터〉로, 단순히 양자와의 연결관계만 기록된 데이터를 〈무방향성 링크데이터〉로 분류한다.

사람A가 사람B로 전화한 기록이 담긴 로그 데이터가 〈방향성 링크데이터〉의 전형적 유형이라면, 친구 관계, 동창 관계, 부서원 관계 등과 같이 관계의 방향성이 담겨 있지 않은 데이터는 〈무방향성 링크데이터〉이다.

방향성 링크데이터로 가장 쉽게 연상되는 것은 통화기록 데이터(CDR, Call Detail Records)이다. A라는 사람이 B라는 사람에게 전화를 건 기록인데, 이 기록은 주로 과금(요금부과)을 위해 통신사들이 보유하고 있어, 일반 기업이 활용하는 데 한계가 있다는 단점이 있다.

하지만 통상 SNS로 일컬어지는 소셜 소프트웨어(트위터, 페이스북, 링크드인, 카카오톡)는 다르다. 소셜 서비스를 통해 소통한 로그 데이터가 개별 기업 전산실에 축적되어 있기 때문에, 만약 고객의 동의가 있고 이들 기업과 제휴를 맺은 기업이라면 바로 분석에 활용할 수 있는 방향성 링크데이터가 될 수 있다.

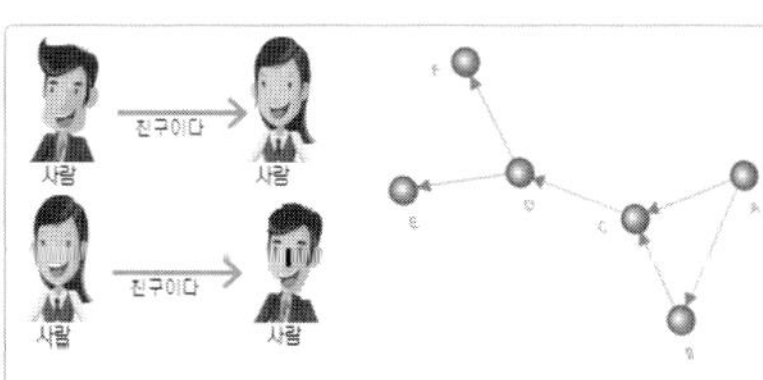

	A	B	C	D	E	F
A	0	1	1	0	0	0
B	0	0	0	2	0	0
C	0	3	0	0	0	0
D	0	0	0	0	1	2
E	0	0	0	0	0	0
F	0	0	0	0	0	0

동형 매트릭스(Homogeneous Matrix) 형태로 표현된 고순도 링크데이터.
사람A가 사람B로 한 번(1) 혹은 두 번(2) 전화하는 경우 매트릭스로 표현된다. 가장 좌측 열은 소스(Source), 최상부 행은 타깃(Destination)으로 하여 매트릭스가 형성된다.
출처: 사이람, SNA 교육 자료집

On-Line을 통한 거래 데이터(Transaction Data)도 좋은 대상이다. 로그 형태로 쌓이는 데이터로, 예를 들어 A에서 B로의 계좌 이체 시 전산시스템에 축적되는 링크데이터이다. 그러나 이 역시 소수 금융사에 국한될 수밖에 없다. 금융기관의 경우 대고객 분규에 대비하기 위해 마찬가지로 금융 거래내역을 일정 기간 보관해 두는데, 여기에 고순도의 방향성 링크데이터가 잠자고 있다.

전산 시스템이 비교적 잘 구비된 일반 기업이라면, 사내에 축적된 통신 프로토콜 로그 데이터로부터 링크데이터를 발견할 수 있다. 사내 eMail시스템이나 그룹웨어는 사원과 사원 간에 오가는 이메일의 주소로그를 축적하고 있기에, 만약 기업이 SNA를 이용해 사원 간의 협업구조를 파악하고 싶다면 바로 활용될 수 있는 방향성 링크데이터이다.

또한 금융회사에서 취급하는 상품정보에서도 〈방향성 링크데이터〉의

Source	Target	Weight
A	B	1
A	C	1
B	D	2
C	B	3
D	E	1
D	F	2

빅데이터에서 발견될 수 있는 대표적인 링크데이터의 원천:
사람A가 사람B에게 1초 전화했고, 사람C는 사람B에게 3초 전화하는 등의 리스트이다. 이 리스트는 통신회사에서 고객에게 요금을 청구하기 위해 정기적으로 집대성된다. SNA의 링크데이터로 활용되기 위해 매트릭스 형태로 변환된다.

원천을 발견할 수 있다. 파생상품인 경우 그것의 모체가 되는 하나 또는 여러 개의 원천상품이 있을 텐데, 파생상품이 원천상품을 참조하는 링크 관계를 형성하고 있다. 이 경우 금융상품 전반을 노드데이터로 삼고, 파생상품과 원천상품 간의 관계를 링크데이터로 한다면 금융상품 전반에 대해 SNA 분석을 할 수 있다. 상품 간의 구조 분석과 판매현황에 관한 의존성 분석을 할 수 있다는 측면에서 리스크 관리를 높이는 방안의 하나로 투자금융회사들이 활용하기도 한다.

이 밖에 Off-Line 세계에서도 고순도의 방향성 링크데이터를 발견할 수 있다. 예를 들어 학술도서(논문) 저작자 네트워크 경우이다. 학자들이 학술도서나 논문을 저작할 때 참고문헌과 참고자료를 인용하게 되는데, 바로 그 참고문헌 · 참고자료 역시 저작자 정보가 있다. 이 경우는 학술도서(논문) 저자와 참고문헌 저자 사이에 방향성 링크데이터가 존재한다. 만약 책과 저자와 참고문헌 등의 정보가 문헌정보시스템으로 잘 전산화되어 있다면, 이 시스템에서 바로 링크데이터를 추출할 수 있다.

최근 학계에서는 새로운 연구 분야를 모색하면서 학문 융합이 활발한데, 특정 분야별 연구자 집단과 각 연구 분야를 연결해 주는 통섭의 연구자를 발견하는 데에 SNA가 유용하게 활용될 수 있다.

〈무방향성 직접 링크데이터〉의 경우 대개 전산화된 DB에 숨겨진 상태로 내재된 경우가 많다. 회사를 예로 들면 임직원 명부, 사내 취미클럽 회원 명부, 동창회 명부 등과 같은 것이다. 문제는 그들 명부 안에 포함된 사람들 간에 직접 연결관계가 존재하느냐이다. 예를 들어 회사가 보유한 고객 정보는, 고객 사이에 직접적인 연결관계가 성립되어 있다고 보기 어렵다. 그래서 〈무방향성 데이터〉의 경우 〈직접 링크데이터〉로 활용할 수 있을지 여부를 신중하게 판단해야 한다.

〈직접 링크데이터〉가 가용하지 못할 경우 종종 시도되는 것이 설문조사이다. 이 경우는 사람들에게 일일이 관계 유형을 물어 링크데이터를 획득하는 방법인데, 웹을 통해 설문조사를 할 경우는 이 과정이 다소 간편해질 수 있다. 주로 조직 · 인사관리, 교우관계관리 분석을 할 때 시도된다. 설문 내용은 링크를 파악하기 위한 것으로, 예를 들면 "어려운 일이 닥쳤을 때 조직의 누구와 주로 상의하십니까" "점심 때 식사는 주로 누구와 합니까? 자주 하는 순으로 3명만 적어 주시기 바랍니다" 등과 같은 것이다.

수집된 자료는 모두 〈소스/타깃/강도〉로 정리된 다음, 프로그램에 의해 동형 매트릭스로 변환되어 SNA 분석에 들어가게 된다.

빅데이터에서 〈간접 링크데이터〉를 발굴하기

〈간접 링크데이터〉라 함은 A와 B가 〈어떤 것을 매개로〉 상호 연관관계를 맺고 있는 데이터를 말한다. 이러한 링크데이터는 빅데이터 종류 중에서도 비정형(Unstructured)의 인터랙션 데이터(Interaction data)에서 주로 발견된다. 물론 이 경우 노드 간의 방향성을 파악하기 쉽지 않은 링크데이터이다. 이러한 링크데이터는 아래 그림의 표와 같이 MxN의 이형 매트릭스(Heterogeneous Matrix) 구조로 표현될 수 있다. 행위주체자 열(컬럼)과 행위 대상체 행(로) 등 두 가지로 이루어진 매트릭스라 하여 2-mode 데이터라고도 부른다. 매개물에 의한 양자 관계란 측면에서 매우 정교한 사전 데이터 모델링을 요구한다.

이와 같은 〈간접 링크데이터〉는 빅데이터 도처에서 발견될 수 있다. 문제는 SNA 분석 결과물이 가져다 줄 효익에 대한 판단이다. 판단이 서서 살피기만 한다면, 매개물에 의한 사람과 사람과의 관계, 사람을 매개로 한 상품과 상품과의 관계, 혹은 상품을 매개로 한 정보와 정보와의 관계 등, 매개체를 사이에 두고 맺어질 수 있는 관계 데이터를 빅데이터 도처에서 발견할 수 있다.

〈간접 링크데이터〉의 원천을 찾는 혜안을 마련하기 위해, 일단 on-line

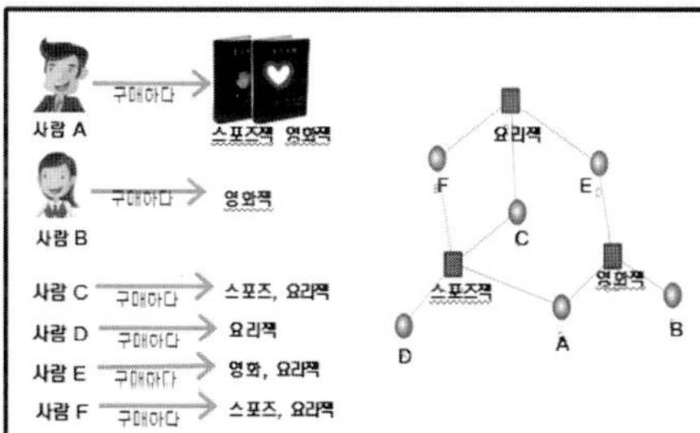

	스포츠	영화	요리
A	1	1	0
B	0	1	0
C	1	0	1
D	1	0	0
E	0	1	1
F	1	0	1

이종 매트릭스(Heterogeneous Matrix) 형태로 표현된 저순도 링크데이터.
사람A가 특정 스포츠 책과 영화 책을 사고, 사람B가 같은 영화 책을, 그리고 사람 C, D, E, F가 각각 도표에 나타난 책을 샀다면, 오른쪽과 같은 이형 매트릭스가 만들어질 수 있다. 이 경우 〈책을 매개로 하는, 사람과 사람과의 관계〉를 파악해 낼 수 있다.
출처: 사이람, SNA 교육 자료집

공간에서 진행되는 도서 추천의 경우를 예로 들어보자. 기존에는 막연히 신간 서적을 무차별하게 온라인 사용자 화면에 뿌려주었다. 조금 진보했다면 사용자가 구매한 책을 기반으로 그 분야의 신간 서적을 온라인 사용자 화면에 뿌려주는 것이다. 이 경우는 책 소개 파일에 붙은 분류 태그를 활용한 방법이다. 여기서 더 발전한 형태가 도서 추천 시스템이다. 책들을 매개로 한 사용자 그룹을 가상으로 설정하고, 그 그룹이 최근에 구매한 책을 추천해 주는 것이다. 협업 필터링(Collaborative Filtering) 기법이라고 하는데 기존의 방식과 확연히 차별된다. 이 경우 링크데이터는 기존에 책을 구매한 〈고객 파일〉과 〈판매 마스터파일〉을 상호 연결함으로써 추출될 수 있다.

빅데이터의 주요 원천이라고 할 수 있는 SNS상에서의 사람과 메시지 관계도 이와 같이 분석할 수 있다. 다시 말하면, SNS상의 특정 주제 혹은 키워드를 매개로 사람 사이의 관계를 파악해 낼 수 있다는 것이다. 특정 이슈의 글이 처음 포스팅된 후 확대되어 가는 과정은, 사람과 사람 간의 〈직접 링크데이터〉로 파악될 수 있다. 여기에 사용자가 작성한 메시지에 온라인 매체들의 글이 URL로 링크되어 있는 경우, 그 온라인 매체를 중심으로 글(키워드)과 글(키워드)과의 관계 역시 파악될 수 있다. 이 경우 동일한 온라인 매체를 인용한 글들을 묶음으로 취급한다면, SNS 공간상에 흔히 발생하는 글의 쏠림 현상을 보정하면서 냉정하게 share of voice를 판단할 수 있게 된다. 바로 SNS 공간상의 글들을 〈간접 링크데이터〉의 관점에서 관리함으로써 가능한 일이다.

이 밖에도 디지털 포렌식(Forensic)의 일환으로 추출 · 집적한 데이터로부터도 〈간접 링크데이터〉를 추출해 낼 수 있다. 디지털 포렌식은 정보감사의 주요 분야로, 개인들이 갖고 있는 정보기기(PC)에 입출력된 일체의 정보를 추출하여 감사하는 기법이다. 물론 삭제된 로그 파일의 복원은 기본 기술로 탑재되어 있다. 우리가 언론을 통해 PC를 통채로 압수하는 경찰의 압수수색 장면을 가끔 접하는데, 이때 PC 내의 정보를 복원 · 추출하는 기술이 디지털 포렌식이다. 지금은 많은 회사에서 회사의 대외비 자료관리, 허가(라이센스)받지 않은 불법 소프트웨어의 사내 활용 방지 등을 위하여 정기적으로 활용하고 있다.

소프트웨어마다 성능이 다르겠지만, 디지털 포렌식을 통하면 개개인들의 단말기에서 보관되어 있거나 삭제된 자료 정보의 유통경로를 파악할 수도 있다. 회사 중앙 전산방의 공유자료 접근 기록을 〈간접 링크데이터〉의 원천으로 활용하여 회사의 사원 파일과 연결하면, 특정 파일을 매개로 한 사원 간의 지식망도 추정해 볼 수 있다.

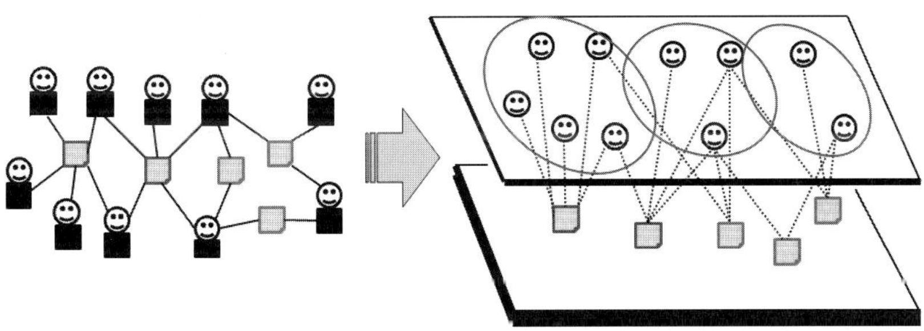

책을 매개로 한 사람과의 관계는 좌측 편과 같이 표현될 수 있다. 이를 중층구조로 하여 책과 사람으로 나누면 우측 편과 같이 되는데, 이 경우 사람과 책의 군집형태를 파악해 낼 수 있다. 실무적으로 보면, 우측 편의 두 개 파일(고객 파일과 책판매 파일)이 상호 연결됨으로써 SNA 분석이 가능하게 된다.

출처: 사이람, SNA 교육 자료집

기업의 대용량 DB에서 〈링크데이터〉를 발굴하기

기업에 SNA를 적용할 수 있는지 여부는 네트워크 데이터의 가용성(Availability of network data source)에 달려 있다. 전형적인 네트워크 데이터는 A에서 B로의 경로가 포함된 방향성 링크데이터이지만, 상당수 기업에서는 Log data, DW 데이터, Unstructured data 등 상호 연계된 속성을 내포한 간접 링크데이터를 막대하게 축적하고 있다. 이들 데이터는 네트워크 데이터로 가공 · 전이될 수 있는 여지가 충분한 자료로서, 어쩌면 가공의 손길을 기다리는 빅데이터라고 해도 과언이 아니다.

기업에는 이미 다양한 유형으로 DB를 갖고 있다. 최소한 〈사원 마스터 파일〉과 〈고객 마스터 파일〉 그리고 〈판매기록 파일〉 정도는 기본일 것이다. 중대형 기업은 이를 전문 RDB SW를 활용하여 데이터를 비축하고 있을 것이고, 중소규모 회사에서는 최소한 워크시트 형태로 비축하고 있을 것이다. 물론 각 부서 단위로도 수많은 자료가 비축되어 있을 것이다.

이들 데이터는 그동안 자료 검색을 하거나 통계 처리하기 위한 용도로만 활용되어 왔지만, 조금만 더 들여다본다면 〈링크데이터〉로 만들 수 있는 원천 데이터를 다수 포함하고 있다. 이를 추출하여 SNA 응용 분야에 활용한다면, 기업으로서는 기존 데이터의 활용도를 매우 증대시킬 수 있다. 이 과정을 기업에서 핵심 이슈 중의 하나인 지식관리시스템(KMS)과 고객 맞춤형 제품 추천 시스템을 예로 들어 살펴보자.

지금까지 각 기업들은 KMS(지식관리시스템)를 한다면서 그룹웨어를 활용하거나 사내게시판을 운영해 왔다. 그러나 이것은 지식관리와 다소 거리가 있는 운영방법이다.

지식관리는 암묵지(tacit knowledge)와 형식지(explicit knowledge)의 유기적인 관계를 통해 구현된다. 정보가 공식 조직의 물밑에서 흐른다는 점을 고려해 볼 때, KMS 본연의 기능은 하부 지식의 흐름을 원활히 하고 정보가 적재적소에 공급되게 하여, 공식 조직의 업무효율을 극대화하는 것에 목적이 있다. 암묵지가 중요한 것이다.

암묵지는 표면화된 문서를 통해 학습되는 형식지와는 달리, 사람들 간의 접촉을 통해 전수되는 지식이다. 단순히 게시판을 운영하는 것은 형식지 관리 영역이다. 그래서 게시판 운영만을 두고 회사가 지식관리(KM)를 한다고 하기에는 무엇인가 부족한 것도 이 때문이다.

지식관리는 암묵지를 형성하는 부서와 부서 간에 정보의 흐름이 매우 중요하다. 이런 측면에서 〈지식정보〉를 매개로 한 〈부서와 부서 간〉의 정보 흐름을 파악해야 한다.

이 경우, 회사 조직도 정보를 〈공유폴더 파일의 접속데이터〉와 연결시키면, 훌륭한 〈간접 링크데이터〉가 마련된다. "어느 부서의 누구누구가 어떤 파일을 공유했다"라는 간접 링크데이터인 것이다. 여기에 〈사내 e메일 로그 데이터〉를 결합하면 "누구와 공유했다"라는 직접 링크데이터도 확보할 수 있게 된다. 그동안 단편적으로 활용되어 왔던 지식관리시스템을 사내 지식네트워크와 소식방 관리 차원까지 업그레이드시켜, 진정한 의미의 사내 지식방 관리를 형성할 수 있게 하는 것이다.

다음은 고객구매내역 데이터에 기반한 맞춤형 제품 추천 시스템의 경우이다. 대개 소매 유통업종의 회사에서는 고객이 구매한 내역을 담은 DB를 보유하고 있다. 아래의 예와 같이, 그 DB에 고객이 제품을 구매하면서 결제한 신용카드 정보 혹은 고객카드 정보가 담겨 있다면, 이를 바탕으로 맞춤형 제품 추천에 필요한 〈간접 링크데이터〉를 추출해 낼 수 있다.

예를 들면 다음 그림(197쪽)의 판매내역 마스터 DB에 들어 있는 복수 개의 구입 물품 내역을 바탕으로, 고객 마스터 DB를 활용하면 구매 패턴이 유사한 고객들을 묶을 수 있다. 물품들을 매개로 한 고객 간 링크데이터인 것이다. 정교하게 도출된 (가상) 고객군 내에서는 비교적 유사한 제품을 구입하는 것으로 가정할 수 있다. 이에 따라 고객군 내에서, 다른 사람들은 이미 구입했는데 아직도 그 제품을 구입하지 않은 고객들에게 제품 추천을 하게 된다. 소셜 네트워크 분석에 머신 러닝(Machine Learning) 기법을 첨가한다면 가능한 일이다.

■ **고객 마스터 DB...... MKTG부 RDB**

고객명	고객카드번호	성별	생년월일	주소
고객1				
고객2				
고객3				
고객4				
…				
…				
…				
총 오만명				

■ 판매내역 마스터 DB .... (가정) 재경부 RDB 파일

고객명	사용카드	구입물품	액수	일자	구입장소	누적 포인트
고객1	고객카드	a				
		b				
		c				
고객2	신용카드	d				
		e				
고객3	신용카드	f				
고객4	고객카드	g				
총 만명						

새로 링크데이터를 만들어야 할 경우

직접 링크데이터(1-mode)나 간접 링크데이터(2-mode)가 가용하지 않은 상황에서 반드시 소셜 네트워크 분석을 해야만 한다면, 링크를 추출할 수 있는 원천 자료를 새로 만들거나 외부에서 새로 획득해야만 한다. 설문조사는 조직 인사 구조를 분석하고자 할 때 종종 구사하는 방법이다. 이 경우 설문조사 질문은 추후 링크데이터로 변환될 것을 염두에 두고 매우 사려 깊게 준비되어야 한다.

다음은 조직 인사 구조를 분석하기 위해 고안된 설문의 간단한 예이다. 회사의 직원 인사파일을 노드데이터로 활용한다는 선제하에 추가적으로 링크데이터를 확보하는 사례이다.

1. 귀하가 업무협력 차원에서 가장 많이 접촉하는 사람은 누구입니까?

2. 귀하가 업무를 처리하면서 전문적 도움을 필요로 할 때 누구에게 자주 조언을 구합니까?

설문조사를 통해 링크의 원천 자료를 확보하는 방법은 분석 대상 규모가 상대적으로 작을 때 이용할 수 있다. 대상자가 많을 경우 Web을 통해 입력하도록 해야 할 것이다.

Chapter 6

SNA를 통한 링크데이터 처리

SOCIAL NETWORK

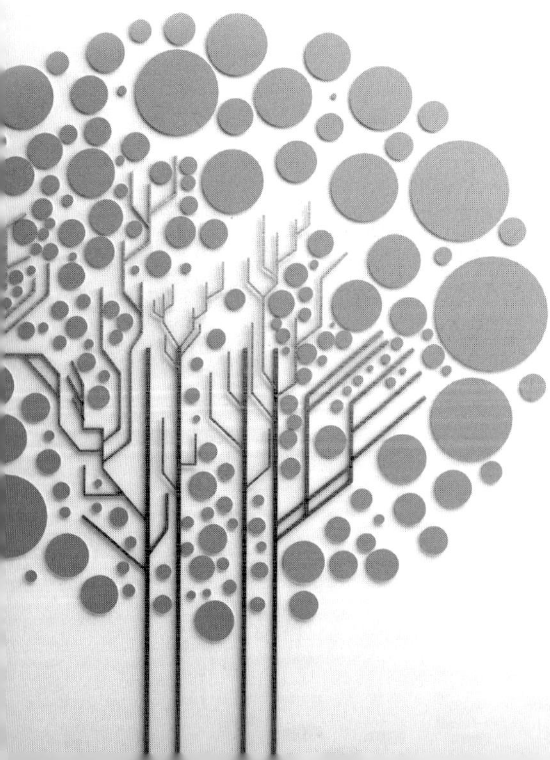

Chapter 6

SNA를 통한 링크데이터 처리

빅데이터를 분석한다는 것은 바로 빅데이터 내에 숨은 여러 유형의 데이터 중 사용자 목적에 맞는 것을 추출하여 그 의미를 발견하는 과정이다. 현실적으로 바로 활용할 수 있는 빅데이터의 분석기법 중의 하나가 소셜 네트워크 분석(SNA)이다.

빅데이터에는 소셜 네트워크 분석(SNA)에 활용될 수 있는 다양한 형태의 링크데이터가 숨겨져 있다. 이를 발견하여 추출해 내는 것이 소셜 네트워크 분석의 첫걸음이다. 그러나 분석을 시행착오 없이 수행하기 위해서는 먼저 분석과정을 체계화할 필요가 있다. 그것이 모델링이다. 빅데이터라는 유전에서 네트워크 데이터라는 원유를 채굴하기 위한 계획도인 셈이다.

소셜 네트워크 분석은 여러 단계를 거치게 된다. 첫 번째가 〈네트워크 모델링〉이다. 분석을 위한 최상위 설계 작업이다. 그 기반하에서 〈데이터 수집〉에 들어간다. 빅데이터로부터 데이터를 추출하는 것이다. 이 수집은 〈데이터 모델링〉 틀에서 수행되어 DB화 된다.

DB화 된 데이터는 사용자 목적에 맞는 분석작업을 위해서 여러 기법으로 재가공해야 한다. 〈데이터의 전처리〉(Pre-processing)이다. 전처리가 끝난 네트워크 데이터는 이제 본격적으로 분석엔진에 투입될 상태가 된다. 원유를 채굴한 뒤 이를 정제하여 휘발유를 만든 셈이다.

이후의 분석과정은 대단히 전문적인 영역이어서 상술을 피했다. 요약하면, 분석이 끝난 네트워크 데이터는 다양한 방법으로 수치화 · 시각화되어 사용자에게 제시되는데, 제2장과 3장에서 전술한 바와 같이 네트워크 특유의 현상을 유발하는 구조의 속성을 담고 있다. 거대하고(Volume) 빠르게 변화하는(Velocity), 다양하고(Variety) 복잡한(Complexity) 빅데이터에서 비로소 의미 있는 규칙성이 사용자 눈앞에 제시되는 것이다.

소셜 네트워크 분석 과정

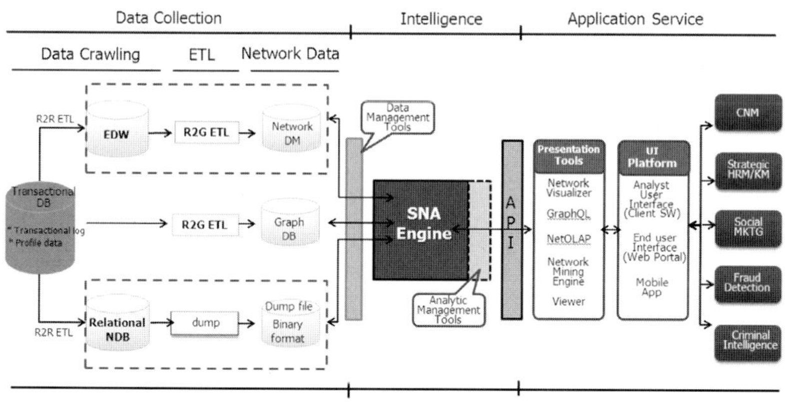

Data Collection 단계에서 네트워크 모델링, 네이터 모델링이 이루어지며, 그 모델에서 데이터 원천(빅데이터)으로부터 각종 (링크, 노드) 데이터가 수집된다. 수집된 데이터는 가공과정을 거쳐 네트워크 데이터로 축적된다.

Intelligence 단계는 네트워크 데이터를 기반으로 SNA 엔진이 구동되는 과정이다. 분석작업 결과(Output)는 API를 통해 방출된다.

Application 단계는 분석 결과 데이터를 기반으로 사용자 목적에 맞도록 재편집하는 과정이다. 사용자가 쉽게 알아볼 수 있도록 정교한 시각화 과정이 진행된다.

출처: 사이람, SNA 개발 자료집

네트워크 모델링

빅데이터로부터 어느 것을 링크데이터세트로 하고, 이 링크가 연결관계를 형성하는 노드 세트는 무엇인지, 혹 링크를 형성해 주는 매개체가 있다면 어떤 우선순위로 노드 세트와 매개체를 자리매김해야 하는가를 정하는 것이 네트워크 모델링이다. 네트워크 모델링이 잘못되면 나무에서 물고기를 찾는 것과 같기 때문에, 전문가의 도움이 가장 필요한 단계이다.

우리에게 친숙한 갑돌이-갑순이 사랑 이야기를 연상하면, 네트워크 모델링을 좀 더 쉽게 이해할 수 있다.

노드 세트는 갑돌이, 갑순이, 김진사 막내아들 이상 3명이 갖고 있는 속성들로 이루어지고, 링크 세트는 갑돌이가 갑순이에게, 혹은 갑순이가 김진사 막내아들에게 편지를 몇 번 보냈느냐 등의 속성으로 이루어진다. 문제는 이들 데이터의 원천을 어떻게 찾는가에 있다. 빅데이터 환경을 염두에 둔다면, 노드 세트는 〈김진사 주민파일〉에 있을 것이고, 링크 세트는 〈우편 배달 대장〉에 있을 것이다. 이 두 파일을 찾아 필요한 데이터 필드를 추출하는 작업을 규정하는 것이 네트워크 모델링이다(아래 그림 참조).

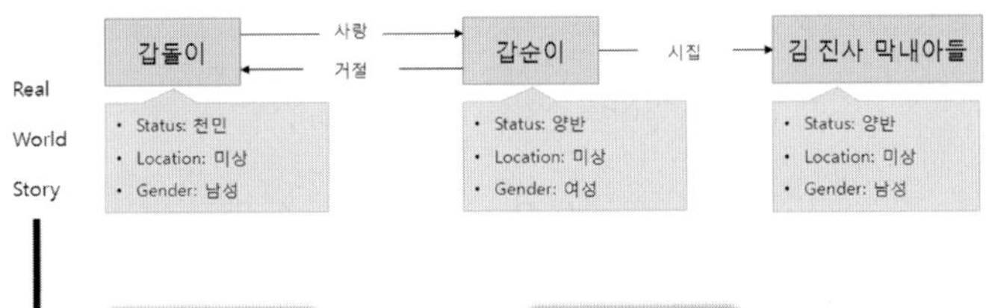

	Gender	Location	Status
갑돌이	남성	미상	천민
갑순이	여성	미상	양반
김 진사 막내아들	남성	미상	양반

Source Node	Target Node	Weight	Link Layer
갑돌이	갑순이	3	사랑
갑순이	갑돌이	5	거절
갑순이	김 진사 막내아들	1	결혼

노드 세트는 갑돌이, 갑순이, 김진사 막내아들로 이루어져 있고, 이들 간의 링크관계는 누가 누구에게 몇 번 편지를 전해주었냐와 같은 것이다.

출처: 사이람, SNA 교육자료집

갑돌이-갑순이 관계가 〈직접 링크데이터세트〉에 의한 네트워크 모델링이라고 한다면, 〈간접 링크데이터세트〉 기반의 네트워크 모델링은, 매개체에 의해 (간접적으로) 파악되는 노드들 간의 연결관계를 다룬다는 점에서 좀 더 정교하게 네트워크 모델링이 필요하다. 매개체의 성격에 따라, 그리고 분석의 목표에 따라 분석과정이 달라질 수 있고, 심하면 이후의 작업에 혼선이 일어날 수도 있기 때문이다.

데이터 모델링

어떤 구조로 네트워크 데이터(링크데이터세트, 노드데이터세트)를 DB화할 것인가를 결정하는 DB 구조설계 작업이다. 그것은 RDB 작업을 시작할 때 수행해야 할 작업과 유사하다.

예를 들어 DB를 하나로 할 것인가, 아니면 두 개를 둘 것인가, 두 개로 한다면 그 둘 사이에 위계질서를 어떻게 둘 것인가 하는 것과 같은 의사결정이다. 그리고 데이터를 어떤 포맷으로 축적할 것인가도 결정해야 한다.

데이터 모델링은 SNA 엔진에 투입하기 위한 데이터의 구조를 설정하는 과정이다. RDB에 익숙한 사람이라면 데이터 필드의 제반 속성을 규정하는 작업이라고 여겨도 좋다. 그 과정들이 끝나면 비로소 데이터를 미리 지정한 DB에 적재하는 과정(Data Collection)을 밟게 된다.

ETL

데이터 모델링에 맞추어 데이터를 원천으로부터 추출하여 네트워크 데이터로 재구성한 뒤 마트에 적재하는 과정이다. 이 과정에서 필요에 따라 ETL(Extraction, Transformation and Loading)이 수행된다. 이 과정을 통해 생성된 파일이 RDB 포맷의 네트워크 데이터마트일 수도 있고, 바이너리 형태(Binary Format)의 파일일 수도 있다. 하지만 추출된 데이터는 SNA 엔진에 바로 투입되기에는 아직 미흡한 상태이다. 다소의 가공과정을 거쳐야 한다.

참고로 네트워크 데이터를 운영하기 좋게 구조화된 저장형태가 그래프 데이터베이스(Graph DB)이다. 이 DB는 기존의 RDB와 다르게 네트워크 데이터를 처리하기 위한 전용 DB인데, 일부 제품화된 것이지만 상용으로 활용되기에는 아직 범용적이지 못하다. 범용 그래프 데이터베이스가 출현되기까지는 기존의 RDB 형태를 그대로 활용할 수밖에 없다. 다소 번거로운 작업이지만, 오히려 기존의 RDB나 DW의 데이터 형태를 그대로 활용할 수 있다는 측면에서 기업의 IT 기투자분을 보호하는 데(Investment Protection) 더 유리할 수도 있다 하겠다.

데이터 클렌징(Cleansing)과 전처리(Pre-processing)

네트워크 데이터마트에 적재된 데이터는 그대로 활용할 수도 있지만 때에 따라 사용자 분석 요구에 맞도록 섬세하게 변형작업을 수행해야 한다. 예를 들어 소셜 네트워크 데이터는 그 속성상 개인의 사적 정보를 취급할 수도 있는데, 이 경우 해당 데이터를 익명 처리하는 작업을 거쳐야 한다. 이를 데이터 클렌징(Cleansing)이라고 한다.

여기에 더하여 사용자가 파악하고 싶은 연결관계의 유형에 따라, 링크데이터를 가공할 필요도 적지 않다. 예컨대 단순한 연결관계만을 파악하고 싶은지, 아니면 관계의 강도까지 파악하고 싶은지에 따라 링크데이터의 속성을 변화시켜줄 필요가 있다. 이를 데이터 전처리(前처리, Data pre-processing)라고 한다.

데이터 전처리의 경우 매트릭스의 전치, 융합, 사칙연산 등과 같은 전문적 기술이 사용된다. 양자 간의 관계만을 보고자 하는 것인지(매트릭스의 이분화), 아니면 관계의 주체를 바꾸는 것인지(전치), 핵심 노드들만 중점적으로 파악하려는지(통합), 아니면 전체 노드의 네트워크를 보고자 하는지에 따라 데이터 전처리 작업을 수행하게 되는 것이다.

데이터 전처리까지 끝나야 비로소 SNA 엔진을 구동할 준비가 되었

	A	B	C	D
A	1	0	1	0
B	0	2	0	0
C	2	0	1	0
D	0	2	0	0

	A	B	C	D
A	1	0	2	0
B	0	2	0	2
C	1	0	1	0
D	0	0	0	0

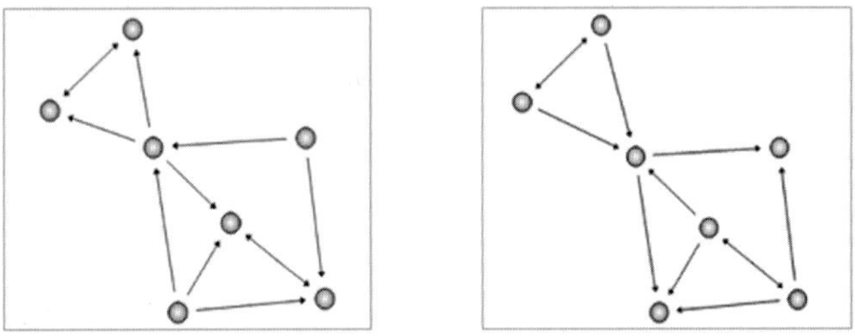

〈직접 링크데이터세트〉를 전치(Transpose)한 경우이다. 관계의 주체를 변경함에 따라 데이터 전처리 작업이 수행되었다. 내가 물건을 팔고 돈을 받았다고 했을 때, 물건을 판 관점과 돈을 받은 관점은 서로 반대 방향이다.

출처: 사이람, SNA 교육자료집

다고 볼 수 있다. IT 업계에 근무하는 사람이라면 누구나 익숙해 있을 Garbage-in Garbage-out 격언대로, 제대로 정제된 데이터가 투입되어야 의미 있는 결과가 나타날 수 있기 때문이다. 마치 유전에서 원유를 발견하고, 이를 퍼 올린 뒤 정제하여 휘발유를 만드는 일련의 과정이 끝난 것과 같은 셈이다.

Intelligence 단계

전처리된 데이터를 입력받아 각종 분석 모듈을 가동하여 분석한 뒤, 미리 정해진 API를 통해 분석결과물을 방출하는 단계가 Intelligence 단계이다. 이 단계에서 가장 핵심적인 역할을 하는 것이 소셜 네트워크 분석엔진이다.

SNA 엔진은 소셜 네트워크 분석방법론(알고리듬, Algorithm)이 프로그램화된 다수의 분석 모듈로 구성되어 있다. 이 엔진은 네트워크 데이터를 불러들여 이를 분석하고 결과물을 수치 데이터로 방출하는 작업을 수행한다.

분석 결과로 산출된 수치 데이터는 사용자 편의을 위해 다음 단계인 Application 단계로의 입력데이터로 재활용되는데, 그중 〈시각화〉는 네트워크 데이터의 속성상 가장 중요한 과정이다.

SNA 엔진은 그동안 학계나 SNA 전문기업에서 끊임없이 연구 발전시킨 각종 분석 알고리듬을 체계적으로 담은 소프트웨어 형태로 제공된다. 사용자 편의성을 제공하기 위한 패키지 형태의 PC용 엔진이 있는가 하면, 백여 개 분석 알고리듬을 담은 라이브러리 형태의 서버용 엔진도 있다. 서버용 엔진은 사용자호출(Call)에 의해 구동된다. 이 장 뒤부분에서 SNA 엔진 종류를 실펴보기로 한다.

Application Service 단계

Intelligence 단계로부터 방출된 분석 데이터는 사용자 환경과 응용 목적에 맞게 표현해 줄 필요가 있다. 이 과정을 수행하는 단계가 Application Service 단계이다. 소셜 네트워크 분석에서 가장 중요한 시각화 과정(Visulaization)이 이 단계에서 이루어진다.

Intelligence 단계에서 산출된 분석데이터는 그 자체로 대단히 전문적이다. 제3장에서 보았듯이 각종 분석요소가 수치화되었기에 이를 해독하는 노하우 역시 만만치 않다. 이를 위해 분석데이터를 시각화해 주는 엔진이 반드시 연이어 구동되어야만 하는데, 시각화 엔진은 별도의 엔진으로 제품화될 수 있는 또 다른 전문 영역이기도 하다. 사용자를 위한 시각화된 결과물을 만드는 단계를 통틀어 프레젠테이션 단계라고 한다.

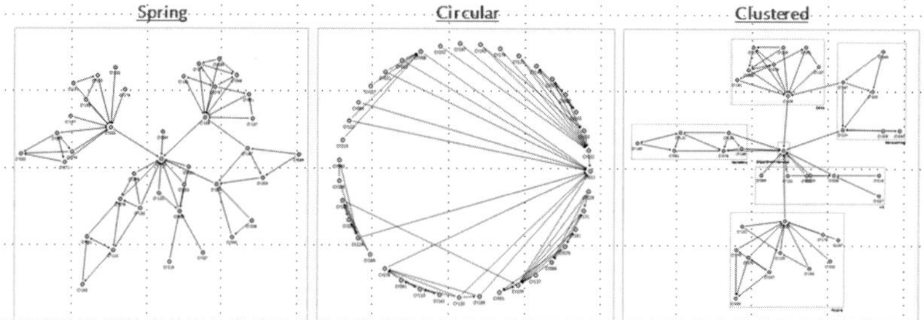

시각화를 위한 다양한 레이아웃. 용도에 맞게 선택할 수 있다.

출처: 사이람, SNA 개발 자료집

프레젠테이션 단계를 거친 도식화 자료는 표준화된 UI Platform을 통해 사용자 애플리케이션에 의해 선택되기를 기다린다. 사용자는 UI Platform 위에서 구동하는 〈네트워크 CRM〉, 〈지식 · 조직망 관리〉, 〈공모사기 추적〉, 〈소셜 마케팅〉 등과 같은 최종 응용 애플리케이션들을 용도에 맞게 선택하여 가동하게 된다. 이들 응용 분야에 대해서는 제7장에서 체계적으로 일람해 보도록 한다.

SNA 엔진의 사례

SNA 엔진으로 활용될 수 있는 소프트웨어에는 여러 형태를 띨 수 있다. 범용 패키지 소프트웨어의 형태가 있는 반면, 각 분야의 적용 노하우와 결합된 다양한 특수 목적용 분석 소프트웨어, 예를 들어 조직 네트워크 분석이나 자연계 네트워크 분석도 있다. 소셜 네트워크 분석은 그 적용 분야가 사람 간의 분석은 물론 상품 간 혹은 정보 간 분석에도 활용되고, 필요에 따라 거대 용량을 취급해야 하기 때문에 서버용도 있다.

서버용은 수십, 수백 개의 분석 처리 알고리듬을 프로그램화한 라이브러리 세트이고, 사용자에게 기능 호출(Function Call)을 할 수 있도록 API를 제공하는 형태이다. 처리할 수 있는 용량도 대규모이고, 사용자 환경에 맞춰 다양한 최종 사용자 프로그램을 만들 수 있도록 모듈화된 것이 특징이다. 물론 시각화 처리를 위한 별도의 엔진이 개발되어 서버용 분석 라이브러리와 공존해야 한다.

2011년 SAGE Publications Ltd에서 간행한, John Scott와 Peter J. Carrington 편집의 〈The SAGE Handbook of Social Network Analysis〉에는 SNA 범용 소프트웨어나 특수용 소프트웨어로 40~50여 개가 그리고 사용자가 활용할 수 있는 Toolkit이나 라이브러리 10~20여 개가 소개되어 있다. 그중 일반 사용자가 비교적 쉽게 활용할 수 있는 범용 패키지 6개를 발췌하여, 각각의 기능, 지원, 사용자 편의성 등 분야에 점수까지 매겨 소개하고 있는데, 6가지 중 최상위 등급을 받은 범용 패키지가 (주)사이람의 넷마이너(NetMiner)이다. 넷마이너는 김용학 연세대학교 교수의 저서 〈사회 연결망 분석 제3판〉에 그 기능이 자세히 소개되어 있다.

Chapter 7

기업에서의 SNA 활용

SOCIAL NETWORK

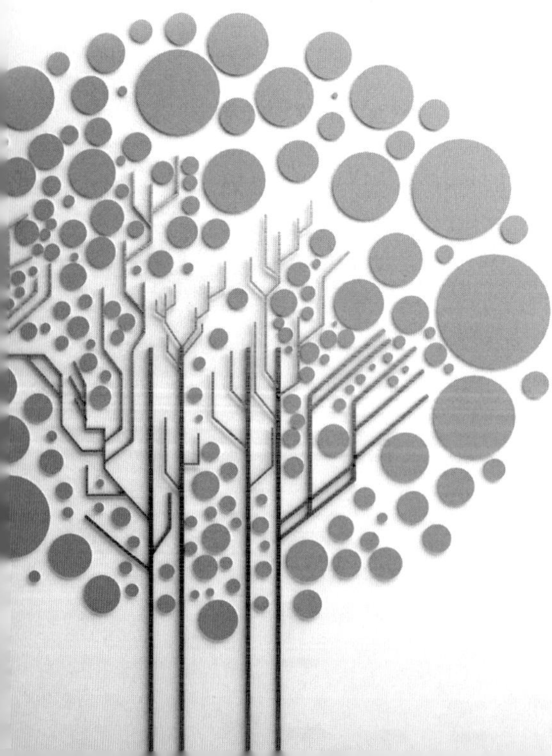

기업에서의 SNA 활용

기업의 목적에서 가장 중요한 것은 주어진 가용 자원을 효율적으로 이용하여 매출이익을 극대화하는 일이다. 자원을 효율적으로 이용한다는 것은 상품을 제조함에 있어 가장 적은 비용으로 최대의 생산량을 얻는 행위일 것이다. 매출이익을 극대화한다는 것은 목표고객을 정확히 파악하는 일로 귀결된다. 자사의 제품을 구매할 수 있는 고객을 정확히 파악하여 그들에게 자사의 제품을 효과적으로 접목시켜야만 매출이익을 극대화할 수 있다. 이를 마케팅이라고 한다.

마케팅 활동이 고객을 정확히 파악하고 자사의 제품을 목표고객에게 접목시키는 일련의 과정을 의미한다면, 기존의 개발, 제조, 유통, 영업의 일련의 과정이 체계적으로 수행되어야 함을 의미한다. 궁극적으로 조직관리의 문제로도 연결된다.

이 장에서는 SNA가 회사의 어느 분야에 어떻게 도움될 수 있는지에 대해 알아본다. 이를 위하여 12가지 요소의 〈기업 비즈니스 프레임워크〉를 소개하고 여기에 SNA 활용분야를 접목시켜 본다.

기업의 비지니스 프레임워크와 SNA

기업은 이익을 창출하는 조직이다.

가용 자원을 효율적으로 조달하여 제품을 만들고, 이를 고객에게 상품이나 서비스의 형태로 제공한 뒤 그 대가로 금전적 이익을 획득하는 조직체이다.

회사란 개념은 1600년을 앞둔 시기에 네덜란드에서 고안되었다. 이후 영국과 네덜란드가 앞서거니 뒤서거니 하며 동인도 회사를 출범시킨 이래, 회사는 국가를 대리하여 이익을 창출하는 조직체로 발전되어 왔다. 지금은 물론 그 개념이 다소 변했지만, 국가의 힘 역시, 기업이 시장으로부터 이익을 얼마나 획득하느냐에 따라 변해왔다. 기업이 이익을 획득하는 구조, 그것이 기업의 비즈니스 프레임워크이다.

비즈니스 프레임워크는 기업이 속해 있는 업종(Industry)에 따라 달라질 수 있다. 그러나 업종별로 특이한 요소가 있다 하더라도 비즈니스를 수행

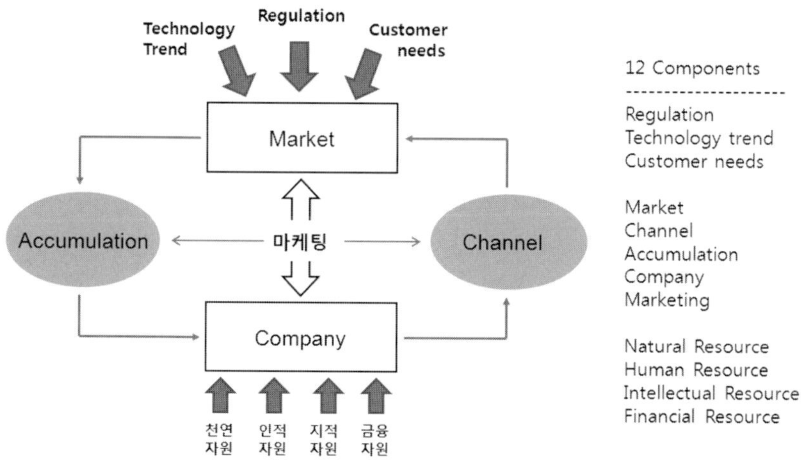

도식화한 비즈니스 프레임워크.
실물 마케팅을 중심으로 한 순환구조에 더하여 외부의 주요 영향요소를 첨가했다.

함에 있어 업종 전반에 걸쳐(Cross-Industry) 공통되는 요소가 있다. 비즈니스 프레임워크는 시장 형성에 관여하는 요소, 제품 및 서비스 생성에 관여하는 자원 요소, 그리고 이 양자를 접목시켜 선순환구조를 형성하는 요소 등 크게 3가지로 나눌 수 있다. 이를 간략히 도식화한 것이 위 그림이다.

시장 형성에는 크게 고객의 니즈(Needs), 기술적 추세(Technology Trend) 그리고 정부의 규제(Regulation) 등 세 요소가 영향을 크게 미친다. 어느 하나가 빠져도 적정한 규모의 시장이 형성되기 어렵다.

기업에서 제품 및 서비스를 생성하는 데 필요한 자원 요소에는 크게 천연자원(원자재), 인적자원(직원), 지식자원(노하우), 그리고 금융자원(자본) 등

4가지이다. 이 4가지가 적절히 버무려져 제품과 서비스가 생산된다. 제품과 서비스는 상품(가치)이 되어 시장에 접근하게 된다.

시장과 상품이 연결되는 데에는 일련의 순환적 요소들이 작용한다. 상행위 주체로서의 회사(Company), 그리고 상품을 고객에게 전달하기까지의 채널(Channel), 즉 유통과정이 있다. 상품의 가치가 고객만족(Customer satisfaction)을 충족하면, 회사는 고객으로부터 그 대가를 지불받게 되고, 이는 축적(Accumulation)되어 다시 회사 관계자들(Stakeholder)에게 분배되거나 상품 생성에 재투입된다. 여기에 상품의 가치를 고객에게 제대로 각인시키는 작업이 하나 더 첨가된다. 마케팅(Marketing)이다. 마케팅은 자사 상품의 가치를 시장 수요에 효율적으로 접목시키는 행위이다.

이상과 같이 기업의 비즈니스 프레임워크를 이루는 요소로 3(시장형성 요소)+4(자원 요소)+5(연결 요소), 총 12가지가 있다. 이 비즈니스 프레임워크는 필자가 한국IBM, Compaq-Korea, HP-Korea, 한국 Sybase 그리고 하나로텔레콤에 재직하면서 경험했던 일을 바탕으로 규격화한 것으로, 마케팅 계획을 세우고 집행할 때, 비즈니스 전체의 관점에서 개개의 실천 요소(Action Item)를 점검하는 테이블로 즐겨 활용해 왔다. 현업의 실제 경험을 바탕으로 도식화했기에 이해하기 쉬울 것이다.

SNA가 비즈니스 애플리케이션으로 활용될 수 있는 분야를 파악하자면 먼저 그 분야에 대한 비즈니스 프로세스를 체계화할 필요가 있다. 체계화는 생각의 틀을 잡기 위한 작업으로, 프레임워크를 통해 이루어진다. SNA 가 이제 막 상용 분야로 진출하는 분야라서 비교적 최근에 프레임워크 시도가 이루어졌다.

2011년 4월에 출간된 "ACM Transactions on Intelligent Systems and Technology"라는 저널에 게재된 〈Social Network Analysis and Mining for Business Application〉이란 논문(윗 저널의 Vol 2, No.3 Article 22)이 하나의 프레임워크을 기반으로 SNA 응용분야를 기술하고 있다. 이 프레임워크는 Cross-Industry 관점에서 기업의 업무 프로세스를 총 12개의 카테고리로 나누고, 각각은 더 상세한 Activity로 구성되어 있다. 12개의 카테고리는 앞에서 설명한 비즈니스 프레임워크의 12개 항목과 거의 일치한다. SNA 활용분야에 대한 직관을 얻기 위해서, 위 저널의 SNA 프레임워크를 앞에서 소개한 〈기업의 비즈니스 프레임워크〉에 응용한 것이 아래 그림이다.

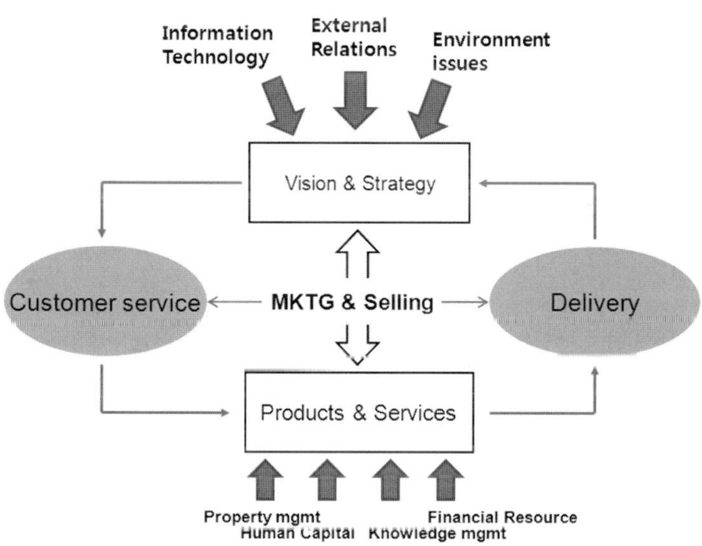

이를 좀 더 실무적으로 재구성하려면 현재의 모바일 컴퓨팅 추세와 빅데이터 환경을 반영하고, SNA가 활용되는 주 분야인 BI의 핵심 기반 솔루션인 ERP와도 결합할 필요가 있다.

사실 BI(Business Intelligence)는 기업들이 정보데이터를 기반으로 비즈니스 의사결정을 위해 사용하는 IT 기술의 집합을 일컫는 용어로, 의사결정 지원 시스템, 통계 분석, 예측 및 데이터 마이닝 등을 그 핵심으로 한다. 그런데 이를 수행하기 위해 반드시 데이터베이스(DB)와 데이터웨어하우스(DW), 더 나아가 기업자원관리(ERP) 등과도 관련을 맺어야 하기 때문에, 넓게는 ERP 분야까지 포함하기도 한다.

지금까지 거론된 요소를 결합하고 빅데이터 환경에서 SNA를 실무적으

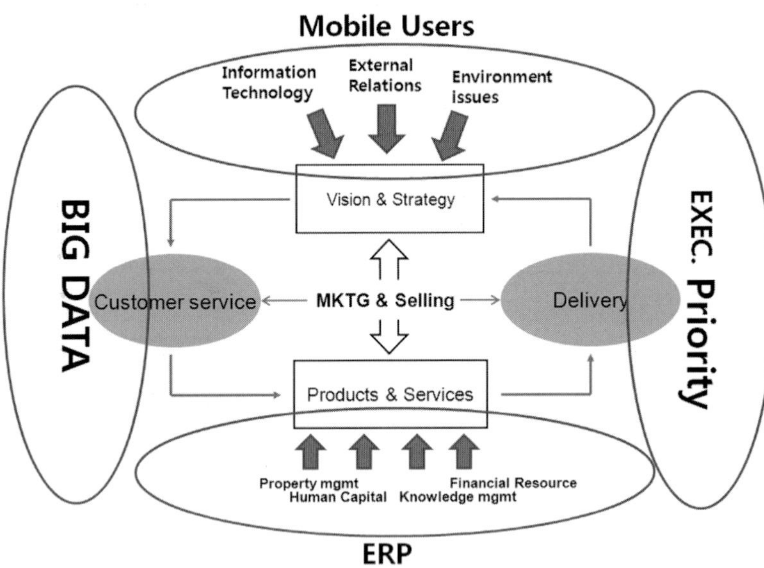

빅데이터 환경에서의 기반 프레임워크

로 적용하는 데 필요한 기반 프레임워크를 그려보면 앞의 도표(220쪽)가 된다.

기업 BI 전략과 빅데이터 환경에서의 SNA 활용분야

기업의 궁극적 목표는 이익을 극대화하는 것이다. 이익은 매출에서 원가를 뺀 양으로, 상품을 원가보다 높은 가격으로 고객에게 판매함으로써 획득된다. 이에 목표고객에 부합하는 상품을 선택하는 것이 중요하다. 자사의 상품을 목표고객과 접목시키는 행위가 마케팅이다. 기업 마케팅에서는 목표고객을 세분화하고, 고객에게 적절한 제품을 추천하는 것이 필수적이다. 이런 측면에서 BI가 분석분야에서 상당한 주목을 받고 있다.

지금까지 비지니스 순환구조를 최적화하기 위해 전산시스템의 도움을 받아 왔다. 그런데 전산시스템은 회사의 장부에서 비용 항목으로 분류되기 때문에, 비용 대비 효과라는 투자 우선순위에 의해 도입 여부가 결정된다. 그래서 전산시스템 용도는 회사의 전략적 목적과 비지니스 틀에 맞아야 한다. 그래서 도입된 것이 EA(Enterprise Architecture)이다.

EA는 체계화된 기업 IT 구조이다. 지금까지 이 체계에서 전산 투자가 이루어져 왔다. ERP(Enterprise Resource Planning)는 바로 이 EA 개념하에서 구축된 대표적인 IT 시스템이다. 이제 EA도 모바일 컴퓨팅의 확산과 빅데이터 환경 그리고 BI의 새로운 영역인 SNA를 포용할 필요가 있다. 이러한 측면에서 ERP를 기본으로 하여 기업 BI 프레임워크로 도식화한 것이 다음의 그림(223쪽)이다.

이제 모바일 고객의 출현과 빅데이터 환경을 전제로 하여 기업 BI를 이해해 보자.

그림의 수직축을 따라 최상위에 Mobilized customers가, 기저에는 ERP가 있다. 그 사이에 위로부터 〈고객분류–Engagement–제품추천〉 항목이 순서를 이루고 있다. 이를 하나씩 살펴보자.

모바일 고객은 손안에서 인터넷을 마음대로 구사하므로 속성상 다양성을 특징으로 한다. 때문에 일면적으로 접근해 들어갈 수는 없다. 세그멘테이션이 필요하다. 세그멘테이션은 기업 운영에 최상의 우선순위를 점하고 있다. 이를 위해 지금까지 활용해 왔던 것이 CRM이다. CRM은 수시로 취향이 바뀌는 모바일 고객층과 접해야 한다는 과제를 안고 있다.

모바일 고객의 다이내믹한 속성은 언제 어디에서고 기업의 제품에 대한 혹평을 쏟아낼 수 있다. 그것은 소셜 네트워크의 속성상 일파만파를 초래할 위험성을 내포하고 있다. 따라서 그들과 접촉한다는(Engaement) 것은 동시에 기업 운영의 측면에서 리스크를 내포하는 일이다. 매우 세련된 방법을 통하지 않으면 그들을 아니 접촉한 만도 못하다.

또한 모바일 고객의 취향은 다양하기 때문에 그들에게 적합한 제품을 추천해 주어야 한다. 잘못된 추천은 그들에게 기업의 이미지만을 그르치기 십상이다. 제품 추천은 기업이 생산한 여러 가지 중 하나를 고객에 접

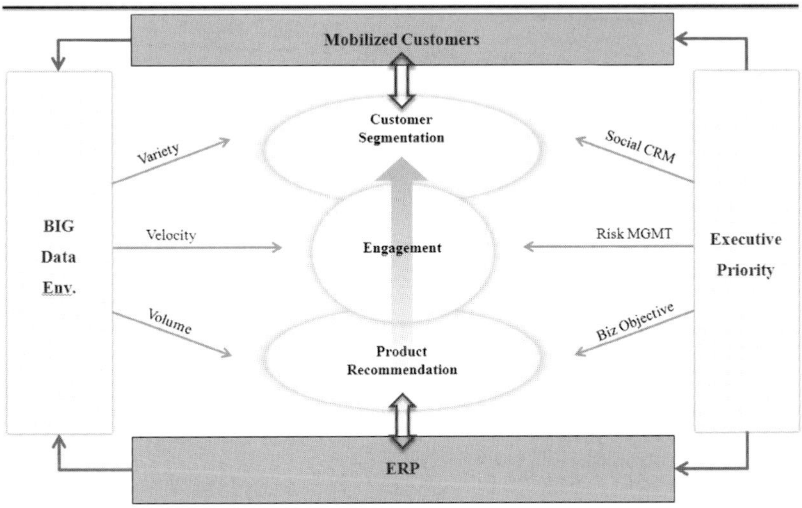

빅데이터 환경에서의 기업 BI 프레임워크

목시킨다는 뜻이다. 기업의 입장에서는 롱테일 법칙에 따라 다품종 소량을 생산할 수도 있고, 8:2의 법칙에 따라 주력 제품 하나에 매진할 수도 있다. 이는 기업 임원의 비즈니스 목표에 따라 결정될 문제이다. 어쨌거나 제품은 최소원가로 생산되어야 한다. 이는 기업에서 구축한 ERP를 바탕으로 한다. ERP는 기업 하부에서 운영되는 시스템으로 판매, 재고, 원자재, 생산, 공급망, 경영정보 등을 총괄적으로 파악한다. ERP 시스템을 기반으로 제품이 생산되는 것이다.

지금까지 단방향으로만 기술했지만 이 모든 것은 상호 영향을 주고받으며 진행된다. 외각의 4 요소가 끊임없이 절차 과정에 개입하거나 절차로부터 영향을 받는 구조이다. 이를 염두에 두고 이제부터 이 구조를 뜯어 하나씩 들여다보기로 한다.

고객 분류(Segmentation)와 소셜 CRM

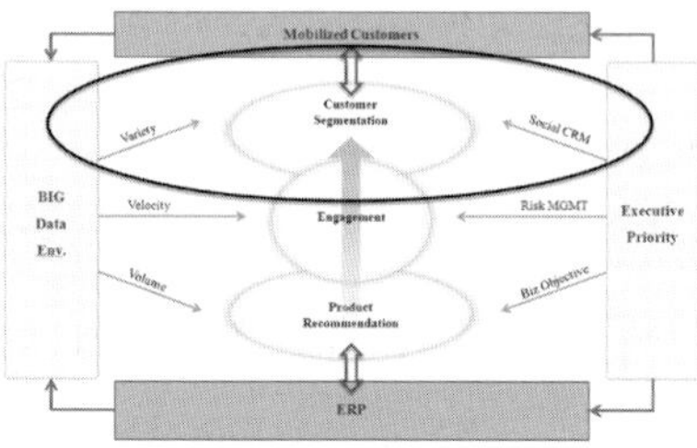

소셜 CRM이 기존의 CRM과 다른 근본적인 요소는 고객관계를 바라보는 관점의 변화에 기인한다. 기존에는 기업과 고객 간의 관계였다면, 소셜 차원이 추가되면서 고객 상호 간의 관계관리가 중요해진 것이다. 즉, 소셜 미디어의 발전은 기업이 고객관리를 하는 데 있어 고객과 고객 간의 상호 커뮤니케이션 구조까지를 고려해야 하는 상황까지 이르게 되었다.

소셜 CRM에서의 고객은 더 이상 단독으로 의사결정을 하고 행동하는 사람이 아니다. 주변 사람들과 영향을 주고받는 복잡한 관계망 속에서 생각하고 행동하는 사람으로 간주된다. 즉 기존 CRM의 논리에서는 매출 기여도가 높은 고객이 중요한 고객이었지만, 소셜 CRM에서는 본인의 매출 기여도는 높지 않지만 다른 고객에게 영향력을 행사하여 매출을 증대시켜 줄 수 있는 고객 또는 잠재고객도 그에 못지않게 중요한 지위를 차지할 수 있다. 소셜 CRM을 도입한 기업에서는 이런 측면을 고려하여 고객 로열티 프로그램을 재설계해야만 한다.

소셜 미디어상의 신규 고객 확보

새로운 고객 확보는 고객과의 접촉 경로(Channel)와도 직결되어 있다. 따라서 신규 고객 확보 전략은, 대상 고객군을 정의하고 이들의 정보를 확보하는 것과 이들에게 접근할 수 있는 channel을 확보하는 것에 밀접하게 연동되어 있다.

2010년 들어 트위터, 페이스북과 같은 SNS 소통수단이 급속도로 보급되었다. 트위터는 2012년 8월 현재 한국에서 계정을 갖고 있는 사람만 500만 명이 넘었다. 주로 20대와 30대의 인터넷 세대가 활용하고 있는데, 이들은 아직도 어느 회사로부터 마케팅의 대상이 된 적이 없는 계층이다. 따라서 SNS 공간에서 계정을 갖고 있는 사람들을 대상으로 자사의 고객을 확보하려는 노력이 치열하다.

그들과 접촉하는 channel은 일차적으로 온라인 공간이다. 예를 들어 페이스북은 회사 이름으로도 홈페이지를 개설할 수 있도록 허용함으로써 channel은 자연히 페이스북 소통망의 일부가 된다. 회사는 이 channel을 회사의 다른 온라인 홈페이지와 연동함으로써 고객 접촉 효율을 높일 수 있을 것이다.

문제는 수많은 온라인 사용자 중 누구를 대상으로 마케팅 활동을 펼칠 가에 있다. 그래서 등장하는 것이 고객 segmentation이다.

트위터를 예로 들어보자. A라는 회사의 마케팅 담당자는 자사의 제품이 주로 20대 남자 서울지역 거주자에게 잘 판매된다는 사실을 알고 있다고 하자. 그렇다면 트위터 사용자 중 그러한 사람을 어떻게 알고 대상 고객군으로 획득하느냐가 주 과제가 될 것이다. 트위터는 140 글자의 단문 소통 공간이다. 따라서 마케팅 담당자는 트위터 공간에서 유통되는 단문의 글 중, 20대 남자 서울말씨 등의 어법을 구사하는 사람을 추려내야 한다.

이를 위해 여러 가지 방법이 동원될 수 있다. 첨단 NLP(자연어 처리)를 이용하거나, 혹은 어휘의 키워드 세트를 구성하고 검색엔진을 가동하여 거기에 들어맞는 단문을 모은 후, 모인 단문의 계정을 파악하는 것이다. 이는 검색엔진 회사에서 치밀하게 경쟁하는 분야이다.

일단 대상 잠재고객군을 추렸다고 해보자. 예를 들어, 한국어로 한 달 2,000만 개의 단문이 유통되는 공간에서 약 10만 명의 계정을 확보했다고 하자. 그렇다면 그들 10만 명에 대하여 무차별하게 마구 단문 안내 메시지를 날릴 것인가? 이것은 일종의 융단폭격이다. 정해진 지역에 무차별하게 폭탄을 떨어트리는 재래식 방법과 다름없다. 좀 더 정교한 customer segmentation을 구사할 필요가 있다. SNA 기법을 활용하는 것이다.

SNA는 그들 온라인 공간에서 활동하는 사람들 중 누가 중심자이고 누가 영향력을 퍼뜨리는 자인지를 분석해 낼 수 있다. 이는 온라인 공간의 특성상 사람과 사람 간의 소통 log를 순도 높은 링크데이터로 활용할 수 있기 때문에 가능하다.

고객을 대상으로 수행할 마케팅 활동은 재래식 융단폭격 전략과 비교하면 일종의 미사일 공격이라고 할 수 있다. 효율성이 높다는 뜻이다. 예를 들어 극단화하면, 대상 10만 명에서 1,000원의 마케팅 비용, 총 1억 원을 투자하기보다, 추려진 2만 명에게 2,000원의 마케팅 비용, 총 4,000만 원을 투자하는 것과 같은 경우로 볼 수 있기 때문이다. 네트워크에서 연결된 사람들에게는 8:2의 팔레토 법칙이 적용됨을 가정한 것이다. 물론 2만 명이 자사의 제품을 구매할 거라는 가정은 아니다. 롱테일 법칙에 의하면 10만 명에서 2만 명을 뺀 8만 명이 구매의 다수를 이룰 수도 있기 때문이다. 하지만 이들 8만 명은 2만 명의 영향을 직접적으로 받고 있기에, 2만 명에게 초점을 맞추면 자연스럽게 그 결과가 8만 명에게 전파된다는 요지이다.

이처럼 500만 명에서 10만 명, 다시 10만 명에서 2만 명을 추려내는 일련의 과정이 SNA를 염두에 둔 customer segmentation 작업이나.

기존 고객 유지와 통신사 Churn 관리

통신시장은 이미 레드오션(Red Ocean)이다. 통신 소비자들이 이미 누군가의 고객인 것이다. 시장은 포화됐고 경쟁은 격화되고 있다. 통신사들은 많은 비용을 들여 신규 서비스를 출시하여 타사 고객들을 유혹한다. 이는 경쟁회사를 자극한다. 경쟁사는 고객 유지(Retain) 전략을 쓴다. 그럼에도 고객이탈(Churn-out) 현상은 줄어들지 않고 있다. 눈치 빠른 고객들이 더 많은 혜택을 부여하는 통신사로 이적하기 때문이다. 뺏고 뺏기는 피 말리는 시장이다.

다른 한편으로 통신사들은 고객당 매출액(ARPU, Average Revenue Per User)을 높이기 위해 노력한다. 신규 서비스를 출시하고, 기존 고객에게 추가 영업(add-on sales)을 시도한다. 이미 투자된 설비 용량을 놀리기보다, 저가격으로도 추가 서비스를 제공하여, 공헌이익이나마 늘리고자 하기 때문이다. 이 과정에서도 많은 기회비용이 지불된다. 끝날 것 같지 않은 과정이다. 그래서 이를 원점에서 다시 생각해 보자.

마케팅 활동의 시작점은 고객에 있다. 신규 고객을 추가 확보하는 것보다 기존 고객을 유지하고 이들을 대상으로 추가 영업을 하는 것이 비용면에서 유리하다. 추가 영업이나 고객 유지 전략은 모두 기존 고객의 브랜드 충성도와 직결된다. 그래서 통신사들은 브랜드 충성도를 높이기 위해, 광고와 같은 여러 방법을 구사한다. 그러나 모두 비슷하다. 바로 무차별적으로 구사되기 때문이다. 기존 고객 정보가 과금(요금 부과)과 고객 서비스 응대를 위해서 회사의 전산실에 보관되어 있음에도, 이것과는 상관없이 무차별적으로 진행된다. 이들 정보를 활용하여, 보다 적확(的確)한 방법을 구사할 수는 없을까? 융단폭격식 마케팅 방법 말고, 크루즈미사일식 마케팅 방법 말이다.

충성도 향상의 최종 목표는 기존 고객의 이탈 방지이다. 그래서 고객 이탈(Churn-out)은 통신사 마케팅의 척도이다. 고객 이탈의 상당 부분은 전염성 이탈이다. 즉 주변 사람으로부터 영향을 받아서 연쇄적으로 이탈하는 것이다.

영향을 주는 사람이, 통신사로부터의 사후 보상액(소위 백마진)을 노린 영업 채널일 수도 있지만 기본적으로 고객군들 내부에 있다. 가정인 경우에는 한 집안에서 생활 경제권을 쥔 사람이거나(예: 주부) 아니면 전자기기에 대해 박식한 의견을 지닌 사람(예: 청소년)일 수도 있다. 이들은 모두 동창회나 친구들로부터 영향을 받는다. 마치 전염병을 유발하는 집단이 활성화되고 그리고 전염병이 확산되듯이, 고객 이탈도 일정한 전염의 패턴을 띤다.

고객 이탈은 매우 민감한 경영 사안이기 때문에, 통신사들은 고객 이탈 징후를 미리 알고 싶어 한다. 그래서 고객 이탈 징후 예측 모델이 등장한다. 그러나 그것이 어느 지역, 어느 계층, 어느 때에 고객 이탈이 심하게 일어난다는 정도라면 크게 의미가 없다. 융단폭격과 동일한 범주이기 때문이다. 즉 전통적인 데이터 마이닝 기법에 의존하여 통계 기반의 추세 분석 방식이거나, 특정 영역을 지정하는 방식이라면, 안하는 것보다야 낫지만 크게 효율적이지 못하다는 뜻이다.

입소문보다 무서운 마케팅 전략이 없다고 했다. 고객 이탈도 무리 내의 입소문에 의해 발생한다. 고객들이 어떻게 응집되어 있는지, 어떻게 영향을 주고받는지, 어떤 구조로 형성되어 있는지를 아는 것이 입소문 마케팅의 출발점이 될 것이다. 바로 그 핵심 영향력자에게 선별적으로 마케팅 방법을 구사하는 것이, 고객 이탈(Churn-out)을 줄이고 고객 충성도를 높이며 나아가 추가 영업(Add-on sales)을 증대하고 신규 고객을 획보하는 출발점이 된다.

바로 SNA가 활용될 분야이다. 데이터는 이미 회사의 전산실에 보관되어 있다. 바로 직접 링크데이터로 활용할 수 있는, 고객들이 어떻게 응집을 이루며 어떻게 영향을 주고받는지를 파악할 수 있게 만들어주는 원천 데이터들이다.

접속(Engagement) – SNS 분석과 위기관리 시스템

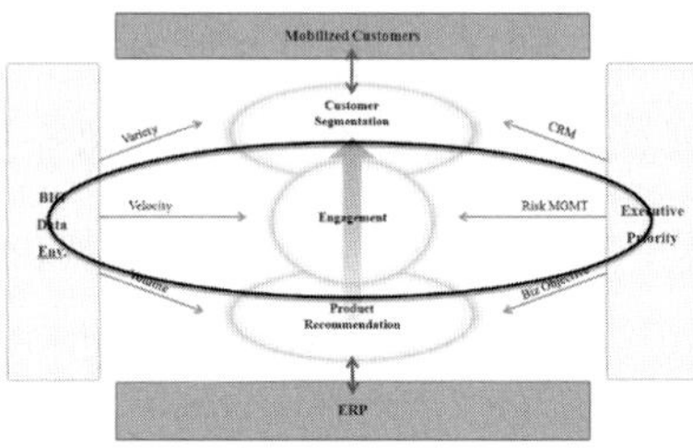

페이스북, 트위터와 같은 소셜 네트워킹 서비스는, 글을 발행하는 사용자와 글을 구독하는 사람 간의 관계에 기반해 네트워크 데이터를 생성하게 된다. 서비스 종류에 따라서 팔로우, 리트윗(RT), 답장(Reply), 코멘트, 좋아요(Like), 친구 등의 다양한 관계(Social Relation)가 로그 데이터로 남는데, 이는 A에서 B로 향하는 완벽한 링크데이터의 속성을 포함하고 있다. 이를 이용하면 SNS 사용자의 이용 패턴을 분석할 수 있다. 사용자가 연결구조, 정보의 확산경로, 이슈화 시계열 분석, 영향력 파악 등 SNS의 고유한 특성을 잘 드러내는 분석 결과를 얻을 수 있다.

전통적인 RDB 관점에서 SNS를 분석할 때, "어떤 단어가 몇 번 나왔는가? 좋은 것과 나쁜 것의 비중은 어느 정도인가?"와 같이 통계 처리된 결과만을 집계한다. 그런데 제2장의 '트위터와 선거'에서도 설명했지만, SNS

상에 실린 글이 감성 분석(Sentiment Analysis)될 때, 잘못하면 그 결과가 심각하게 왜곡될 수도 있다.

특별히 140자로 제한된 트위터 같은 경우에는, 이모티콘을 써서 자신의 감정을 표현하기도 하고, 음소 단위로 분해될 수 있는 한글의 특성을 이용하여 음소를 감정 표현의 수단으로도 활용하고 있기에(예 : ㅋㅋㅋ), 글의 긍정 · 부정을 판단하기 어렵다. 또한 반어법, 부정의 부정 화법, 모호한 화법, 주어가 생략된 화법 등이 상대적으로 많이 발달된 한국어의 특성상, 글쓴이의 감정을 확연히 판단하기란 쉽지 않다. 그래서 단문의 글자만을 상대로 그 자체를 분석하는 것에는 일정한 한계가 있다. 이것을 보완하기 위해 글쓴이 혹은 글을 전파시킨 사람과의 관계구조를 들여다보고 판단하는 것이 더 효율적일 수 있다. 끼리끼리 모이는 소셜 네트워크의 속성을 감성 분석에 이용하는 것이다. 즉 글을 매개로 형성된 집단의 중심점과 연결점 성향을 일단 분석한 뒤, 이를 추동하는 집단의 글을 이해해 들어가는 것이 보다 더 확실할 수 있다는 것이다. SNS 관점이다.

SNA 관점에서의 분석은 단어가 어떻게 전파되었는가? 그 과정에서 증폭되었는가 감속되었는가? 누가 전파의 마당발인가? 전파의 주요 매개자는 누구인가? 등 전통적인 RDB 관점에서 해석해 낼 수 없는 것을 파악할 수 있다. 이를 통해 "어떤 이슈가 증폭될 것인가 감소될 것인가?" 예측하는 단계까지 나갈 수 있다. 이는 기업의 위기관리와 직결되는 사항임을 제2장에서 전술한 바 있다.

접속(Engagement) – 사내정보 예방 감사

기업에서 사내 정보를 관리하는 일이 점점 더 중요해지고 있다. 기업에서 불법 소프트웨어를 사용하다가 적발되었을 경우를 예로 들지 않더라도 특허 관리, 저작권 관리 등은 회사의 경쟁력 관리 측면에서 매우 중요하다. 더욱이 회사의 비밀 정보가 담겨 있는 파일이 이메일이나 USB 등을 통해 유출되었을 때 기업이 받을 재정적 타격은 가늠할 길이 없다. 이를 위해 활용되는 기법이 디지털 포렌식(Digital Forensics)이다.

디지털 포렌식은 정보기기로부터 전자적 흔적을 확보하는 일종의 디지털 수사를 의미하는데, 개인이 정보기기에서 저작 · 다운로드 · 삭제했거나, 입출력한 모든 내역을 추출하는 작업을 수행한다.

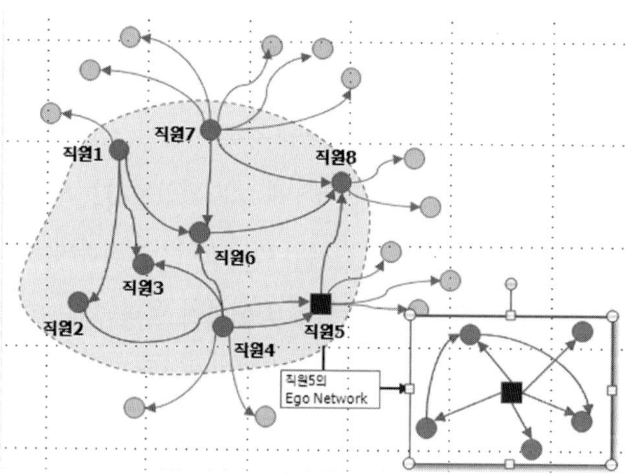

보안문서 흐름도. 특정 보안문서의 사내 전파 경로 분석을 시각화한 예이다. 보안문서의 생산자, 중개자, 소비자 등을 도식화했다.

출처: 사이람, SNA 적용 사례집

그런데 기업에서 중요한 것은 정보의 흐름과 관련한 사전 예방 감사이다. 특정 보안문서가 사내에서 어떻게 유통되고 있으며, 이를 공유하는 그룹에서 보안사고를 사전에 얼마나 철저히 관리하는지를 파악하는 것이다.

파일의 입출력 내역 그리고 이메일 로그 등을 통해 주요 직원과 자료를 공유하는 사람들이 누구인지, 그들끼리 어떠한 자료를 주고받았는지를 정기적으로 감사하는 데 소셜 네트워크 분석기법이 함께 활용될 수 있다. 이는 뒤에서 설명할 사내 지식망과도 연동되어 있는 문제이기도 한다.

접속(Engagement) – 제품 포트폴리오 리스크 관리

회사에 예기치 못할 위기를 초래할 수 있는 분야 중 하나가 제품 포트폴리오(Product portfolio)이다. 제품 포트폴리오는 기반 상품을 바탕으로 파생된 여러 가지 다양한 상품의 구성 집합을 의미한다. 통신회사의 경우 전화, 초고속 인터넷 회선과 IPTV 간의 묶음 상품일 수도 있고, 금융회사의 경우 예금, 보험, 주식 간의 연동 상품일 수도 있다. 여기서 포트폴리오는 반드시 제품 간의 집합만을 의미하지 않는다. 주력 상품을 구성하는 것에는 제품과 광고 그리고 서비스 체계가 하나의 체계를 형성하는 경우도 많다. 고객의 관점에서는 이 체계를 하나의 제품 구성 집단으로 보는 것이 좋다.

다양한 제품과 서비스 체계에서, 직원들은 개별 제품을 할당받아 영업 · 마케팅 활동을 한다. 직원들은 제품별 영업 목표에 집중한다. 그런데 제품의 매출액이 늘어날수록 제품 간 의존관계는 심화된다. 그러나 평상시 의존관계는 겉으로 노출되지 않는다. 저마다 자기 할 일이 바쁘기 때문이다. 그래서 의존관계 심화는 불현듯 위기로 숙성될 수 있다. 바로 임원이 관심을 두어야 할 리스크 관리 분야이다.

회사 단위의 위기는 국가 단위로 확장될 수 있다. 이제는 많이 알려졌지만, 2008년 미국발 금융위기는 미국 주택담보대출을 기반으로 만들어진 파생금융상품들 간의 연쇄효과에 기인했다. 은행의 통상적인 대출행위로 만들어진 〈대출자산〉, 그리고 이를 바탕으로 만들어진 〈MBS (Mortgage Backed Securities)〉, 그리고 연이은 〈CBO (Collateralized Debt Obligation)〉 이름의 증권상품, 여기에 리스크 관리를 위해 만들어진 〈CDS (Credit Default Swap)〉란 보험상품은 모두 연결되어 있었고, 이들 상품들이 많이 판매될수록 위기 정도는 심화되었다. 미국의 주택경기 침체로 그동안 잠복되었던 위기가 "불현듯" 한꺼번에 터졌고, 이 위기는 이웃 산업으로 빠르게 전염되면서 미국을 넘어 전 세계 경제를 요동치게 만들었다.

위기는 주로 외부로부터 촉발되지만, 제품 포트폴리오가 복잡할수록 내부의 위기 대응 방법과 시점을 판단하는 데 어려움에 처할 가능성이 높다. 그러는 사이 외부의 위기는 제품 포트폴리오 연계망을 타고 내부에서 증폭된다. 이런 측면에서 기업 임원의 직관적인 판단을 도와줄 수 있는 단순화된 수단이 필요하다. SNA 기법은 제품 포트폴리오가 지닌 리스크를 수치화 · 시각화하는 데 도움을 준다.

개인화 제품 추천시스템(Personalized Recommender)

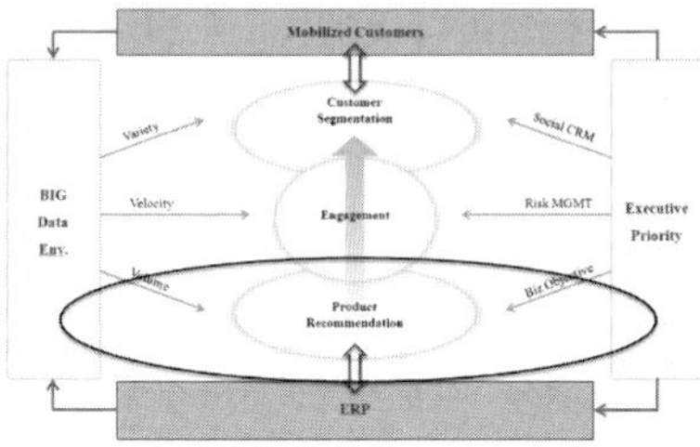

온라인 커머스를 통한 상품 유통이 일반화되면서 개인화 추천 서비스가 관심받고 있다. "개인화"라는 용어에 드러나 있듯이, 이 서비스는 1:1 마케팅을 가능하게 하는 것으로 Amazon.com과 Netflix 등을 통해 상업적 가치가 이미 검증된 분야이기도 하다. 반면 구현이 쉽지 않고 많은 시간과 금전적 투자를 요구하는 분야이어서, 온라인 커머스 기업들이 선뜻 나서고 있지 못한 것도 사실이다.

"고객에게 구매 가능성이 높은 상품을 어떻게 정확하게 추천해 줄 것인가?", "이용자가 관심을 가질 만한 콘텐츠를 어떻게 예측할 것인가?", "추천의 유효성과 신뢰성을 어떻게 지속적으로 보장할 것인가?" 등의 문제는 모든 커머스 기업이 공통으로 직면하는 사항이다.

여기에 대한 솔루션은 단일하지 않다. 상품의 종류와 고객의 특성, 유통채널과 단말기의 특성, 서비스 이용문화 등이 추천방법에 반영되어야 유효한 서비스를 제공할 수 있기 때문이다. 예를 들어 IPTV는 개인용 단말기기가 아니기 때문에 개별 이용자를 특정화하기 어렵고, 음악, 도서,

영화의 경우 이용 패턴이 상품별 특성과 소비문화에 따라 다르기 때문에 동일한 추천 알고리듬을 적용하기 어렵다.

그럼에도 많은 온라인 서비스 회사가 저마다 개인화 추천 서비스를 시도하고 있다. 이는 추천 적중률 10%인 기업이 적중률을 20%까지 상승시켰다면, 바로 기술적 도움 하나만으로 매출 상승을 이루었다는 의미가 되기 때문이다.

제품추천 시스템을 꾸밀 수 있는 방법(알고리듬)에는 여러 가지가 있다. 고객이 온라인상에서 어느 제품을 검색했을 때 그 제품과 동일한 태그를 갖고 있는 제품들을 화면 바닥에 뿌려주는 가장 초보적 추천 시스템이 있는가 하면, 이미 사용해본 고객의 추천(강추, 좋아요) 정도에 따라 미사용 고객에게 구매 우선순위를 제공하는 방법도 있다.

개인화 제품 추천 시스템은 개인들의 구입 물품 내역을 바탕으로 소셜 네트워크상의 유유상종 집단을 찾아내어, 그 집단 내에서 많이 구매된 제품을, 아직 구매하지 않은 (집단 내의 다른) 고객에게 추천하는 방법에서 출발한다. 소셜 네트워크 분석으로 구매 패턴이 유사한 고객들을 가상적으로 묶을 수 있고, 또한 상품 간의 유사성 정도도 묶어낼 수 있기 때문이다. 예를 들면 다음과 같다.

1) 이 제품을 산 사람은 아래와 같은 제품도 함께 샀습니다. ……
2) 이 제품과 유사한 취향의 제품으로 다음 것들도 있습니다. ……

그런데 모집단 규모가 작다면 응집구조로 묶는 의미가 퇴색될 수도 있다. 유유상종의 유사성이 떨어져, 상관없는 제품이 추천될 수 있기 때문이다. 그렇기 때문에 개인화 추천 시스템은 많은 수의 모집단을 필요로 한다. 또한 수많은 고객이 저마다 다양한 상품을 구매하기 때문에 고객군과 상품군을 묶어내는 작업은 그리 쉽지 않다. 그래서 아마존닷컴과 같이 온라인 판매망을 통해 수많은 제품을 파는 회사는 추천시스템 구축을 위해 거대한 시스템 용량을 필요로 했다. 클라우드 컴퓨팅의 개념이 이들 회사로부터 유래된 이유가 여기에 있었다.

이에 대한 대안으로 제시된 것이 협력적 여과방법(Collaborative Filtering)이다. 이는 고객들의 선호도 피드백이 적거나 가용 전산 자원이 부족할 경우에도 유용하게 활용될 수 있는 기법이다.

협력적 여과 방법에는 사용자에 기반하거나 상품에 기반하는 방법도 있고, 이 양자를 모두 취해 매트릭스 요소로 변환해 구사하는 방법(Matrix Factorization, 약칭 MF) 등이 있다. 이 중 MF는 〈협력적 여과방법〉의 진화된 방법 중 하나로, 매트릭스 인수분해와 결합 과정을 반복하는 〈머신 러닝〉 기술을 구사하여 필요한 추천 정보를 획득하는 방법이다. 예를 들어, 일부 제품을 구매한 고객이 여러 명 있다고 하자. 이때 특정 고객이 소속된 (가상)고객군과 그가 구매했던 상품을 기반으로 형성된 (가상)상품군을 상정하고, 이들을 임의의 매개변수(Implicit Factors)로 하여 매트릭스 분리·결합을 반복하여, 더욱 정교한 유유상종 집단으로 묶어내면서 최종적으로 개개인의 제품별 선호도를 확률로 계산해 내는 것이다. 이 기법으로

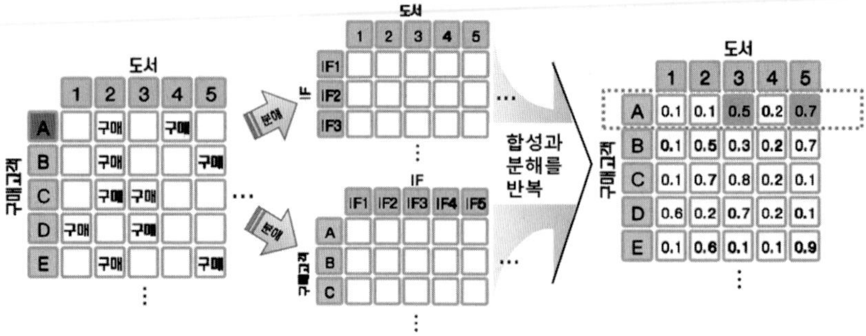

고객 A,B,C,D,E가 제품 1,2,3,4,5를 위 그림 제일 왼쪽의 표와 같이 각각 구매하였다면, 이를 머신 러닝 기법을 이용한 매트릭스 인수분해 · 합치를 반복하여 최종적으로 개인별 선호도 점수를 도출하는 과정이다. 예를 들어 A가 구매 시스템에 로그인하는 순간 선호도가 가장 높은 제품5와 제품3 순서대로 추천받게 된다.

출처: 사이람, SNA개발 자료집

만들어지는 것이 개인별 제품 추천 우선순위, 즉 제품 추천 리스트이다.

실제 상황을 염두에 두고 다시 말하면, 어떤 고객이 구매 시스템에 로그인해 들어오는 순간 시스템 백그라운드에서 위와 같은 작업이 진행되어, 그 고객에게 선호도 높은 순으로 만들어진 추천 리스트를 제공하는 것이다.

(가상) 고객군은 과거 구매한 제품을 바탕으로 한 고정된 집단이 아니라, 고객들이 제품을 구매할 때마다 시스템적으로 추출되는 동태적 집단이다. 그래서 개인화 추천이 가능한 것이다.

기업 ERP와 SCM

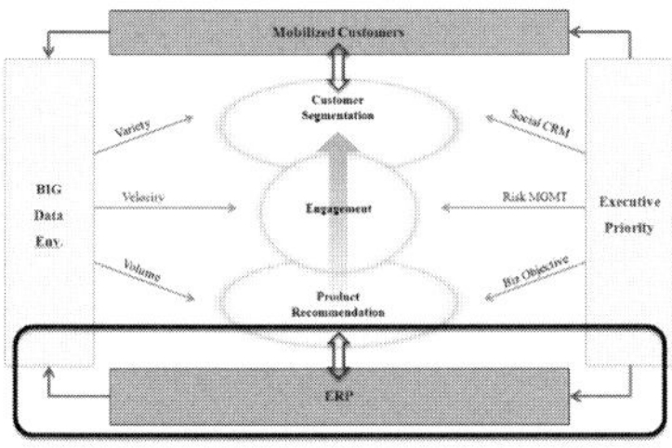

ERP는 Enterprise Resource Planning의 약자로 전사적 자원관리로 호칭된다. ERP는 80년대에 제조회사에서 제품 생산에 소요되는 자재 · 부품의 합리적 관리를 위해 도입된 MRP(Material Requirement Planning, 자재소요량관리)에서부터 출발했다. 여기에 생산에 관한 요소가 하나둘씩 가미되다가 마침내 물류, 판매, 재무, 인사 등 기업 경영 전반에 걸친 정보를 통합적으로 관리하는 시스템으로 발전한 것이 ERP이다.

따라서 이론상 ERP를 구축한 기업의 경우, 한 부서에서 데이터를 입력하기만 하면 전 부서의 업무에 반영되고 다른 부서에서 이를 실시간으로 활용할 수 있기 때문에, 자재 수급에서 생산 판매에 이르기까지 그리고 판매액이 수령되어 회사의 운영자금화 되기까지 걸리는 시간을 줄이고 물적 자원 낭비를 최소화함으로써 회사 전반의 업무 처리 효율을 극대화할 수 있다. 또한 이론상으로 경영 상태를 실시간으로 파악할 수 있기 때문에, 시장에 대한 기업의 대응 능력을 극대화할 수 있게 만들어 준다. 그러나 ERP를 도입하여 경영 합리화를 꾀한 회사라 하더라도 경영 위기에 빠지거나 도태되는 회사가 발생한다. 왜 그럴까? 그것은 단일 시스템이란 네트워크가 형성되었기 때문이다.

ERP는 부품, 제품 등과 같은 객체 정보를 대상으로 한다. 그러나 그 객체 정보는 상호 관련을 맺을 뿐만 아니라 객체 정보를 제공하는 여러 사람 혹은 회사와도 관련을 맺게 된다. 만약 생산 생태계 전체가 단일한 시스템으로 묶여 있다면 상황은 더욱 복잡해진다. ERP의 핵심 요소를 이루는 SCM(Supply Chain Management, 공급망 관리)의 경우, 하나의 고무 베어링이 자동차 완제품 생산을 마비시킬 수도 있다. 실제 모 자동차 회사에서 2011년 5월 발생한 일이었다. 이것은 원청 회사와 하청 회사라는 단일 수직 구조로 생태계가 형성된 것이 아니라 공급자 상호 간에도 서로 복잡하게 얽혀 정보가 단방향으로 흐르지 않았기 때문일 수도 있다. 그래서 소셜 네트워크 속성 중 하나인 "일파만파"가 일어날 수 있는 구조가 된 것이다.

ERP에 의해 형성된 정보 간의 흐름을 네트워크라고 이해한다면, 네트워크가 만들어낼 수 있는 여러 현상에 대한 대비가 있어야 한다. 기존의 ERP가 고도화되면 될수록, 그래서 정보의 네트워크화가 진행될수록 기존의 ERP에 보강하여 소셜 네트워크 분석이 필요하다.

회사에 구축된 기존 ERP가 대용량 데이터만을 전제로 디자인된 것이라면, 빅데이터 환경에서 기존의 ERP에 어떠한 기능들이 더 보강되어야 할지 살펴볼 일이다.

조직 및 소통관리(Organizational Network Management)

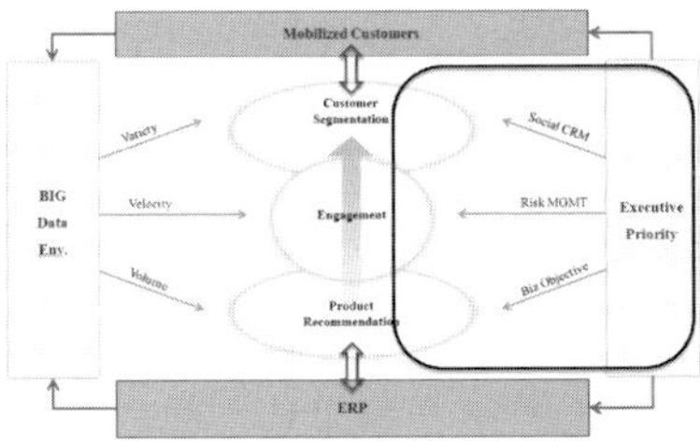

조직 경영에서 오래된 전제는 조직도상의 공식적 위계 구조가 실질적으로 조직을 움직이게 하는 것이 아니라 그 뒤에 있는 드러나지 않은 비공식 네트워크(informal network) 구조가 더 강하게 기능한다는 것이다. 더욱이 업무환경이 협업을 통한 지식 융합을 요구하는 형태로 바뀜에 따라 위계 구조 이면의 다양한 소통 네트워크가 조직 성과에 미치는 영향력 또한 증가하고 있다.

비공식 조직을 사람들이 조직을 넘나들며 자연스럽게 형성한 소통 네트워크로 본다면, 조직은 공식 조직과 비공식 조직으로 구성된 유기체로 볼 수 있다. 예상치 못한 리스크의 발생에 적절히 대응하면서 고객으로부터 회사의 평판을 좋게 유지하여 궁극적으로 비즈니스 목표를 달성해 가는 과정은 회사 전 조직원으로 이루어진 유기체의 능동적인 소통과 자발적 행동을 요구한다. 그럼에도 경영자들이 조직 네트워크에 초점을 맞추지 못했던 이유는 비공식 조직을 볼 수 있는 효과적 방법이 없었고, 그래서 그 효율성을 측정할 수 없었기 때문이다. SNA는 이런 공식 조직 이면의 관계들을 가시화해 주고, 관리할 수 있도록 계량화하는 방법을 발전시켜 왔는데, 이런 성과들이 최근 조직의 인적자원 관리 측면에서 관심을 끌고 있다.

"조직 구성원 간 소통을 측정하고 관리할 수 있는가?", "부서나 직급 간의 소통에서 병목 구간은 어디이며, 그것을 해소할 수 있는 방법은 무엇인가?", 나아가 "우리 조직의 소통 흐름에 중심이 되는 핵심 인재는 누구인가?" 등과 같은 문제들은 기업 임원이 사업목표 달성을 위한 조직관리에서 매우 중요한 과제였으나, 과학적인 접근방법이 없어 주로 조직문화적 차원에서 접근되었다. 그러나 SNA적인 방법은 조직 내 부서, 직무, 직급 간 의사소통 구조를 분석함으로써 소통의 취약 지점을 정확하게 파악하고, 실질적인 소통 활성화 방안을 통해 조직의 관계구조를 개선할 수 있는 가능성을 열어주었다. SNA 역할구조 분석을 통해서이다.

무형자산 관리 – 지식망 분석과 전문가 탐색

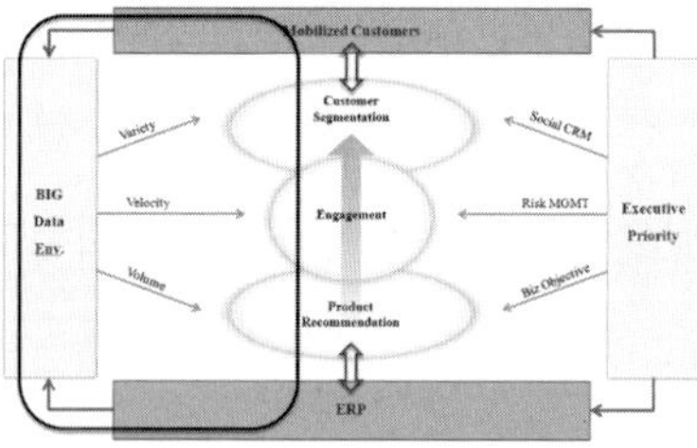

지식망 분석(Knowledge Network Analysis)은 기업 경쟁력의 원천을 이루고 있는 지식 자산이 각 부서에 제대로 흘러 다니는지를 그리고 필요한 사람

에 의해 제대로 활용되는지를 분석하는 분야이다.

대부분의 회사, 기관에서는 필요에 따라 수많은 자료를 생산한다. 자료에는 작성자가 있다. 자료는 이메일에 첨부되거나 회사의 협업 소프트웨어에 업로드되어 관련자에게 유통된다. 여기에 여러 사람과의 협업(Collaboration)을 통해 추가로 2차, 3차 자료들이 생산된다. 빅데이터 환경이 조성되는 것이다.

이 경우 자료 작성자와 이 자료를 수령 재참조하는 사람들 사이에 링크 관계가 형성된다. 그리고 1차 자료와 2차, 3차 자료와의 링크 관계도 형성된다. 일단 링크 관계가 형성되면 지식 유통에 관한 직원들 간 네트워크 분석이 가능해진다.

이를 바탕으로 SNA 기술을 적용하면, "지식"을 매개로 한 인적 네트워크 시스템을 구축할 수 있다. 이 시스템은 조직 내 지식공유 현황과 핵심 지식 보유자, 지식 소통의 허브 등을 포함하게 된다.

이는 자연스럽게 사내 전문가를 탐색하는 수단으로도 활용될 수 있다. 자기가 알고 있는 사람이나 주제를 바탕으로 특정 주제에 대한 핵심 전문가를 찾고자 한다면, 일단 지식망 시스템에 자기가 알고 있는 것을 입력하여 초기 자료를 확보한 뒤, 이를 바탕으로 네트워크에 연결된 사람이나 주제를 계속 추적해 나가면 되기 때문이다. SNA가 전략적 지식경영의 도구로 자리매김되는 시발점이다.

본래 가치 있는 지식은 인적으로 체화된 암묵지(Tacit knowledge)이며, 이런 지식은 형식지(Explicit Knowledge)화 되기 어렵고 사람들 간의 신뢰관계를 통해 유통되는 것이 일반적이다.

지식노동이 일반화되면서 현대의 조직은 지식을 핵심자산으로 관리하며, 지식손실(Knowledge loss)을 방지하기 위해 지식경영에 적극적인 투자를 하고 있다. 그러나 대규모 조직에 구축되어 있는 지식경영시스템은 이러한 실질적 요구를 모두 수용하지 못했던 것이 사실이다. 지식을 문서로 변환한다고 하여 암묵지가 모두 형식지가 되는 것은 아니기 때문이다. 문제해결이 절실한 상태에서는 차라리 형식지를 찾는 시간에 전문가를 찾는 것이 더 빠를 수 있다. 지식은 사람의 머릿속에 담겨 있기 때문이다.

이에 사람 중심의 지식 네트워크에 대한 관심이 생겨났으며, 그에 따라 지식 소통의 흐름을 가시화해주는 분석적인 방법으로서 SNA를 활용하는 것이다. SNA는 한 주제를 중심으로 형성되어 있는 전문가 그룹을 찾아내고(응집구조분석), 그 그룹 내에서 적임자를 추적(중심구조분석)할 수 있도록 도와준다.

지식망과 관련하여 하나 첨부할 사항이 있다. 그것은 지식이 특출한 업무 역량의 결과만은 아니라는 점이다. 기업의 입장에서 제품의 원가를 낮추는 아이디어나 대고객 서비스를 증대할 수 있는 사소한 아이디어도 모두 지식이 될 수 있다. 이런 아이디어들은 MOT(Moment of Truth), 즉 고객과의 접촉점에서 나타날 수 있다. 바로 지식 획득에 관한 사항이다.

우리 속담에 "구슬이 서 말이라도 꿰어야 보배"란 말이 있는데, 지식은 더더욱 그렇다. 여러 구슬이 꿰어져 보배가 되듯이, MOT에서 번쩍인 여러 아이디어가 함께 꿰어져, 보석과 같은 지식이 산출되는 것이다. 그런 측면에서 지식경영시스템은 진화하고 있다. 고객의 목소리가 난무하는 소셜 네트워크 공간을 적극 활용하는 것이다. 고객과의 접촉점을 대폭 확장하는 것이다. 시스템 측면에서는 "소셜 소프트웨어"적 기능을 과감하게 수용하는 것이다.

그래서 많은 기업에서 차세대 지식경영시스템으로서 기업형 SNS에 주목하고 있다. 기업의 대고객서비스 전산 시스템과 공공의 SNS를 접목시키는 것이다. 정보의 자연스러운 소통 흐름 속에서 지식을 획득하고, 이를 체계적으로 분류 · 축적 · 활용하기 위한 노력의 일환이다. 이 경우 시스템 측면에서 SNA가 소셜 소프트웨어 기능의 백엔드 플랫폼으로서 기능할 것이다.

Chapter 8

자연과학과 철학으로 이해하는 **소셜 네트워크**

SOCIAL NETWORK

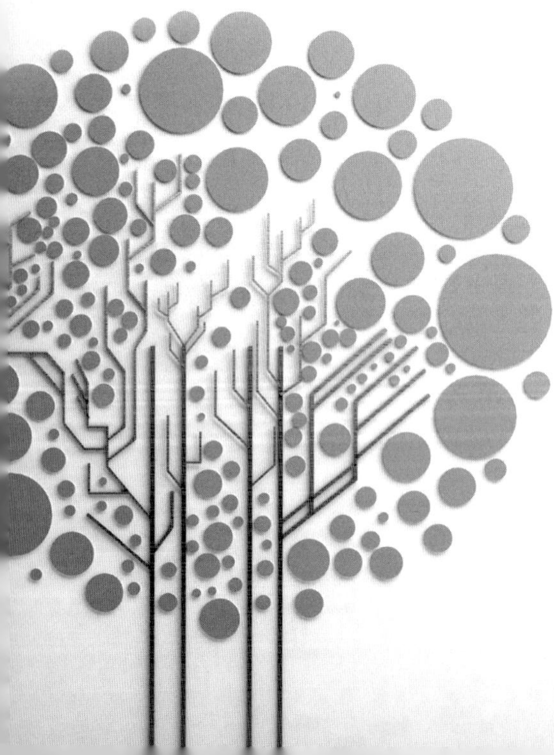

자연과학과 철학으로 이해하는 소셜 네트워크

소셜 네트워크에 대한 개념은 사회학에서 독자적으로 발전되어 온 개념은 아니다. 자연과학의 발전에서 영향을 받았을 뿐만 아니라 인문 · 사회철학으로부터도 깊은 영향을 받아 발전되어 왔다. 동양에서는 일찍이 사람을 인(人)이라 하면서도 사이 간(間)을 써서 인간이라고 표기하여, 오랫동안 우주적 자연적 질서 내에서 기능하는 존재로 바라보았다. 자연과학 역시 만물을 단위 입자로 바라보는 관점이 있지만, 에너지장에서 기능하는 파동의 형태로 파악하는 관점도 있고 보면, 인간은 에너지의 집합체로 시간축에서 윤회를 거듭하는 존재로 바라보는 것도 무리는 아니다.

인간이 자연계의 한 구성요소라는 측면에서, 소셜 네트워크를 단순히 IT적 기법의 하나로 숙지하기보다, 이와 관계를 맺고 있는 주변 분야들 일람해 본다면, 소셜 네트워크 응용분야에 대한 더 많은 직관을 얻을 수 있을 것이다. 이 장에서는 소셜 네트워크의 관점과 맥을 같이하는 인접 분야를 소개한다.

네트워크를 자기 조직화 시키는 요소 – 링크

노드들은 어떤 과정을 거쳐 네트워크 구조를 형성하게 되는 것일까? 논쟁을 유발하는 질문이다. 태초에 이데아(혹은 말씀, 이치, 法)가 존재하였고 거기에 따라 사물(혹은 객체, 현상)이 나타난다고 믿는 사람이라면, 네트워크 구조에 따라 노드들이 배치된다고 이해할 수도 있다. 노드들이 구조를 형성하는지, 아니면 네트워크 구조하에서 노드들이 배치되는지는 오래된 철학적 논쟁을 유발할 수 있기에 여기서는 자제하고, 다만 네트워크 현상은 네트워크 구조와 밀접한 관련을 맺고 있다고만 전제하고 이야기를 전개한다.

자연 속에서 개체(노드)가 조직화되어 있지 않았을 때, 그 분포도는 우리에게 익숙한 종형 곡선를 따른다. 그런데 어떤 경우에는 종형이 아니라 멱함수 법칙 분포에 따르는 양을 생성하면서 8:2의 법칙, 롱테일 법칙, 티핑 포인트와 같은 현상을 유발한다. 바로 노드들이 네트워크로 조직되었기 때문이다.

네트워크의 자기 조직화 이론은 복잡성(Complexity), 카오스(Chaos)와 프랙탈(fractal) 이론, 상전이(Phase transition) 등 20세기 후반에 이뤄진 과학적 발전과 맥을 같이한다. 자기 조직화 이론은 러시아 출신 학자 프리고진(Prigogene)으로부터 출발했다. 그는 비선형 역학, 비평형 통계역학, 복잡계 등에 많은 업적을 남겼고, 거시적인 자기질서의 형성 메커니즘을 열역학

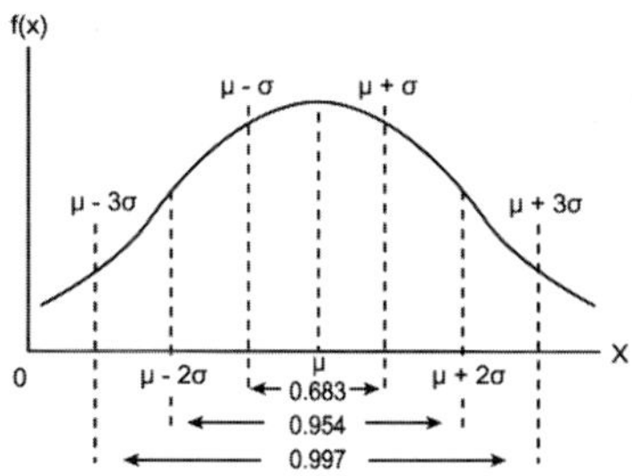

종형 분포

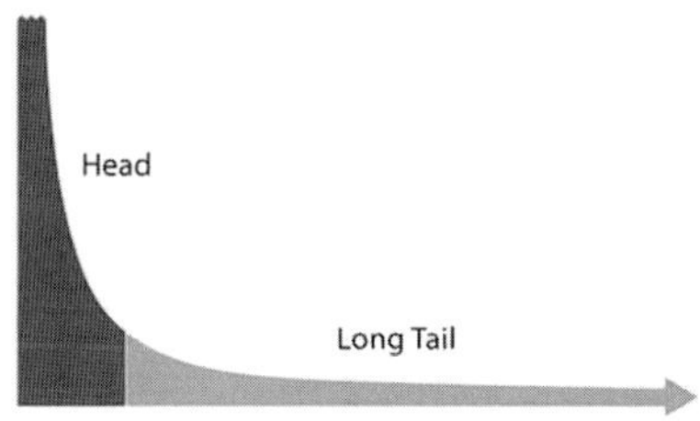

멱함수 분포

적으로 설명하는 원리로서 산일구조(散逸구조, dissipative structure)를 논증하여 1977년 노벨 화학상을 수상했다.

산일구조는 "열린계"에서 열에너지 비평형 상태를 해소하기 위해 벌어지는 구조, 즉 열에너지 작동 효율을 극대화하는 활동이 벌어지는 구조이다. 유명한 열역학 제2법칙인 "엔트로피 증가의 법칙"이 적용되지 않고 오히려 엔트로피가 감소하는 "요동"의 과정이 발생하는 구조이다. 여기서 엔트로피가 감소하는 과정, 그것도 되돌이킬 수 없는 비가역적 과정(irreversible process)을 일컬어 산일과정이라고 하는데, 그것이 바로 자기 조직화 과정이다. 일단 조직화가 일어나면 그 이전의 상태로 다시 복귀하지 않는다(비가역적). 자연 상태에서 왜 이전보다 더 복잡한 조직이 만들어지는지를 규명하는 논리가 바로 산일구조이다.

산일구조는 김용운, 김용국 공저인 〈프랙탈과 카오스의 세계〉(1998년 도서출판 우성)에서 "비평형계는 무수한 분기(分岐)에 의해 랜덤하게 안정 상태로 옮기는데, 이러한 유기체 구조의 불균형 상태가 공간적 또는 시공적으로 변화해 가는 경우"로 소개된다. 일종의 기제(Mechanism)인 셈인데, 바로 산일구조의 자발적인 발전이 자기 조직화라고 했다.

복잡해 보이지만 일단 정리해 보면, 비평형 상태의 열린계에서 열에너지가 밖으로 누출되어 계 안의 에너지 양이 감소하면, 열에너지는 "구조형성"을 통해 그 작동 효율을 극대화하고 열린계를 안정시킨다는 것이다. 열린계의 경향성이다.

이를 쉽게 풀어 인간 사회에 적용해 보자. 사람 이동이 많지 않았던 때의 지역 공동체(자원의 닫힌계)에서는, 주고받는 것이 거의 동일한 자급자족의 평형상태를 이룬다. 그런데 기후 변화를 맞이하게 되자 먹거리를 찾아 이동하는 사람들로 인해 이 평형 상태가 깨어진다. 또한 경제권역이 급격히 확대되는 근대(자원의 열린계를 의미한다)로 들어올 때도 이 평형 상태가 깨어졌다. 산업화에 소요되는 자원지대를 확보하거나 산업 생산품을 팔아치울 지역을 확보하기 위함이었다. 인구 이동이 극심해지자, 뺏고 빼앗기는 비평형 상태가 유발되는데, 이때 지금까지 평형 상태의 구조에서 탈피하여 에너지 수급 효율을 극대화하려는 극심한 요동이 일어난다. 바로 그때에 카오스적 질서가 발생하는 구조를 띠게 되는데, 그 구조(산일구조)에서 이전보다 더 복잡한 조직이 탄생하는 것이다.

이것을 소셜 네트워크적인 관점으로 이해해 보자. 자연 상태의 〈개인〉은 먹이를 구하는 효율을 높이기 위해 〈무리〉를 짓고, 무리는 다른 동물과 경쟁하면서 〈분업〉을 도입하여 먹이 구하는 효율을 극대화한다. 에너지 효율을 증대시키는 것이다. 그러면서 〈분업화된 인간의 무리〉는 자연적으로 자연의 먹이사슬, 즉 생태계의 에너지 교환 메커니즘의 일부로 편입되는데, 여기서 인간의 무리는 주변(자연계) 에너지를 더 효율적으로 빨아들이기 위해 더욱 복잡한 조직체, 즉 〈국가〉의 형태로 조직화되는 것이다. 물론 그 과정에서 극심한 "요동"이 발생할 것이다. 개인에서 무리, 무리에서 분업 그리고 국가로 향하는 일종의 생태계적 자기 조직화 경향이다.

소셜 네트워크는 열린계에서 사람들이 벌리는 자기 조직화 과정이자 그 결과이다. 그래서 소셜 네트워크는 구조를 띤다. 그 구조는 일정하게 고정된 것이 아니라 매우 동적인 모습이다. 동적이기 때문에 매우 복잡하게 보일 수 있지만, 규칙은 의외로 단순할 수 있다. 오일러가 세상의 다양한 모습을 위상구조로 단순화하여 이해하려 했듯이, 소셜 네트워크의 구조적 모습도 노드와 링크로 단순화하여 이해할 수 있다.

노드들이 링크로 연결되는 상황을 연상해 보자. 링크는 1:1로 노드를 연결하는 것이 아니라, 일정한 편향성을 띠며 연결된다. 예를 들어 노드의 크기에 비례하여 링크가 이루어진다거나, 노드들이 각자 갖고 있는 속성들의 친연성에 의해 링크가 이루어지는 것이다. 이를 온톨로지적(Ontology的) 속성이라고 하는데, IT 분야에서의 온톨로지적 속성이라 함은 하나의 노드(혹은 단어)가 개별자로 존재하기 위해 갖고 있는 여러 가지 관련 속성값(혹은 수식어)들을 의미한다. 2012년 11월 달라이 라마가 현각 스님을 만난 자리에서 "'나'란 존재는 육체, 물질, 생각 등의 일시적인 결합체이지 절대 영원하지 않다"라고 설법한 것과 같이, 소셜 네트워크에서 "나"란 것은 노드의 존재성을 부여하는 갖가지 속성값의 총합을 의미한다. (나의) 혈연, 지연, 학연, 나이, 성별, 국적, 인종, 정치 · 종교적 견해, 생각 등등이 "나"에 대한 속성값들이고, 그 속성값에 의해 (다른 사람들과 구별되는) "나"란 존재성이 부여되는 것이다.

노드와 노드가 연결된다는 것은 바로 노드들의 온톨로지적 속성이 유사한 것끼리 연결된다는 것을 의미한다. 즉 노드 속성 중 나이를 매개로 연결이 일어나는 경우도 있고(또래끼리 연결), 취미를 매개로 연결이 일어나거나(취미 클럽), 정치적 견해를 매개로 연결이 일어나는(정치 서클) 경우도 있다. 그런데 여기서 중요한 것은 하나의 노드가 여러 개의 속성값을 갖고 있기 때문에 여러 노드와도 연결될 수 있다는 점이다. 그리고 이 연결은 자신의 처지에 따라, 붙거나 떨어질 수 있는 지극히 동적인 관계를 띤다는 점이다.

열린계에서 이러한 연결이 반복되다 보면, 마침내 프리고진이 산일구조로 설명하고자 했던 일정한 구조를 띠게 된다. 소셜 네트워크적 구조이다.

이제 좀 더 구체적으로 위의 과정을 표현해 보자. 수학적으로 N 개의 노드가 있다고 했을 때 이론적으로 생성 가능한 연결 개수는 $(N-1)!$이다. 하지만 실제로 두 명 사이에서 형성되는 관계를 링크로 정의할 때, 생성되는 링크의 개수는 ${}_{n}P_{2}$이다. 즉 10명이 있다고 했을 때 ${}_{10}P_{2}$, 즉 링크는 90개가 생성된다. 하지만 이런 링크는 동일한 확률로 분포되지 않는다.

그 분포는 온톨로지적 속성을 매개로 연결되기에 편향성을 띤다. 연결될 수 있는 조건을 의미하는 것이다. 수식적으로 조건을 붙여 연결을 반복하면, 그 분포는 종형이 아니라 멱함수 분포를 띠게 된다. 1904년 스웨덴의 수학자 "헬게 폰 코흐(Koch)의 눈송이" 마냥, 프랙탈 이론이 적용되는 군집을 이루게 된다. 결국 노드데이터의 온톨로지적 속성이 편향적으로 연결된 결과가, 즉 "링크"데이터의 자기 조직화 결과가, 네트워크 구조인 것이다.

이는 태초에 일정한 구조가 있고 거기에 맞추어 현상(데이터)이 나타난다는 고전적 인식과는 다를 수 있다. 데이터가 서로 군집되는 규칙(편향성, 경향성)에 맞추어 모이다 보니 자연스럽게 구조를 띠게 된다고 보는 것이 오히려 더 올바른 표현일 것이다.

하지만 그 군집의 규칙성에 따라 "링크"되어 구성된 것이 바로 구조라는 측면에서, 소셜 네트워크의 구조와 데이터 현상과의 인과관계를 굳이 따질 필요가 없는 듯싶다. 굳이 따진다면 바로 〈링크〉라는 네트워크의 고유 속성일 것이다.

개인과 공동체,
그리고 실존 장으로서의 소셜 네트워크

인간은 사회적 동물이다. 그래서 인간은 자신이 소속된 집단과 끊임없이 소통하고자 한다. 사회적 소통이다. 이는 인간이 집단에서 끊임없이 자아를 확인하는 과정이다. 생물학적 표현을 빌리면, 인간은 300만 년 동안 진화하면서 외부 생태계와 교감하면서 자신을 보존해 왔다. 교감되지 않으면 자신의 존재가 있을 수 없다.

〈나 여기 있소!〉

이것은 마치 네트워크의 토큰링 토폴로지에서 각 네트워크 카드가 네트워크에 토큰을 끊임없이 튀겨줌으로써 자신의 네트워크적 존재를 상대편에게 각인시키고 할 일을 받아오는 것과 같다. 스마트폰 역시 마찬가지다. 스마트폰은 초당 여러 번 자신의 존재를 공기 중에 퍼트리면서 자기에게 연결하고자 하는 사람들의 신호를 기다린다.

토큰링의 경우는 폐쇄된 네트워크 내의 존재 증명이라면, 스마트폰의 경우는 개방된 네트워크에서의 존재 증명이라고 볼 수 있다. 끊임없이 자신의 존재를 주위에 알리지 않으면 자신은 결국 집단으로부터 인식되지 못하고 소외되다가 마침내 완벽한 "자유인"이 되어 고사된다. 그래서 인간은 주위와 끊임없이 잡담한다. 의미가 없어도 잡담한다. 상처받아도 잡담한다.

〈나는 독립된 존재일까?〉

인간은 〈자유롭고 독립된 이성적 존재〉일까? 아니면 〈매여 있고 의존적인 감성적 존재〉일까? 그 어느 쪽이라 확 잘라 규정할 수는 없다. 둘 다 인간의 모습을 다른 각도에서 보고 표현한 모습이기 때문이다.

데카르트가 17세기 초에 〈나는 생각한다. 고로 존재한다.〉라고 선언한 이래, 존 로크와 데이비드 흄을 거쳐 18세기 후반 칸트가 〈삼대 이성비판〉을 완성하면서 인간은 신(神)의 종이 아닌, 이성으로서 사유할 수 있는 문명의 주체로 역사에 등장했다. 개개인은 자유의지를 갖고 지혜롭게 객체를 분별할 수 있는 이성적 존재가 된 것이다.

그렇다면 인간은 모든 일을 분별하고 이성적 판단을 하며 행동하는 것일까? 그렇지 않다. 18세기 중엽 영국의 데이비드 흄은 인간 판단의 대부분이 관습과 개인의 습관에 의해 이루어진다고 했다. 그것은 경험론적으로 맞는 말이다. 대부분 누군가가 선택한 것을 추종하거나, 누군가가 의사결정을 해주어야지만, 비로소 연이어 수군거리며 행동한다. 그들 수군거리는 사람들을 〈매여 있고 의존적인 감성적 존재〉로 분류한다면, 그들은 도대체 어디에 매여 있고 누구에게 의존하고 있는 것일까?

〈소속 집단, 특히 기업에서의 자기 존재 증명〉

현대인에게 집단으로 기능하는 것은 어떤 것이 있을까? 가정, 동문, 향우회, 동호회, 교우회 등을 연상할 수도 있지만, 현재 가장 강력한 것은 직장 그리고 국가이다.

기업은 1600년 전후 네덜란드 동인도 회사를 효시로 보편화되었는데, 인간 문명사에서 새롭게 등장한 매우 낯선 조직체였다. 그 자체로는 법으로 보장받은 독립된 인격체, 즉 법인(法人, Juridical person)으로 대우받는다. 인간은 존재한다는 이유만으로서 차별 없이 존중받아야 하듯이, 법인 역시 마찬가지이다. 하지만 법인은 이익 획득을 목적으로 고안된 조직이다. 인간 개개인에게 이기적으로 행동하도록 강박하는 조직 구조이다. 전통적인 가정(家)과 종교체(社)와는 다르다. 하지만 그럼에도 기업 내 사람 간의 소통구조는 생물학적 진화의 결과와 동일한 패턴으로 진행된다. 즉 법인의 이익 고도화와는 별개로 법인 내 조직원(회사원)은 자신의 존재 증명을 위해 끊임없이 주변 사람과 잡담하는 것이다. 조직 내에서 자신을 인식시키는 방법으로 깽판 부리기, 부산 떨기 등과 같은 방법도 동원되지만, 잡담은 조직원 간의 강한 유대감을 형성시켜 주는 긍정적인 효과도 있다. 이를 심리학의 용어를 빌어 조금 더 들어가 보도록 하자.

〈존재 증명 1 : 칼 융의 집단무의식〉

집단 밖에 있는 사람은 허상이다. 집단과의 상호 소통이 없는 존재는 인지적 실체가 있을 수 없기 때문이다. 그래서 집단 내의 사람들은 집단의 논리를 당연하게 받아들이고자 스스로를 길들인다. 이를 진영 논리라 부른다. 어쩌면 프란시스 베이컨이 17세기에 '신기관(Novum Organum)'을 저술하면서 묘사하고자 한 '시장의 우상'일지도 모른다. 그러면서도 우상을 따르고자 한다.

이부영의 〈한국의 샤머니즘과 분석심리학〉에 따르면 샤먼은 개인에게 소속감을 확인시켜 줌으로써 각자의 상처를 치료해 준다고 한다. 자신이 가족과 연결되어 있고, 조상과 연결되어 있고, 넓게는 자연 혹은 초자연과 연결되어 있음을 샤먼 의례를 통해 감성적으로 확인시켜 주는 것이다. 여기서 영매(靈媒)가 실체적으로 존재하느냐 존재하지 않느냐와 같은 논쟁은 중요하지 않아 보인다. 단지 자신의 존재가 "그 무엇"과 연결되어 있음을 인식하는 것이 중요하다. 프란시스 베이컨은 그것을 '시장'이라고 했지만, 그 무엇은 하느님이 되었든, 조상이든 고향이든 국가이든 아무래도 좋다. 무의식적으로 편입되고자 하는 대상체라는 것이 중요하다.

〈존재 증명 2 : 라캉의 욕망이론〉

라캉은 그의 유명한 욕망이론에서 〈개인은 남이 욕망하는 것을 욕망한다〉라고 설명했다. "나꼼수"의 김어준이 사용하면서 더욱 유명해졌다. 집단이론으로 보면 내용은 간단하다. 집단에 매여 있는 개인이 그 집단에서 인정받으려면, 집단이 추구하는 목표를 추종 · 추동(追同)해야만 하기 때문이다. 모집단이 가족일 경우, 아이는 아버지에게 인정받기 위해 아버지가 갈망하는 것을 좇는다는 것과 마찬가지이다. 오이디프스 콤플렉스에 빠진 아이라면 엄마가 갈망하는 것을 좇을 것이다. 이론이 맞든 틀리든, '학자 집안에서 학자 나고 장사치 집안에서 장사치 난다'는 속담과 맥을 같이하는 말이다. 그렇다면 모체로서의 집단이 회사 혹은 국가면 어떻게 되는가? 이제 보편화할 필요가 있다. 개인과 집단이 어떤 식으로 연결되는지 알아보자.

개인과 집단 간의 온톨로지

영어 ontology의 원의는 "존재론"이다. 하지만 IT 용어로서의 온톨로지는 조금 다르다. 세멘틱 웹에서 등장하는 개념으로, 하나의 단어는 다수의 성질 규정형 단어들과 연결되어 존재한다는 것이다. 인간 친화적 탐색(Search) 기법을 구현할 때 유용한 개념으로, 예를 들어 "분당에서 중국집"을 탐색할 때, 중국인의 집을 탐색하는 것이 아니라, 중국 음식점을 찾아내는 기법이다. 그것은 〈분당이란 단어와 연결된 일련의 단어군〉과 〈중국집이란 단어와 연결된 일련의 단어군〉 사이에서 서로 합치되는 것을 찾아 검색자에게 되돌려 주는 방법이다.

이런 IT 측면을 인간 존재론에 적용해 볼 때, 자기 자신의 온톨로지는 자신이 소속되어 있는 집단, 자신의 출신 고향 혹은 출신 학교로 구성될 수도 있다. 더 나아가 자신의 온톨로지는 자신이 읽은 책들, 본 영화 등등과 같은 취미로 구성될 수도 있다. 즉 취미를 공유하는 사람들의 (가상) 집단의 한 구성원으로서 자신의 존재를 규정하는 것이다. 개인을 개인으로서가 아니라 집단의 구성원으로 존재 규명하는 것이다. 그런데 이런 형태의 존재론은 어느 날 갑자기 튀어나온 것은 아니다. 여기에 오기까지 다소 혁명적 여정을 거친 서구철학의 뒷받침이 있었다.

키에르케고르, 하이데거와 사르트르의 실존과 후설의 현상학

니체가 1900년 신(神)은 죽었다고 외치자 서구 지성계는 인간의 존립 근거가 사라지는 위기에 봉착하게 된다. 공기나 물처럼 너무나 당연시했던 인간 존재를 두고 왜 위기를 느꼈을까? 神과 인간 존재 간에 어떤 관계가 있기에, 니체의 선언이 서구 철학사에서 그렇게 중요하게 취급될까?

한국에서도 개개인의 존재가 할아버지, 아버지를 잇는 족보의 일원으로서 "내"가 이해되었던 것과 같이, 서구 역시 인간 존재는 그 무엇으로부터 유래했나는 "근거"를 통해 이해되었나. 神이 바로 그 "근거"였다. 헤브라이즘의 영향이다. 르네상스 시대인 1500년대 초반, 미켈란젤로가 로마의 시스티나 성당 천장에 그린 세계 최대의 벽화인 "천지창조"에서 묘사했듯이, 인간은 神으로부터 영성을 부여받음으로써 그 존재가 시작된 것이다. 따라서 "나의 뜻이 아닌 당신의 뜻대로 살기를 원하옵나이다"라고 기도하면서 당신의 뜻이 무엇인지를 탐구하는 철학이 주류를 이어 왔었다. 그런데 그 神이 죽었다면, 인간은 존재 근거를 상실하여 그저 나대지로 팽개쳐질 수밖에 없게 되는 것이다.

니체가 神은 죽었다고 선언하기까지 서구철학 전통에서 존재의 근거로 제시된 사례는 플라톤의 이데아, 기독교의 神, 헤겔의 절대정신 등이 대표적이다. 즉 존재는 이데아가 발현되는 방향으로, 神의 뜻이 발현되는 도구로서, 변증법을 통해 역사가 지향하는 목표로 움직이는 객체로서 이해되어 왔다. 성리학 출현 이후의 동양에서 인간이 (우주적) 도리(道理)를 다하는 역할로서 이해된 것과 유사하다. 인간은 그 무엇에 쓰이기 위해 "쓸모 있는 놈"으로 존재했던 것이다.

그런데 한때 우리나라에서 "애미 애비도 없는 호래자식" 혹은 "족보에서 파내 버리겠다"는 표현이 대단히 모욕적이던 것과 같이, 서구인들에게 무신론자는 우리의 "족보에도 없는 놈"이란 의미와 동일하였다. 그래서 니체에 의한 神 사망 선언은, 자칭 문명인이던 서구인 자신들이 졸지에 존재 근거도 없는 쌍놈이 되어버린 충격으로 다가갔을 것이다. 여기에 하이데거가 등장한다.

인간이 창조되다.
하나님과 연결되다.
끈(Link)이 형성되다.
존재 의미가 발생하다.

미켈란젤로의 천지창조

사실 니체의 선언을 전후하여 서구 철학계는 인간의 존재를 “근거”가 아닌 “의미”로 규명하기 위해 노력해 왔었다. 후설(Edmund Husserl)의 현상학이 그 대표적이었는데, 하이데거는 바로 후설의 제자였다. 후설은 우리 눈앞에 전개된 세계를 과거와는 다르게 바라본 사람이다. 눈앞의 현상은 세계의 그 어떤 구조가 발현된 것이고, 그것을 의식하는 과정을 거쳐 존재하게 된 것이라고 여겼다. 그래서 그는 〈존재 구조〉와 〈의식하는 방향(지향성)〉에 질문을 던졌다. 그리고 현상의 세계라는 것이 별도로 있는 것이 아니라, 사람들의 의식이 서로 연관을 맺음에 따라 존재하게 된 것이며, 사회현상이란 그 속에 참여하는 사람들의 상호 주관적인 경험을 통해 형성된 의식 · 생각 · 언어 · 개념으로 구성되어 있다고 본 것이다. 소셜 네트워크의 노드와 링크 개념의 뿌리로 보아도 좋을 듯한 관점이다.

하이데거가 존재 문제에 천착하게 된 동기는 키에르케고르가 말한 “불안” 때문이었다. 산업혁명기 이농현상과 노동과정에서 심화된 인간소외 현상, 그리고 하이데거가 경험한 1차 세계대전과 전후 바이마르 공화국 국민들이 가졌던 좌절과 공포 역시, 한 세대 전의 철학자 키에르케고르의 “불안”, “죽음”과 다름이 없다.

덴마크 출생의 독실한 기독교도 키에르케고르는 “神에 의해 던져졌다”는 표현으로 존재를 이해하면서 유미적 실존, 윤리적 실존, 종교적 실존이란 세 단계로 존재의 의미를 설명하려 했다. “이것이냐 저것이냐”로 키에르케고르가 번민했다면, 하이데거는 그것을 시간 축에서 발현되는 현상으로 설명하고자 했다.

하이데거는 불안과 죽음이 현재적 문제임을 알았다. 시간 개념을 검토하다가 과거, 현재, 미래가 한곳에 모여 있음을 깨달음으로써 비로소 안 것이다. 시간의 실체는 물리적이기보다 정서적이고, 과거 사건의 트라우마가 현재적으로 작동하고 있고, 미래에 대한 희구가 현실 행동에 영향을 미치고 있었다. 그렇다면 미래가 지금으로 오게 되면, 바로 그 "단 하나의 시간, 지금"이라는 맥락에서, 미래의 죽음도 현재에 있게 된다. "죽음이 현실로 지각되는 것, 그것이 불안이다."라고 하이데거는 본 것이다.

하이데거에게서 존재란 일종의 서구판 불교의 업(業)으로, 불교인들이 업(業)의 순환에 따라 나타난 존재로서 자신과 삼라만상을 인식하듯이, 하이데거는 존재를 시간 과정에서 현현한 그 자체로서 인식하고자 했다. 그래서인지 하이데거는 1927년에 발간된 자신의 최초 저술서에 〈존재와 시간〉이란 제목을 붙였다. 키에르케고르가 사유했던 불안, "죽음에 이르는 병"으로서의 불안은 이렇게 하이데거에 의해 종합화되었고 여기서 한 걸음 더 나아가게 된다.

하이데거는 그의 책 〈존재와 시간〉에서 개인의 존재를 규정하기 위해 〈세계-내-존재〉라는 용어를 썼다. 여기서 세계는 구체적으로 자신이 활동하는 시공간 내에 산재한 여러 구성요소의 집합이다. 그 집합의 구성요소 중 상당 부분이 자신과 연결되어 있음을 인식함으로써 개인의 존재를 규명하는 것이다. 즉 하이데거의 현존재 인식방법은 〈세계 내〉에서의 〈각 개인〉이 타자와 연관되어 있음을 안다는 것이다.

그에 의해 서구에서는 비로소 인간이나 사물이 그 무엇을 하기 위해

"쓸모 있어" 태어난 것이 아니라, 태어났다는 것 자체가 경이(驚異)이고 축복이며 〈세계-내〉에서 타자와 연관된 존재로 인식하게 된다. 존재라는 것은 더 이상 神의 아바타가 아니라 시간 속에서 현현된 "의미"로서 재규명된 것이다.

이것은 1900년 벽두에 니체가 〈神은 죽었다〉라고 선언한 이후 하나님으로부터 끈 떨어진 인간 개개인들이, 하나님 없이 자신의 존재 의미를 깨달을 수 있게 만드는 철학적 대안이었다. 이미 천여 년에 걸쳐 하늘과 땅과의 관계 속에서(天地人 合一), 가정과 국가와의 관계 속에서(修身齊家治國) 자신의 존재양식을 체득하고 있었던 동양인들에게는 너무나 당연한 관점이었지만, 〈神이 죽은 사회〉에서 자신의 존재를 인식하는 수단으로 활용되었다는 점에서, 하이데거 철학은 현대 실존주의의 출발점이 되었다.

하이데거의 실존 인식 방법은 사르트르에 이르러 현-세계(지금 살고 있는 시공간)에 대한 개별자들의 행동 그 자체에 무게 중심을 두는 것으로 발전한다. 〈행동하는 양심〉으로서만 개인에게 존재 의의를 부여한 것이다.

사르트르는 세계의 지성이었다. 동양인이 반야심경(般若心經)을 통해 2,000여 년 동안 사유해 왔던 무(無)이 세계를 서구 최초로 자신들의 철학 체계에 접목시킨 지성이었다. 사르트르는 〈존재와 無〉란 저술을 통해 "인간은 항상 하나의 無 때문에 자기의 본질로부터 분리되어 있다"고 하면서, 無는 존재의 다른 개념이라고 주장했다. 인간은 자신을 되돌아볼 줄

아는 존재이다. 이때 자신을 되돌아보는 의식, 그것이 존재를 구성한다고 했는데, 의식 자체가 無(形)이기에, 이 無를 자기 초월성을 지닌 자유로운 존재로 본 것이다.

사르트르에 의하면 우리의 몸은 의식(無)이 거주하는 숙주(形體)일 뿐이다. 숙주는 최근의 IT 검색엔진 개발에서 말하는 ontology 개념과 동일하다. 즉 숙주는 주위의 객체(노드)들과 "네트워크로 연결된 관계"를 통해 비로소 존재감을 나타내는 존재(現존재)이다. 現존재는 자유로운 "의식"의 주도로 주변과의 관계를 재설정하여 스스로를 변화시킬 수 있다. 이럴 경우 現존재는 변하게 된다. 예를 들어, 사람들이 계층 이동을 통해 좀 더 있어 보이는 사람으로 변할 수도 있고 그렇지 못한 사람으로도 취급될 수 있는 것과 마찬가지이다. 만약 주변과의 관계가 모두 단절되면 순수존재(헤겔의 용어)만 남게 되는데, 이 경우 오로지 자신의 의식만이 남는 존재 상태가 되어 버리기에, 다른 사람이 더 이상 인식할 수 없는 범주 안에 빠져들게 된다. 그것이 바로 無인 것이다.

따라서 사르트르에 의하면, "나"라는 現존재 그 자체가 존재하기 위해서는, 의식을 통해 사회적 관계 속에서 자신을 현현하는 과정을 수행해야 한다. 사르트르는 "실존은 본질에 앞선다."는 유명한 명제를 통해, 행동하는 인간에게 그 존재의 의미를 부여했다. 극단적으로 말한다면, 사회 속에서 다른 사람과 교류하여 스스로를 범주화하지 않으면, 자신의 존재는 순수존재가 되어 無化되는 것이다. 다시 말해 집단에서 이탈되거나 따돌림당하면, 사회적 타이틀이 모두 떨어져 나가고 혈연 · 지연적 관계로도 자신을 범주화할 수 없게 되면, 자신의 존재가 無化된다는 뜻이다. 바로 無化될 가능성 때문에 "불안"이 의식 속에서 기생하는 것이다.

사르트르에 이르러 비로소 인간은 神과는 무관하게 사회적으로 기능하는 독자적 존재로 재인식된다. 神을 닮은 생명체가 아니라, 법칙으로 존재하는 우주적 원리를 깨달아 거기에 맞게 제 한몫 다하는 도구적 존재가 아니라, 주위와 끊임없이 교류하고 범주화된 현상을 형성하며 살아가는 능동적인 존재로서, 즉 사회적 행동을 통해서 인식되는 존재로서의 인간으로 인식된 것이다. 사르트르는 1968년 프랑스 학생혁명기를 전후하여, "행동하는 지성"으로 세계 속에 등장했고, 오늘날에도 많은 사회운동가가 자신들의 행동주의를 정당화하는 이론적 근거로 활용되고 있다.

하지만 사르트르의 행동주의는 인간 행동의 작동양식을 지나치게 단순화했다는 비판을 받는다. 행동하지 않은 수많은 사람은, 역사 진행의 기저를 형성했던 말하지 않은 다수는, 그렇다면 〈현-세계〉의 존재가 아니더란 말인가? 이에 대한 성찰로 서구에서는 구조주의 철학이 각광받았고, 그 배면의 해체주의(후기 모더니즘)와 양립하게 된다.

우리는 사회현상을 두고 시시비비 벌리는 것을 즐긴다. 그러면서 그 이면에 도사리고 있는 원인에 대해 지극히 삼국지 식으로 이해하려고 든다. 누구는 좋고 누구는 나쁘고, 누구는 꼼수 쓰고 누구는 순진했다는 식이다. 그리고 더 이상의 탐색을 중단하고 선악(善惡) 관점으로 생각을 정리해 버린다. 더 이상의 구조적 문제에 들어가기를 주저한다. 어쩌면 그것은 다소 복잡한 대뇌의 작용을 수반하는 번거로움 때문일지도 모른다. 그래서 현상을 이야기하다가 구조를 이야기하면 먼저 어렵다고 손사래를 친다.

사회현상은 사람 개개인의 행동이 집단적으로 나타난 결과이다. 그렇기에 그 이면에 도사리고 있는 사회적 구조를 파악하는 것은 매우 중요하다. 그것도 개인의 온톨로지에 기반하여 좀 더 객관적으로 이해해야만 한다. 그러기 위해서는 당연히 모델화하는 방법이 필요하다. 그것은 현 상황에 대한 정태적 묘사뿐만 아니라 구조가 엮어내는 동태적(Dynamic) 양상도 정량적으로 묘사해 내야 한다. 바로 인간들 간의 관계 네트워크를 정량적 방법으로 파악하는 학문, 즉 〈Social Network Analysis〉가 실존주의와 만나는 접목점이다.

감사의 글

무엇이 나를 이 분야에 빠져들게 했을까? 2010년이 저물어 가던 즈음, 나는 〈옆으로 본 우리 고대사 이야기〉를 탈고하고 다소 여유를 찾고 있었다. 내 마음대로 실컷 책을 썼으니 다시 생활인으로 돌아갈 판이다. 그러던 중 운명적으로 김기훈 대표을 만나게 된다. 그는 대학에서 경제학과 사회학을 전공한 사람으로 ㈜사이람 회사를 이끌고 있었다. 나는 사이베이스 한국 지사장을 할 때인 2003년 그가 번역한 책 〈링크〉를 접하고 감명 깊게 읽었던 기억을 갖고 있었다.

우리는 대학시절과 그 이후 내내 고민했던 사회 문제에 대한 관점이 너무나 유사함을 발견했다. 서울대학교 연구공원에 있는 그의 회사를 방문했을 때, 그리고 직원들을 만나 보았을 때 전율 비슷한 것을 느꼈다. 그곳은 씨앗의 장소였다. 2011년 1월 ㈜사이람에 동참하게 되었다. 그리고 2년여 지난 지금 이 책이 나오게 되었다.

그동안 소셜 네트워크의 멋진 개념에도 불구하고 소프트웨어 서비스를 판매하는 데 적지 않은 아픔을 겪었다. 무엇보다도 이 제품이 세계 50여 개국 130여 개 대학과 연구기관에 판매된 제품이었음에도 불구하고 단지 국내산 제품이라는 이유만으로 추가 검증을 요구받거나, 그 때문에 제품과 서비스 가격을 깎고 보자는 요구 등에 응할 수밖에 없었기 때문이었다.

이미 세계 사회학과 석사 과정의 텍스트북에 실리기까지 한 사이람의 명성은 그러한 요구 앞에 별로 의미가 없었다. 결국 고객의 머릿속에 "인식되지 않은 것은 가치가 존재할 수 없다"라는 문제의식으로 되돌아갔다. 그것은 지금도 기술 하나로 열심히 새로운 시장을 개척하고자 노력하고 있는, 많은 벤처 지식경영자가 봉착하는 보편적 문제일 것이다.

新지식이 상업적으로 수익화되려면 해당 수요자에게 그 가치가 알려져야 한다. 그러자면 무엇보다도 먼저 新지식의 "이익"이 손에 잡히도록 고객들에게 납득시키는 과정이 필요하다. 마케팅이다. 그러나 마케팅에는 돈이 필요하다. 전형적인 기술 기반 벤처회사가 그렇듯이, 연구개발비도 빠듯한 마당에, 잘못하면 순환 논리의 소용돌이에 빠져 좌절하게 된다. 일찍이 제프리 모어(Geoffrey A. Moore)가 설파했던 캐즘(Chasm)이다. 캐즘을 넘는 일(Crossing the Chasm)은 어렵고도 힘든 과정이다.

그래서 독자들에게 소셜 네트워크 분석이 가져다 줄 신세계를 직접 소개하고자 했다. 빅데이터의 바람이 거세게 불고 있는 지금, 빅데이터를 효율적으로 분석하기 위해서라도, 소셜 네트워크 분석의 가치를 널리 소개할 필요가 있었다. 이 분야에서 세계 최고를 달리고 있는 회사가 한국에서 먼저 그 가치를 평가받지 못한다면 자존심 상하는 일이다. 그것이 이 책을 쓰게 된 배경이다.

끝으로 이 책이 나오는 데에는 사이람 직원들이 밤 새우면서 작성한 여러 자료가 많은 도움이 되었다. 김기훈 대표를 비롯하여 특히 김강민 상무, 서정수 팀장, 하정엽 팀장, 송슬기 팀장 등 여러 직원의 땀 흘린 자료가 이 책에 활용되었다. 특히 소셜 네트워크의 구조와 기술 부문에서는 김강민 상무와 서정수 팀장의 글이 상당 부분 차용되었다. 그들은 물론 사이람 직원 모두에게 깊은 감사를 드린다.

군 생활 무사히 마치고 복학한 큰아들 준표와 이제 갓 입대한 작은아들 선표 그리고 마지막으로 남편을 믿고 나의 길에 몰입할 수 있도록 말 있이(?) 참아준 아내가 특히 고맙다.

아내와 강릉에 계시는 어머니에게 이 책을 바친다.

2013년 5월